W0086091

DIE PYRAMIDE

DIE PYRAMIDE

VON MENSCHEN UND GÖTTERN

DIE LETZTEN GEHEIMNISSE DER CHEOPSPYRAMIDE

**Kevin Jackson
und Jonathan Stamp**

Aus dem Englischen von Birgit Herbst

Bibliografische Informationen Der Deutschen Bibliothek

Die Deutsche Bibliothek verzeichnet diese Publikation in der
Deutschen Nationalbibliografie; detaillierte bibliografische Daten
sind im Internet über http://dnb.ddb.de abrufbar.

© Text of the original English version: Pyramid.
Beyond Imagination – Inside the Great Pyramid of Giza
Kevin Jackson and Jonathan Stamp, 2002
Titel der englischen Originalausgabe: Pyramid.
Beyond Imagination – Inside the Great Pyramid of Giza

First published by BBC Worldwide Ltd,
80 Wood Lane, London W12 0TT
Copyright © Kevin Jackson and Jonathan Stamp, 2002

© der deutschsprachigen Ausgabe: Egmont vgs verlagsgesellschaft mbH, Köln 2003

Lizenziert von NDR MEDIA GMBH, Rothenbaumchaussee 161, 20149 Hamburg

Alle Rechte, insbesondere das Recht der Vervielfältigung und Verbreitung, vorbehalten.
Kein Teil des Werks darf in irgendeiner Form (durch Fotokopie, Mikrofilm oder
ein anderes Verfahren) ohne schriftliche Genehmigung des Verlages reproduziert
oder unter Verwendung elektronischer Systeme verarbeitet werden.

Redaktion: Michael Büsgen
Übersetzung: Birgit Herbst
Lektorat: Katja Roth, Marcus Reckewitz
Produktion: Susanne Beeh
Satz: Greiner & Reichel, Köln
Umschlagbild: MillTv, London. © BBC
Umschlaggestaltung: Christa Marek, Koln
Printed in the UK by Butler & Tanner Ltd, Frome
ISBN: 3-8025-1508-0

Besuchen Sie unsere Homepage im Internet:
www.vgs.de

INHALT

Einleitung:
Wunderbare Dinge
7

Kapitel Eins:
Die Wahl des Standorts
17

Kapitel Zwei:
Die Herkunft der Pyramidenbauer
31

Kapitel Drei:
Der Bau der Großen Pyramide
49

Kapitel Vier:
Diesseits und Jenseits
71

Kapitel Fünf:
Bestattung und Jenseitsexistenz des Königs
91

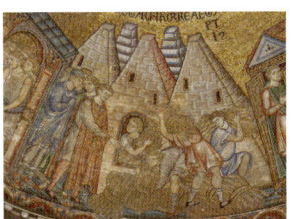

Kapitel Sechs:
Reiseberichte
109

Kapitel Sieben:
Die Ursprünge der modernen Ägyptologie
129

Kapitel Acht:
Die Ägyptologie wird erwachsen
149

Kapitel Neun:
Pyramidologie, Mystiker und Spinner
159

Glossar 182   Bibliographie 186

Register 188   Bildnachweis 192

WUNDERBARE DINGE

DAS LETZTE NOCH EXISTIERENDE WELTWUNDER

Vorhergehende Seite
Die Große Pyramide.

DIE MENSCHEN DER ANTIKE wussten zwar um die Existenz vieler wunderbarer Dinge, aber sie sahen auch, dass nur eine kleine Anzahl davon von Menschenhand und nicht von Göttern geschaffen war. Nur sehr wenigen dieser Wunderwerke menschlicher Genialität wurde universelle Anerkennung entgegengebracht. Man konnte sie, die Sieben Weltwunder, an zwei Händen abzählen: Die hängenden Gärten der Semiramis in Babylon; der Tempel der Artemis in Ephesos und die riesige Kultstatue des Zeus in Olympia – das Werk von Phidias (ca. 490–415 v. Chr.), dem größten Bildhauer Athens, der auch die heroischen Marmorformen für die Fassade des Parthenons schuf; außerdem der Leuchtturm von Pharos bei Alexandria, der 279 v. Chr. nach den Entwürfen des Sostratos im Dienst des Ptolemäus erbaut und den »Erlösergöttern« geweiht wurde. Das über 122 Meter hohe Bauwerk wurde gekrönt von einer Vorrichtung aus Hohlspiegeln, die das Licht reflek-

Die Große Pyramide, eines der Sieben Weltwunder, dargestellt in einem Stich aus dem 17. Jahrhundert.

tierten und verstärkten. Schließlich der Koloss von Rhodos – eine Bronzestatue des Sonnengottes Helios, die über dem Eingang des Hafens von Rhodos aufragte und nach Berichten von Plinius dem Älteren etwa 70 Ellen (30 Meter) hoch war und das Mausoleum zu Halikarnassos – ein über 40 Meter hohes Grabmal aus weißem Marmor für Mausolus, den Herrscher von Caria (377–353 v. Chr.). Und ganz zu Anfang dieser Reihe von Wundern, stand die Cheopspyramide in Giseh. Sie hat als einziges Weltwunder bis heute überdauert.

Dies waren die Sieben Weltwunder der Antike, wie sie der griechische Dichter Antipatros von Sidon um 130 v. Chr. zusammengetragen hatte. Gelehrte und Abenteurer unternahmen lange und beschwerliche Reisen, um sie zu besuchen, und sie erzählten oder verfassten nach ihrer Rückkehr eindrucksvolle Geschichten über das, was sie gesehen hatten. Die Sieben Weltwunder wurden zur Legende.

Jahrhunderte vergingen, und die Zeit forderte ihren Tribut von diesen Monumenten des beispiellosen menschlichen Einsatzes. Der Koloss von Rhodos wurde 224 v. Chr. durch ein Erdbeben zu Fall gebracht. Der Leuchtturm von Pharos überlebte fast ein Jahrtausend länger und war nach der Eroberung Ägyptens durch die Araber noch immer in Betrieb, wurde aber im 8. Jahrhundert ebenfalls durch ein Erdbeben zerstört. Erdbeben vernichteten im 15. Jahrhundert auch das Mausoleum in Halikarnassos. Von der großen Zeusstatue des Phidias, die Pausanias besuchte und in seinem epischen, zehn Bände umfassenden Reisebuch über Griechenland beschrieb, ist nur noch ein winziges Bild auf den Münzen von Elis übrig geblieben. Fast alle der Sieben Weltwunder wurden zerstört.

Zu Beginn der Renaissance nahm das Interesse allmählich wieder zu und steigerte sich im 19. und 20. Jahrhundert schließlich zu einer wahren Flut. Scharen von Reisenden aus jüngeren Ländern folgten den Pfaden der Wanderer der Antike und begeisterten sich für die Wiederentdeckung der prachtvollen archaischen Ruinen. Ihre Stimmung war jedoch eine vollkommen andere, denn das, was sie vor sich sahen, waren keine vollendeten Bauwerke, sondern Scherben und Fragmente; sie reflektierten nicht über die Großartigkeit menschlicher Errungenschaften, sondern über deren Vergänglichkeit. Wenn große Nationen wie Ägypten, Griechenland und Babylon gefallen waren, wie lange konnten dann beispielsweise Deutschland, Frankreich oder Spanien noch fortbestehen?

Diese nachdenkliche Stimmung wurde am eindringlichsten kurz vor Beginn des 19. Jahrhunderts von dem englischen Dichter Shelley eingefangen, der fasziniert feststellte, dass einige Schriftsteller der Antike diesen äußerst modernen Geist antizipiert hatten. Er fand die Geschichte eines Reisenden aus dem Alten Ägypten, festgehalten auf den Seiten des Historikers Diodorus Siculus, der in Griechisch schrieb. Die Geschichte, die bereits ein paar Jahrhunderte alt war, als Diodorus sie um 49 v. Chr. aufschrieb, handelte von einem gewissen Hectaeus von Abdera, einem Zeitgenossen Alexanders des Großen, der Ägypten bereist und seine Eindrücke festgehalten hatte.

Eines Tages stieß Hecataeus auf die Ruinen eines Monuments, das von einem der mächtigsten aller Pharaonen erbaut worden war: Ramses II., den einige für den im Zweiten Buch Mose des Alten Testaments erwähnten Pharao hielten. Der Herrschername von Ramses wurde im Griechischen als *user-maat-re* oder »Machtvoll ist die Gerechtigkeit des Re« wiedergegeben. Shelley griff dieses Wort auf, anglisierte es und machte daraus »Ozymandias«.

Percy Bysshe Shelley. Sein Gedicht »Ozymandias« geht auf die Geschichte eines Reisenden aus dem alten Ägypten zurück, die von Diodorus aufgeschrieben wurde.

I met a traveller from an antique land
Who said: Two vast and trunkless legs of stone
Stand in the desert. Near them on the sand,
Half sunk, a shattered visage lies, whose frown
And wrinkled lip and sneer of cold command
Tell that its sculptor well those passions read
Which yet survive, stamped on these lifeless things,
The hand that mocked them and the heart that fed.
And on the pedestal these words appear:

›My name is Ozymandias, King of Kings,
Look on my works, ye mighty, and despair!‹
Nothing beside remains. Round the decay
Of that colossal wreck, boundless and bare,
The lone and level sands stretch far away.

Die düstere Ironie und implizite Warnung vor Tyrannen der modernen Zeit –
denn Shelley war ein Revolutionär – machten das Gedicht zu einem der berühmtesten Kurzverse der englischen Sprache. Es ist ein bemerkenswertes Gedicht,
aber es verkündet nur teilweise die Wahrheit. Denn auch wenn das Ramesseum
und die anderen prachtvollen Überreste aus dem goldenen Zeitalter Ägyptens
den Besucher an den vergänglichen Glanz der Welt erinnerten, gab es ein Monument, das eine ganz andere Geschichte erzählte: Eine Geschichte des Triumphes
über die Zeit.

Sechs der Sieben Weltwunder verschwanden. Das erste aber blieb bestehen
und erhielt verschiedene Namen: Die Pyramide von Giseh, die Cheopspyramide
oder einfach die Große Pyramide. Viereinhalb Jahrtausende nach ihrer Errichtung steht diese Pyramide noch immer und erfüllt jeden, der sie sieht, mit Ehrfurcht. Natürlich hat sie einigen Schaden erlitten – die prächtige Verkleidung aus
weißem Kalkstein, die sie einst in der ägyptischen Sonne funkeln und strahlen
ließ, ist längst entfernt worden; Baumeister haben sich einige der Steine für ihre eigenen, wesentlich bescheideneren Schöpfungen gesichert, und bereits vor
Jahrhunderten plünderten Grabräuber die großartigen Innenräume.

Aber sie, die größte aller Zeitreisenden, steht noch immer. Sie beeindruckt
nicht nur wegen ihrer unglaublichen Größe und den Gedanken an die ungeheure
menschliche Anstrengung, die ihre Errichtung erfordert haben muss, sondern
auch wegen der bis heute nicht übertroffenen Genauigkeit ihrer Abmessungen.

Diese Präzision ist eine architektonische Meisterleistung, die mit allem konkurrieren kann, was moderne, mit Computern ausgestattete Baumeister aus Glas, Stahl und Beton zuwege bringen – von Menschen ausgeführt, deren wichtigste Messinstrumente Seil und Stock waren. Sie beeindruckt durch die präzise Ausrichtung nach Norden und die komplexen Beziehungen zu Sonne, Mond und Sternen – Merkmale, die moderne Archäologen und Astronomen erst jetzt, zu Beginn des 21. Jahrhunderts, zu begreifen beginnen. Aber am meisten beeindruckt ihre Rätselhaftigkeit: Welche Bedeutung hat dieses Gebäude? Welches Motiv könnte mächtig genug gewesen sein, um so viel Arbeit, Talent, Genialität und Bodenschätze für ein Bauwerk aufzuwenden, das keine erkennbare Funktion besitzt? Wer waren die Menschen, die ein solches Wunder erbaut haben, und wie haben sie es zustande gebracht?

Es überrascht nicht, dass die Pyramide schon immer zu kuriosen Antworten auf diese schwierigen Fragen angeregt hat. Diese riesige, rätselhafte Form, die fast jeder Mensch auf der Welt kennt, ist das Objekt von verrückten und umstrittenen Spekulationen. Die ständige Produktion von schriftlichen Aufzeichnungen zu diesem Thema, die im 12. Jahrhundert begann, führte am Ende des 19. Jahrhunderts zum Entstehen einer kompletten Verlagsindustrie, als eine bunte Armee von Mystikern, Theosophen, Spiritualisten, Scharlatanen und Anhängern von Verschwörungstheorien es sich zur Aufgabe machte, das (vermeintliche) Geheimnis der Pyramide zu enthüllen.

Zu den berühmteren Deutern gehörten diejenigen, die behaupteten, die Pyramide sei mit Hilfe esoterischer Magie gebaut worden – eine okkulte Tradition, die von den ägyptischen Priestern über Hermes Trismegistos (siehe S. 120) auf den Autor des Buches übergegangen war, das man gerade las. Dann gab es jene, die glaubten, die komplizierten Abmessungen der Pyramide seien eine kodierte Ankündigung des Aufstiegs der Nationalsozialisten oder der Französischen Revolution, oder sie enthielten gar den gesamten Verlauf der Geschichte, von der Schöpfung bis zum (bevorstehenden) Armageddon.

In den 1960er- und 1970er-Jahren behaupteten New Age-Jünger, die bemerkt hatten, wie gut es den Ägyptern gelungen war, ihre Toten in diesen Bauwerken zu konservieren, man könne kleine Plastikpyramiden rund um das Haus aufstellen,

Bevor die Fotografie den Menschen auf der ganzen Welt zeigte, wie das Plateau von Giseh wirklich aussah, neigten Maler häufig zu einer romantisierenden Darstellung. So lässt beispielsweise David Roberts in seinem berühmten Aquarell von 1848, *Approach of the Simoon*, den Sphinx, der eigentlich nach Osten schaut, nach Westen blicken.

um die Milch frisch und Rasierklingen scharf zu halten, Pflanzen zum Blühen zu bringen und einiges mehr zu bewirken. Jene mit einem Hang zum Übernatürlichen waren überzeugt, die Große Pyramide sei von hilfsbereiten Außerirdischen auf der Durchreise inspiriert (oder – so die Extremisten – sogar gebaut) worden.

All dies war eigentlich harmloser Unsinn, trotzdem veranlasste er Tausende von Lesern dazu, erfundenen Geheimnissen und Großartigkeiten nachzujagen, während es viele sehr reale, verifizierbare und faszinierende Geheimnisse und Großartigkeiten zu erforschen gab.

In diesem Buch wird zwar gelegentlich auch ein Blick auf die verrückteren Gerüchte geworfen, die über die Große Pyramide kursieren, aber es beschränkt sich auf nachweisbare Fakten und wohl begründete Vermutungen in der Überzeugung, dass die Wahrheit letztlich weitaus faszinierender und inspirierender ist, als die reißerischsten dieser wilden, apokryphen Theorien. Zunächst soll die Größe der Cheopspyramide Gegenstand der genaueren Betrachtung sein.

UNSTERBLICHE STATISTIK

Zuerst die nackten Zahlen: Die Pyramide war 146,6 Meter hoch – die oberen 9,45 Meter, einschließlich des Abschlusssteins, sind nicht mehr vorhanden. Laut frühen Berechnungen betrug ihre Seitenlänge durchschnittlich etwa 230,42 Meter. Sie bestand aus etwa 2 300 000 separaten Steinblöcken mit einem durchschnittlichen Gewicht von jeweils 2,5 Tonnen. Einige waren jedoch noch viel größer: Die Kalksteinblöcke, die einst ihre Außenverkleidung bildeten, wogen zehn Tonnen und mehr, und im Inneren gibt es Granitblöcke, die bis zu 40 Tonnen schwer sind. Ihr Gesamtgewicht betrug somit fast sechs Millionen Tonnen.

Jeder, der die Pyramiden von Giseh besucht hat, wird bestätigen, dass diese Zahlen nicht wirklich etwas über ihre Wirkung aussagen. Deshalb werden viele, die darüber schreiben, zu Vergleichen und Superlativen verleitet und weisen beispielsweise darauf hin, dass die Große Pyramide bis zum Bau des Eiffelturms in Paris 1889 das höchste Gebäude der Welt war oder dass sie mit knapp sechs Millionen Tonnen mehr als alle Gebäude auf der 2,6 Quadratkilometer großen Fläche des modernen Banken- und Börsenviertels von London zusammen wog. Entsprechend einer häufig angeführten Formel könnte man die Parlamentsgebäude und St. Pauls Cathedral mit Leichtigkeit auf ihrer Grundfläche unterbringen und hätte immer noch Platz übrig. Eine andere Formel besagt, dass der Dom von Florenz, der Mailänder Dom und der Petersdom in Rom bequem in ihr Inneres passen würden.

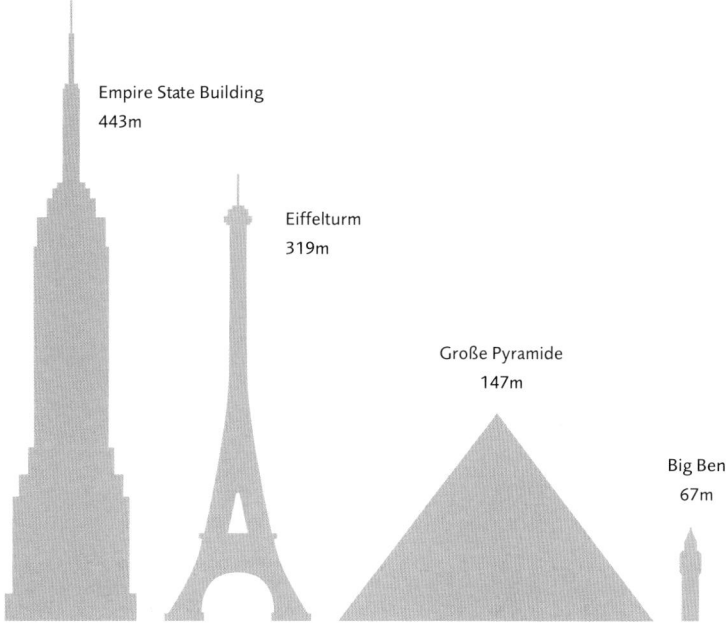

Empire State Building
443m

Eiffelturm
319m

Große Pyramide
147m

Big Ben
67m

Wem diese Angaben zu abstrakt sind, möge sich Folgendes vorstellen: Wenn man die Pyramide in Würfel mit einer Kantenlänge von 30 Zentimetern schneiden und diese Würfel hintereinander legen würde, so würde sich diese Reihe über zwei Drittel des Erdumfangs erstrecken. Es war kein Geringerer als Napoleon, der dieses besondere Zahlenspiel erdacht hat. Als seine Truppen 1798 mit Gruppen von Wissenschaftlern und Gelehrten in ihrem Gefolge in Ägypten einmarschierten und damit die moderne Disziplin der Ägyptologie ins Leben riefen, lehnte Napoleon es ab, auf die Pyramide zu steigen, er beschäftigte sich stattdessen mit Bleistift und Papier. Bei der Rückkehr seiner verschwitzten Untergebenen verkündete er, wenn die drei Pyramiden auf dem Plateau von Giseh abgebaut würden, könne man mit ihren Steinen eine mindestens drei Meter hohe und 30 Zentimeter dicke Verteidigungsmauer rund um Frankreich errichten. Allem Anschein nach standen Napoleons Fähigkeiten als Amateurmathematiker seiner Begabung als General in nichts nach, denn schon bald bestätigte einer seiner Wissenschaftler diese Berechnungen.

Bis zur Fertigstellung des Eiffelturms in Paris im Jahre 1889 war die Große Pyramide das höchste Gebäude der Welt. Dieses Diagramm zeigt ihre Größe im Verhältnis zu diesem Bauwerk sowie zu zwei anderen weltberühmten Wahrzeichen.

Hat man diese verwirrenden Zahlen erst einmal verdaut, kann man sich dem nächsten einzigartigen Aspekt der Großen Pyramide zuwenden: Es war nicht nur die größte, die es in Ägypten je gegeben hatte, sondern auch die genaueste. Die Höhenunterschiede an der Pyramidenbasis weisen eine maximale Differenz von nur 2,1 Zentimetern auf. Die durchschnittliche Abweichung der Seiten von ihrer Ausrichtung nach Norden, Süden, Osten und Westen beträgt nur einen winzigen Bruchteil eines einzigen Grades: 3,6 Bogenminuten. Die vier Ecken der Pyramide sind fast perfekte rechte Winkel. Ihr Neigungswinkel ist mit 51° 50' 40" bemerkenswert exakt. Man schätzte bisher, dass die Seiten der Pyramide bis auf 20 Zentimeter mit folgenden Abmessungen identisch waren: Nord 230,26 Meter, Süd 230,45 Meter, Ost 230,39 Meter und West 230,30 Meter. Jüngere Berechnungen legen jedoch die Vermutung nahe, dass sie sogar noch genauer waren und eine Abweichung von nur 4,4 Zentimetern vom Idealmaß aufwiesen. Ganz zu schweigen von einigen der bemerkenswertesten Leistungen der Planung und Konstruktion, die man im komplexen Inneren der Pyramide findet – ins-

besondere in der Großen Galerie und der Königskammer – eine faszinierende Welt, die einen eigenen, ausführlichen Bericht erfordert.

Wenn ein Bauwerk von solch überwältigenden Dimensionen mit einer so erstaunlichen Präzision ausgeführt worden ist, könnte man fast Verständnis für jene haben, die seine Entstehung auf übernatürliche Kräfte zurückführen möchten. Aber solche Spekulationen sind nicht erforderlich: trotz all ihrer erhabenen Pracht, ist die Pyramide das Werk von menschlichen Wesen. Der Bauherr der Großen Pyramide, den alten Ägyptern unter seinem offiziellen Namen *Chnumchuf* (»der Gott *Chnum* ist sein Schutz«) und den heutigen Wissenschaftlern unter der verkürzten Form dieses Namens als *Chufu* oder *Cheops* bekannt, regierte das Land wahrscheinlich länger als 23 Jahre.

CHEOPS

Im Jahre 2551 v. Chr. folgte Cheops seinem Vater Snofru, der das Land vermutlich ein halbes Jahrhundert regiert hatte, auf den ägyptischen Thron. Obwohl bezüglich exakter Datierungen noch immer Kontroversen und Unsicherheiten bestehen, wird die Geschichte des Alten Ägypten von modernen Historikern gemeinhin in 30 oder 31 Dynastien eingeteilt, die um 3100 v. Chr. beginnen und 332 v. Chr. enden. Snofru war der erste und Cheops der zweite König der 4. Dynastie (2575–2465 v. Chr.). Die verschiedenen Dynastien werden zudem in neun Hauptperioden unterteilt; die zweite dieser Perioden, das so genannte Alte Reich, dauerte von 2686 bis 2181 v. Chr. und umfasste die 3. bis 6. Dynastie.

Das Alte Reich war das goldene Zeitalter des Pyramidenbaus und wird daher manchmal auch als Pyramidenzeitalter bezeichnet. Die frühesten Formen der Pyramiden, die so genannten Stufenpyramiden, wurden in der 3. Dynastie unter König Djoser (2630–2611 v. Chr.) gebaut; echte Pyramiden entstanden erst während der Herrschaftszeit von Snofru. Die Erbauer der Cheopspyramide arbeiteten also mit einer vollkommen neuen Form der Architektur: Einer der Berechnungen zufolge vergingen zwischen der Fertigstellung von Djosers Pyramide und dem Baubeginn der Cheopspyramide kaum 60 Jahre, sodass jemand, der zur Zeit von Djoser ein Kind war, mit Glück und guter Gesundheit gesehen haben könnte, wie die ersten Steine in Giseh gelegt wurden. Neben Cheops' eigenem Monument in Giseh – das größte und außergewöhnlichste, das es in Ägypten je geben sollte – wurde schon bald die kleinere, aber nicht weniger gigantische Pyramide seines Sohnes Chephren (2520–2494 v. Chr.) erbaut, gefolgt von der weitaus klei-

Gegenüber
Diese winzige, nur 7,6 Zentimeter hohe Elfenbeinfigur ist das einzige Bildnis des Cheops, das durch eine Inschrift belegt ist. Der britische Ägyptologe Flinders Petrie fand die sitzende, in einen Kilt gekleidete Figur, die einen Dreschflegel in der Hand hält, 1903 in Abydos, aber der Kopf fehlte. Als er die Bedeutung des Horusnamens (*oben*) des Königs erkannte, der auf der Vorderseite des Throns eingraviert ist, unterbrach Petrie sofort alle anderen Ausgrabungen. Nach drei Wochen intensiven Sandsiebens und sorgfältiger Untersuchung des umliegenden Gebietes fand man schließlich den Kopf mit der Krone von Oberägypten.

neren seines Enkels Mykerinos (2490–2472 v. Chr.), die jedoch in jeder anderen Umgebung mehr als beeindruckend aussehen würde.

Die Mykerinospyramide war die letzte Glanzleistung der Baukunst der 4. Dynastie. Zwar bauten auch die Herrscher der 5. und 6. Dynastie eine Reihe von Pyramiden, aber diese waren weitaus bescheidener. In der nachfolgenden Periode, die als die Erste Zwischenzeit bekannt ist, kam der Pyramidenbau praktisch zum Erliegen und wurde erst im Mittleren Reich (2040–1640 v. Chr.) sporadisch wieder aufgenommen.

Insgesamt haben bis heute etwa 90 Pyramiden in der einen oder anderen Form »überlebt«, einige von ihnen sind kaum mehr als Geröllfelder und ihre ursprünglichen Formen nur für das geübte Auge erkennbar. Fast alle Monumente des Pyramidenzeitalters wurden westlich des Nils, am Rand der Wüste auf einem schmalen Landstreifen errichtet, der sich von Meidum im Süden bis nach Abu Roasch im Norden zieht – also in unmittelbarer Nähe von Memphis, der alten Hauptstadt und Heimat des Königspalastes.

Was die reine Masse betrifft, so muss Snofru als der größte aller Pyramidenbauer betrachtet werden, denn man schätzt, dass allein sein Grabmal – ohne den Komplex, der es umgab – etwa 3,5 Millionen Kubikmeter Steine enthielt. Aber was individuelle Größe, Erhabenheit und technische Perfektion betrifft, so gebührt Cheops der Ruhm. Die Ägypter nannten die Große Pyramide *Achet Chufu* – »Horizont des Chufu«.

Leider ist über Cheops selbst nur wenig bekannt. Es ist gewissermaßen Ironie der Geschichte, dass das einzige bekannte Abbild des Mannes, der den Bau der Großen Pyramide befahl, eine winzige, nur 7,6 Zentimeter große Statuette ist. Sie wurde in Abydos gefunden und trägt die Inschrift seines Horusnamens *Her-Mejedu*. Cheops bestieg als sehr junger Mann den Thron und hatte sich vermutlich das Ziel gesetzt, mit der erstaunlichen Errungenschaft seines Vaters nicht nur zu konkurrieren, sondern sie zu übertreffen. Es entsteht der Eindruck, als sei er maßlos arrogant gewesen – aber als Pharao war er schließlich ein Gott.

Die Erforschung seines Vermächtnisses ist eine der faszinierendsten Reisen in die Geschichte. Am Beginn dieser Reise befindet man sich in einer ähnlichen Situation wie Howard Carter, als er am 26. November 1922 erstmals in die Tiefen der gerade geöffneten Grabkammer von Tutenchamun schaute:

»Siehst du etwas?«, fragte sein Begleiter, Lord Carnavon, aufgeregt.

»Ja«, antwortete Carter, »wundervolle Dinge.«

KAPITEL EINS

DIE WAHL DES STANDORTS

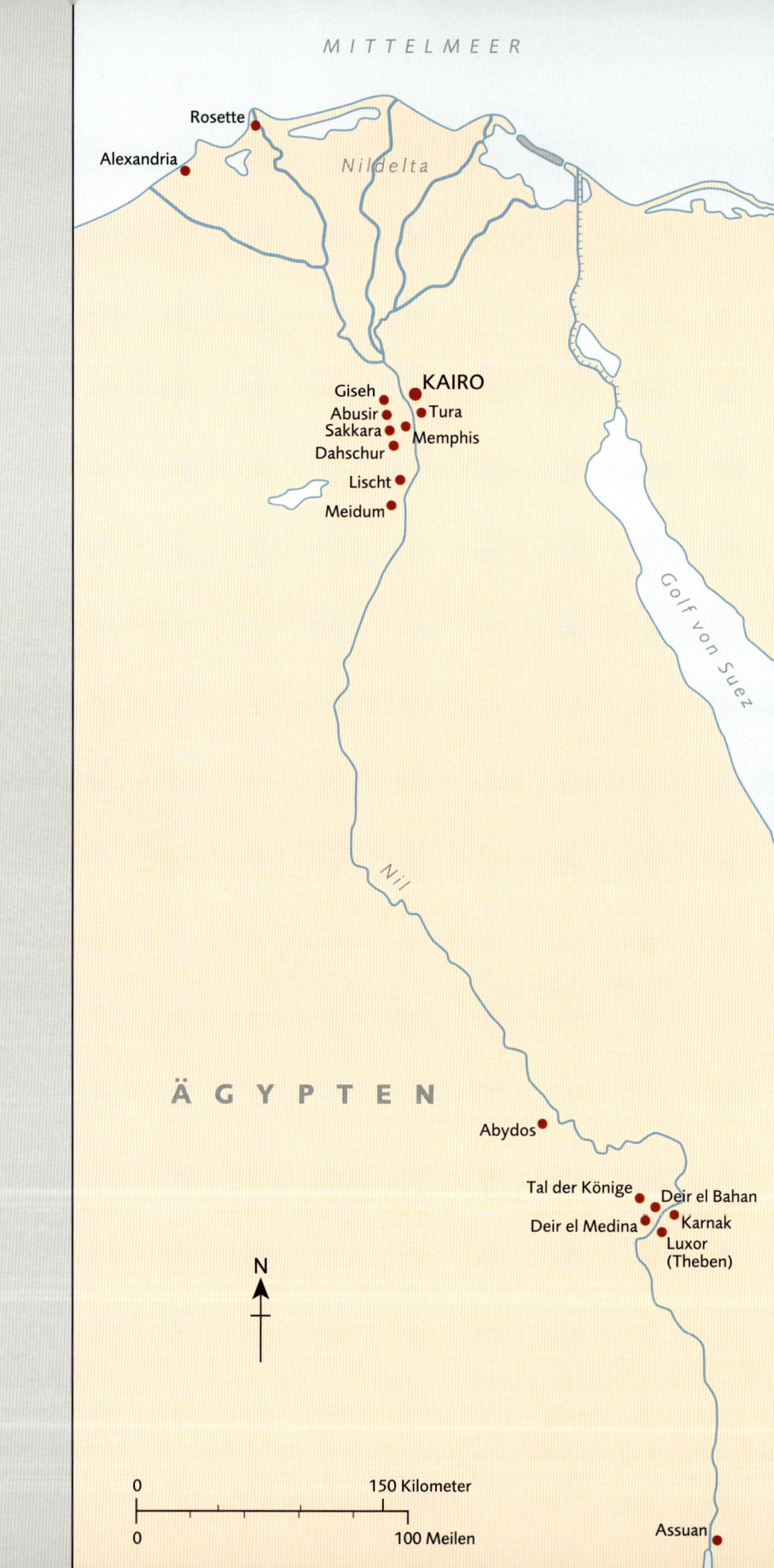

MITTELMEER

Rosette

Alexandria

Nildelta

KAIRO

Giseh
Abusir
Sakkara
Dahschur
Lischt
Meidum

Tura
Memphis

Golf von Suez

Nil

ÄGYPTEN

Abydos

Tal der Könige
Deir el Medina

Deir el Bahan
Karnak
Luxor
(Theben)

N

0   150 Kilometer

0   100 Meilen

Assuan

VOR DEM BAUBEGINN

DJOSER, IMHOTEP UND DIE STUFENPYRAMIDE

Während seiner Regentschaft (2575–2551 v. Chr.) ließ Cheops' Vater Snofru – der erste König der 4. Dynastie – vier der größten Bauwerke errichten, die Ägypten je gesehen hatte. Seine berühmtesten Monumente waren die beiden kolossalen Grabmäler in Dahschur, die Knickpyramide und die Rote Pyramide sowie eine kleinere Pyramide in Seila. Den meisten modernen Berichten zufolge war Snofru auch für einen großen Teil der ähnlich bemerkenswerten Pyramide in Meidum verantwortlich. Diese vier Bauwerke waren in der Tat die ersten Manifestationen dessen, was Archäologen heute als die echte Pyramidenform ansehen, und sie offenbarten einen bedeutenden Fortschritt gegenüber den existierenden Monumentalbauten, den Stufenpyramiden der 3. Dynastie.

Vor der Zeit von Snofru gab es zwei Hauptphasen in der Geschichte des königlichen Grabbaus: In den ersten beiden Dynastien wurden Könige und Fürsten noch in recht einfachen Bauten aus Lehmziegeln bestattet. In der 3. Dynastie, während der Herrschaft von Pharao Djoser (2630–2611 v. Chr.), errichtete dessen Kanzler und Hohepriester des Sonnengottes Re, Imhotep, die erste Stufenpyramide in Sakkara, oberhalb von Memphis.

In der Spätzeit galt Imhotep als Sohn des Ptah, des Hauptgottes von Memphis. Er wurde als genialer Astronom, als Weiser und Vater der Medizin verehrt. Als die Griechen im 3. Jahrhundert v. Chr. Ägypten eroberten, setzten sie Imhotep mit Asklepios, ihrem legendären Begründer der Heilkunst, gleich. So wurde Imhotep in den Mythen und in der Volkskunde zum mysteriösen, göttlich inspirierten »Erfinder« der Pyramide – was nicht ganz der Wahrheit entspricht, aber auch nicht völlig unbegründet ist.

Imhoteps Entwurf lieferte die Modellform für alle nachfolgenden Pyramidenkomplexe, einschließlich dem des Cheops. Er baute eine gewaltige Anlage von 0,15 Quadratkilometern, der Größe einer damaligen Stadt, die von einer 10,5 Meter hohen und 1645 Meter langen Kalksteinmauer umgeben war. Innerhalb dieser Mauer befanden sich zahlreiche Gebäude, die zum Teil eine Funktion

Seite 17
Computergeneriertes Luftbild der Großen Pyramide kurz vor der Fertigstellung.

Djoser, der Pharao der 3. Dynastie, für den die erste Stufenpyramide gebaut wurde. Diese lebensgroße Kalksteinstatue war einst bemalt, und die Augenhöhlen waren mit Kristallen ausgefüllt. Man fand sie 1925 in einem Serdab an der Nordseite der Stufenpyramide in Sakkara.

besaßen, zum Teil jedoch nur Scheinbauten waren – Pavillons im Norden und Süden, Terrassen, Fassaden, Säulen, Kapellen und Statuen. Überragt wurde dieser Komplex von Imhoteps größter Leistung, dem Prototyp einer Pyramide, die in sechs großen Stufen zu einer Höhe von etwa 60 Metern anstieg, eine Basis von 121 x 109 Metern besaß und aus 330 200 Kubikmetern Lehm und Stein bestand. Ausgrabungen haben gezeigt, dass sie in mehreren Phasen gebaut und mit einer rechteckigen *Mastaba*, einem einfachen Grabkomplex, begonnen wurde.

Ebenso wie ihre glanzvollen Nachfolger in Giseh, war auch Imhoteps Pyramide mehr als ein Haufen Steine. Im Inneren legten ihre Erbauer einen unterirdischen Komplex von beispiellosen Ausmaßen an: 5,6 Kilometer Schächte, Tunnel, Gewölbe, Galerien, Treppenschächte und Gänge. Ein Teil dieses Komplexes, der vermutlich als unterirdischer Palast für den König geplant war, ist mit Darstellungen der Gewässer der ägyptischen Unterwelt auf wunderschönen blauen Fayencefliesen dekoriert; darunter verläuft ein Fries, auf dem verschnürte Binsenbündel zu erkennen sind.

Djosers letzte Ruhestätte war ein Gewölbe aus Granitblöcken, das nach seiner Bestattung mit einem letzten, 3,5 Tonnen schweren Granitblock verschlossen wurde. Drei der Tafeln in dem unterirdischen »Palast« zeigen Djoser bei der Ausführung eines Rituals, und seine *Ka-Statue,* die seine »Seele« oder seinen »Geist« repräsentierte, befand sich in einer *Serdab* (Kammer), die in einer Linie mit diesen Räumen gebaut war. Untersuchungen von Djosers Stufenpyramide haben zu Hinweisen auf weitere Begräbnisstätten geführt, in denen man unter anderem zwei intakte Sarkophage und etwa 40 000 Teller, Tassen und andere Gefäße fand, hauptsächlich das Vermächtnis von Djosers Vorfahren. Der Ort bietet noch andere Schönheiten und Geheimnisse, aber für die Große Pyramide ist er vor allem deswegen von Bedeutung, weil Imhoteps Genie die besondere Form des Grabbaus hervorbrachte, die in der Cheopspyramide ihren Höhepunkt erreichte.

SNOFRU UND DIE GEBURT DER ECHTEN PYRAMIDE

Als Snofru den ägyptischen Thron bestieg, war Djosers Grab die einzige vollendete große Pyramide des Landes. Er beschloss, Djosers Beispiel zu folgen und sollte es schließlich vier Mal wiederholen. Zumindest bezüglich der Ausmaße kann Snofru als der größte aller ägyptischen Pyramidenbauer betrachtet werden. Neueste Forschungen geben Anlass zu der Vermutung, dass er sich in Meidum zu Beginn recht genau an Imhoteps Grundentwurf hielt und eine weitere Stufen-

Die Stufenpyramide in Sakkara, die Kanzler Imhotep für seinen Pharao Djoser entwarf und baute, war der Beginn einer Form des Königsgrabbaus, die in der Großen Pyramide ihren Höhepunkt finden sollte.

pyramide als Herzstück einer großen Nekropole baute. Später scheint er seine Meinung geändert und seine Arbeiter erneut nach Meidum geschickt zu haben, um die ursprünglichen Stufen der Pyramide aufzuschütten und sein Monument zu einer echten Pyramide mit glatter Oberfläche und einem äußeren Neigungswinkel von 51° 50' 35" umzugestalten – fast der gleiche wie der der Cheopspyramide. Als sie fertig war, hatte sie eine Höhe von 92 Metern und eine Seitenlänge von 144 Metern. Die Ägypter nannten sie schließlich »Snofru ist beständig«.

Die Geschichte dieser späteren Entwicklung wird durch den heutigen ruinösen Zustand des Bauwerks in Meidum getrübt, das nur noch aus einer Art dreistufigem Turm, umgeben von einem Berg aus Schutt, besteht. Brach das Ganze bereits während des Baus zusammen, wie einige in der Vergangenheit vermutet haben? Diese Annahme scheint heute jedoch widerlegt, da man unter den Trümmern nie irgendwelche Skelette, Seile oder Holzreste aus der 4. Dynastie gefunden hat. Die einfachste und wahrscheinlich zutreffende Erklärung für das, was geschehen ist, ist die, dass die Pyramide fertiggestellt wurde, dass Plünderer irgendwann ihre Kalksteinverkleidung entfernten und dass sie von späteren Pyramidenbauern als praktischer Steinbruch genutzt wurde. Bei seinen Ausgrabungen zu Beginn der 1880er-Jahre berichtete der Archäologe Flinders Petrie, dass sie von örtlichen Bauunternehmern noch immer als allgemein zugänglicher Steinbruch genutzt werde.

Snofru glättete nicht nur die Seiten, sodass die Pyramide zu einer Spitze anstieg; auch im Inneren wendete er Neuerungen an. Er ließ einen langen, abstei-

Snofrus
Knickpyramide
in Dahschur.

genden Gang (bereits ähnlich dem in der Großen Pyramide) anlegen, dessen Eingang sich etwa 16,5 Meter über der Basis befand, und der über einen kurzen horizontalen Korridor und einen vertikalen Schacht hinab zu einer zentralen, durch Kragsteine gestützten, Grabkammer verlief. Mit 5,8 Metern Länge und 2,7 Metern Breite war diese Kammer recht klein und befand sich ungefähr auf der Höhe der ursprünglichen Wüstenoberfläche. Diese, auf verschiedene Arten abgeänderte innere Anordnung wurde ebenso zu einem Standardmerkmal der Pyramiden wie einige andere Neuerungen.

In der langen Zeit, die zwischen dem Bau der Stufenpyramide in Meidum und ihrer späteren Umgestaltung verging, hatte Snofru den Befehl für den Bau zweier weiterer Monumente gegeben: Etwa im 15. Jahr seiner Herrschaft verlegte er die Arbeiten ungefähr 40 Kilometer weiter nördlich, nach Dahschur, um dort eine weitere Nekropole zu bauen. Die Krönung dieses Projekts waren zwei große Pyramiden.

Die erste, den Ägyptern als die Leuchtende Pyramide bekannt, hat heute den eher nüchternen, deskriptiven Namen Knickpyramide. Sie erhob sich in einem spitzen Winkel von 54° 27' 22" aus dem Sand, stieg aber etwa ab der Mitte in einem Winkel von nur noch 43° 22' bis zur Spitze auf. Warum dieser abrupte Abfall des Neigungswinkels? Vermutlich waren die Erbauer mit dem Problem der Bodensenkung konfrontiert: Es gibt Hinweise darauf, dass die Knickpyramide ursprünglich als weitaus kleinerer Bau mit steil aufsteigenden Seiten im Winkel von etwa 60 Grad geplant war. Da sich dies jedoch als zu instabil erwies, baute man einen »Steingürtel« um die Basis, sodass sich im unteren Bereich ein Neigungswinkel von etwa 55 Grad ergab. Der geringere Neigungswinkel im oberen Teil kann darauf zurückgeführt werden, dass dringend eine andere Methode der Steinaufschichtung gefunden werden musste, denn die bislang angewendete, vertikale Verlegung der Steine erhöhte die Spannung und verringerte die Stabilität der Pyramide. Im letzten Teil des Bauwerks wurden die Steine daher horizontal gesetzt.

Snofrus zweite groß angelegte Pyramide in Dahschur wird Nordpyramide oder auch Rote Pyramide genannt. Veranlasst durch die Unvollkommenheit der Knickpyramide, stellte der König etwa im 30. Jahr seiner Herrschaft die Arbeiten an diesem Bauwerk im Süden plötzlich ein (obwohl er auch diese später wieder aufnahm und die Pyramide fertig stellen ließ) und richtete seine Aufmerksamkeit auf ein neues, eleganteres Grabmal. Bei einer Höhe von 105 Metern und einer Seitenlänge von 220 Metern sollte der Neigungswinkel dieser Pyramide nur noch 43° 22" betragen.

Im Inneren der Pyramide wurden die Erfahrungen, die man in Meidum und beim Bau der älteren Verwandten –

Die Rote Pyramide
in Dahschur.

der Knickpyramide – gemacht hatte, zur Anwendung gebracht. Wieder legten die Arbeiter einen langen absteigenden Gang an, der von einem Eingang hoch oben an der Nordseite bis hinunter zum Boden verläuft, wo er auf zwei fast identische, mit Kragsteinen gestützte Vorkammern trifft. Ein kurzer horizontaler Gang führt von der zweiten Vorkammer in die eigentliche Grabkammer, deren 50 Meter hohe Decke ebenfalls mit Kragsteinen gestützt ist. Das größte der Nebengebäude in der Nähe der Roten Pyramide ist ein heute weitgehend zerstörter Totentempel, der anscheinend eilig fertig gestellt wurde und in bescheidenem Maßstab geplant war. Wahrscheinlich wurde Snofru hier bestattet und nicht in der Grabkammer einer seiner Pyramiden. Wenn dies zutrifft, so war sein Tod von einer bitteren Ironie begleitet: Nach einem Leben voller ungeheurer Leistungen war es dem größten aller Pyramidenbauer nicht vergönnt, in einem seiner prächtigen Grabmäler die letzte Ruhe zu finden.

Und so gelangte schließlich Snofrus dritter Sohn und unmittelbarer Nachfolger, Prinz Cheops (2551–2528 v. Chr.), auf den Thron, gesegnet mit dem Vermächtnis einer fast perfekten Pyramidenform, aber belastet mit dem Ehrgeiz, die Leistungen seines Vaters zu übertreffen und noch Beeindruckenderes zu schaffen. Wie sollte ihm das gelingen?

DIE SUCHE NACH DEM GEEIGNETEN STANDORT

Bevor die Arbeiten an Cheops' ungeheuer ambitioniertem Monument beginnen konnten, musste er einen geeigneten Bauplatz finden. Jeder in Frage kommende Standort musste mindestens fünf grundlegende Anforderungen erfüllen: Aus religiösen Gründen musste sein Grabmal westlich des Nils, im Gebiet der untergehenden Sonne errichtet werden. Aus Sicherheitsgründen musste es über der Schwemmebene des Nils, aus logistischen Gründen jedoch so nah wie möglich am Ufer des Nils gebaut werden, da viele der Baumaterialien über den Fluss transportiert wurden. Politische und gesellschaftliche Gegebenheiten verlangten eine angemessene Nähe zu Memphis, der Hauptstadt Ägyptens. Geologische und architektonische Voraussetzungen erforderten festes Grundgestein ohne Risse oder Schwachstellen und eine Ebene, die für den Bau eines geraden Fundaments geeignet war, als Standfläche.

Es gab mehrere in Frage kommende Orte, an denen schließlich überall Pyramiden des Alten Reiches errichtet werden sollten: Sakkara – der Ort, an dem Imhotep die Stufenpyramide für Djoser erbaut hat und der lange als Begräbnisstätte für die ägyptische Elite diente – erschien den Pharaonen stets als verlockender Platz für die Ewigkeit. Hier sollten nicht weniger als elf Königspyramiden, mehr als an jedem anderen Ort in Ägypten, und hunderte von kleineren Pyramiden, Mastabas und Gräbern gebaut werden. Man kann Sakkara durchaus als eine komplette Nekropole betrachten, da sie zur Zeit ihrer höchsten Entwicklung 6,4 Kilometer lang war. Sowohl Sakkara als auch Abusir waren von Memphis aus leicht zu erreichen, wobei Sakkara gewissermaßen das dem Jenseits geweihte Pendant der irdischen Hauptstadt war. Zu weiteren möglichen Bauplätzen gehörten unter anderem das etwa acht Kilometer südlich von Memphis gelegene Dahschur, für das sich auch einst Snofru entschieden hatte, das 27 Kilometer weiter nördlich gelegene Abu Roasch sowie das 53 Kilometer entfernte Meidum im Süden. Schließlich entschied sich Cheops für einen Platz, nur wenige Kilometer flussabwärts von Abu Roasch, der sich an der nordwestlichen Ecke des Plateaus von Giseh am Rand der Wüste befand und etwa acht Kilometer von der Stadt Giseh entfernt war.

Hier liegt eine gigantische Kalksteinplatte, die moderne Geologen als Mokkatam-Formation bezeichnen; sie erstreckt sich über eine 1,2 Kilometer lange Diagonale von SSO nach NNW und steigt bis auf eine Höhe von 60 Metern an. Die Südwestecke der Großen Pyramide und der beiden kleineren Pyramiden, die im Laufe der nächsten zwei Generationen nach Cheops' Tod von Chephren und Mykerinos auf diesem Gelände gebaut wurden, sind auf der so genannten »großen Gisehdiagonale« miteinander verbunden, die in einem Winkel von etwa 43 Grad östlich zur geographischen Nordrichtung verläuft. Zusammen bilden diese drei Pyramiden das berühmteste architektonische Wahrzeichen aller Zeiten.

NIVELLIERUNG UND AUSRICHTUNG

DER GRÜNDUNGSRITUS

EIN KLEINER ZEITSPRUNG führt zu dem Tag, an dem Cheops die Gründungs-zeremonie für sein großes Lebenswerk vollzog. Es gibt nur wenige schriftliche Berichte, die detailliert auf bestimmte Aspekte des Entwurfs und des Baus der Pyramide eingehen; die meisten noch existierenden Aufzeichnungen entstan-den rund 100 Jahre nach ihrer Fertigstellung. Der ausführlichste bekannte Text weist darauf hin, dass ein König bei der Grundsteinlegung einer Pyramide zu-erst die Position der Sterne im Großen Bären bestimmte und dann mit Hilfe ei-nes Priesters, der Thot, den ibisköpfigen oder paviangestaltigen Gott der Schrift und des Messens personifizierte, die Grundlinien der vier Außenwände mar-kierte.

Das Merchet war das wichtigste rituelle Instrument, das der Thot-Priester bei der Ausrichtungs-zeremonie verwendete.

Dank eines fragmentarischen Reliefs aus der 5. Dynastie ist jedoch eine weit-aus genauere und lebendigere Darstellung der von Cheops ausgeführten Zere-monie möglich, die dem späteren Verlauf weitgehend ähnlich ist. Das Ganze hat sich etwa folgendermaßen zugetragen: Feierlich gekleidet begab Cheops sich in Begleitung einer Priesterin, welche die Göttin Seschet – das weibliche Gegen-stück von Thot – personifizierte, an den vorgesehenen Ort in Giseh. Beide trugen einen goldenen Fäustel und einen Pflock, der von einem Seil umspannt war. Die Priesterin schlug ihren Pflock an einer vorher bestimmten Stelle in den Boden. Dann richtete Cheops sein Seil zum Himmel, spannte es und schlug den zweiten Pflock ein, um die genaue Achse anzuzeigen, nach der die Pyramide ausgerichtet werden sollte. Genauer gesagt, benutzte er das Visier des Kopfschmucks der Priesterin, um einen bestimmten Stern anzupeilen, den die alten Ägypter als »Huf« des Vorderbeins im Sternbild des Stiers kannten und den moderne Astro-nomen als Benetnasch bezeichnen, Teil der vertrauten Konstellation von Ursa Major, dem Großen Bären.

Es war zweifellos eine eindrucksvolle und feierliche Zeremonie, die jedoch eher als offizielles Zeichen der Zustimmung und nicht als echter Akt der Berech-nung verstanden werden muss. Natürlich entdeckte Cheops nicht wirklich eine Übereinstimmung mit den Sternen, sondern gab formell bekannt, dass die Berechnungen anderer sein königliches Einverständnis fanden. Die eigentliche Ausrichtung, die weitaus komplexer und langwieriger war als dieser kurze Blick

Rekonstruktion einer
Ausrichtungszeremonie.

auf einen vorher festgelegten Stern, hatten seine Gelehrten zuvor mit großer Sorgfalt vorgenommen.

Alten Aufzeichnungen zufolge war das so genannte *Merchet*, was so viel wie »Instrument des Wissens« oder einfach »Zeiger« bedeutet, eines der wichtigsten Werkzeuge, die bei dieser Ausrichtung verwendet wurden. In späteren Gründungszeremonien trug der Thot-Priester ein solches Instrument als Teil seiner rituellen Ausstattung. Das Merchet war ein einfaches Winkellot, bestehend aus einem abgewinkelten Holzstab, an dessen Ende sich ein Gewichtslot befand. Es konnte entweder allein oder zusammen mit einem *Bai* verwendet werden, einer Palmrispe, die an einem Ende V-förmig eingekerbt war. Das Merchet wurde am Tag als Sonnenuhr (man las die Länge des Schattens ab, den der Stab auf den Boden warf) und in der Nacht als Sternenuhr (man maß die Höhe eines gegebenen Sterns über dem Horizont) genutzt.

Mit diesem einfachen Gerät konnten offensichtlich beeindruckend genaue Ergebnisse erzielt werden. Die Große Pyramide weist die genaueste Nordung aller Pyramiden in Ägypten auf; die durchschnittliche Seitenabweichung von den einzelnen Himmelsrichtungen beträgt nur 3,6 Bogenminuten. Nicht zu vergessen die ebenso beeindruckende Genauigkeit des Fundaments, das mit einem maximalen Höhenunterschied von nur 2,1 Zentimetern eben ist. Wie konnte eine so unglaubliche Präzision erreicht werden?

Viele Gelehrte und Wissenschaftler haben sich mit dieser Frage beschäftigt, und bis heute ist keine der Antworten bis ins letzte Detail akzeptiert.

NIVELLIERUNG DER BASIS

Einer häufig aufgegriffenen Theorie zufolge wendeten die Erbauer Methoden aus der uralten ägyptischen Ackerbautradition an, bauten rund um den Bauplatz niedrige Mauern aus Nilschlamm und leiteten dann Wasser in diese Einfriedung, bis es eine angemessene Höhe erreicht hatte. Danach wurde eine Reihe von Gräben unterhalb der Wasseroberfläche ausgehoben und sichergestellt, dass der Boden jedes einzelnen Grabens exakt den gleichen Abstand zur Wasseroberfläche hatte. Jetzt konnte das Wasser wieder abgelassen werden und der Raum zwischen den Gräben vorsichtig bearbeitet werden, bis der Fels vollkommen glatt und gerade war.

Es gibt in der Tat ein Netz von Gräben in der Nähe der Nordseite der zweiten Pyramide von Giseh, das auf Nivellierungsarbeiten hindeutet. Aber die Wassertheorie stößt auf zahlreiche Widersprüche: Im Alten Reich wurde das Wasser in Krügen transportiert, die an Stangen befestigt waren; die Verdunstung des Wassers im Becken und das Überlaufen der Krüge beim Tragen hätten mit Sicherheit selbst die ehrgeizigsten Versuche vereitelt, einen Teich anzulegen. Zudem ist es sehr schwer, unter Wasser mit Hammer und Meißel präzise zu arbeiten.

Die stärksten Argumente gegen die Wassertheorie sind geologischer und architektonischer Natur. Die Architekten der Cheops- und der Chephrenpyramide hatten es mit einem abschüssigen Plateau zu tun, das ursprünglich sieben bis zehn Meter höher lag als die spätere Basis, und in beiden Fällen ließen sie einen Felsstumpf stehen, der in das Zentrum der Pyramide hineinragt. Sie beschränkten die Nivellierungsarbeiten auf einen Streifen rund um dieses Massiv; für die Cheopspyramide wurde nicht der Felskern, sondern die Fundamentplatte der Pyramide nivelliert.

Diese Argumente stützen sich auf die in Giseh noch immer sichtbaren Markierungslöcher, die in annähernd regelmäßigen Abständen parallel zu den Seitenkanten der Großen Pyramide (und auch der Chephrenpyramide) verlaufen. Da die Abstände der Löcher jedoch nicht exakt genug sind, um für die Messung der Länge von wirklichem Nutzen gewesen zu sein, dienten sie sehr wahrscheinlich

Einer von Cheops' Priestern hält
ein Pendel in die Höhe, um die
geplante Pyramide nach den
Sternen auszurichten.

als Halterungen für hölzerne Stangen, um die lange Kordeln gewickelt waren; zusammen mit einem Merchet oder einem einfachen Senkblei konnten sie zur Bestimmung der exakten Höhe verwendet und anschließend bequem entfernt werden, wenn ein neuer Stein eingesetzt werden musste.

Heute nimmt man an, dass die Erbauer mit Hilfe dieser »Hilfslinien« eine außergewöhnliche Präzision erlangen konnten, indem sie vorsichtig die Höhe der Fundamentplatte der Pyramide und nicht die des Grundgesteins anglichen, auf dem sie stand. Die Fundamentplatte besteht aus hochwertigem Turakalkstein, der an manchen Stellen mit lokalem Kalkstein verstärkt ist.

Zuerst spannten die Erbauer eine zum geographischen Norden ausgerichtete Bezugslinie. Anschließend musste ein exaktes Quadrat ausgelegt werden. Wahrscheinlich wurde mindestens eines der drei folgenden Verfahren angewendet, um die erforderlichen rechten Winkel zu konstruieren: Ein großes Winkeldreieck könnte als Unterstützung für die Anwendung des Satzes von Pythagoras oder die Kreuzung von Kreisbogen gedient haben. Für letzteres könnten die Erbauer der Pyramide mit Hilfe eines Seils als Radius und eines Stabs als zentralem »Einstichpunkt« zwei sich überschneidende Halbkreise geschlagen haben, um einen rechten Winkel zu bestimmen.

ORIENTIERUNG NACH DEN HIMMELSRICHTUNGEN

Das größere und komplexere Rätsel ist jedoch die exakte Ausrichtung der Pyramide nach Norden. Hierzu gibt es zwei Haupttheorien: Die stellare oder Horizont-Theorie geht davon aus, dass die Erbauer der Pyramide eine temporäre halbkreisförmige Mauer von mehreren Metern Durchmesser errichteten, die gerade so hoch war, dass eine im Mittelpunkt des Halbkreises stehende Person nichts außer dem Nachthimmel sehen konnte. Die Mauer bildete also einen künstlichen Horizont – und, wie dieser Begriff impliziert, musste ihr oberer Rand vollkommen waagerecht sein.

Ein ägyptischer Astronom und Feldmesser musste also vom Mittelpunkt des Halbkreises aus nur einen bestimmten Stern am Nachthimmel beobachten, dessen Aufgangs- und Untergangspunkt am oberen Rand der Mauer markieren, diese Markierungen mit Hilfe eines Senkbleis bis zum Fuß der Mauer verlängern und sie dann jeweils durch eine Gerade mit der Mitte des Kreises verbinden. Halbierte man nun den entstandenen Winkel, so hatte man den geographischen Norden ermittelt.

Der Solartheorie zufolge benutzten die Ägypter nicht nur eine Mauer, sondern auch einen Stab, den *Gnomon*, zur Bestimmung der genauen Nordrichtung: Der Stab wird annähernd senkrecht in den Boden gesteckt, um Länge und Lage seines Schattens drei Stunden vor Mittag auf dem Boden zu markieren und als Radius eines Kreises zugrunde zu legen. Je höher die Sonne am Himmel steigt, desto kürzer wird der Schatten, verlängert sich am Nachmittag aber wieder. Berührt der Schatten den Kreis erneut, so bildet dieser Schatten einen Winkel mit der Markierung des ersten Schattens. Auch hier gibt die Halbierung des Winkels den geographischen Norden an.

Welche dieser Methoden wirklich Anwendung fand, ist jedoch unsicher: Die stellare oder Horizont-Methode ist im Prinzip exakter, aber wesentlich aufwändiger. Die Verwendung mehrerer Gnomone scheint eine deutlich bequemere und zuverlässigere Lösung zu sein, und moderne Versuche, die Nordrichtung anhand von Berechnungen des Sonnenstandes zu ermitteln, haben sich als recht zuverlässig erwiesen.

Es ist jedoch auch möglich, dass die Erbauer der Cheopspyramide keine dieser viel diskutierten Methoden angewendet haben. Kate Spence, eine Wissenschaftlerin an der Cambridge University, wies im Jahre 2000 auf eine sehr interessante Tatsache bezüglich der unterschiedlichen Genauigkeit in der Ausrichtung der Pyramiden hin: Bis zur Herrschaft von Cheops wurde die Ausrichtung immer exakter, danach jedoch immer ungenauer. Was war der Grund?

Kate Spence stellte eine geniale Vermutung an – der zugrunde liegende Gedankengang stützt sich auf das astronomische Phänomen der Präzession: Der nördliche Himmelspol ist der Punkt, um den sich alle Sterne zu drehen scheinen. Da sich die Sterne aber nicht um die Erde drehen, sondern die Erde sich um ihre eigene Achse dreht, befindet sich dieser scheinbare Mittelpunkt in einer direkten Linie mit der Erdachse. Allerdings ist die Erdachse nicht vollkommen stabil, sondern rotiert in sich wie eine Art Kreisel – wenn auch mit einer Geschwindigkeit, die für das bloße Auge nicht sichtbar ist, da eine vollständige Drehung der Erdachse um sich selbst etwa 26 000 Jahre dauert.

Neueren Berechnungen zufolge, gab es im Pyramidenzeitalter des Alten Ägypten nicht einen einzigen Stern, der exakt nach Norden ausgerichtet war. Daher vermutet Kate Spence, dass die ägyptischen Astronomen stattdessen zwei Sterne zu beiden Seiten des Pols bestimmt haben. Wenn diese beiden Sterne vertikal über dem nördlichen Horizont in einer Linie stehen – eine Verbindung, die mit einem Merchet oder einem Senklot überprüft werden konnte – geben sie die exakte Nordrichtung an. Spence studierte alle relevanten Aufzeichnungen und stellte fest, dass es zwei Kandidatenpaare gibt, die dafür in Frage kamen.

Das erste Sternenpaar gab um 2467 v. Chr. und das zweite um 2443 v. Chr. den exakten geographischen Norden an. Das Erscheinen des ersten Paares fällt sehr dicht mit Daten zusammen, die bereits durch archäologische Methoden bekannt waren. Trifft diese Vermutung zu, so bedeutet dies allerdings, dass die Ausrichtung etwa 70 Jahre später stattgefunden haben muss als bisher angenommen. Die Einzelheiten dieses Ausrichtungsstreits werden noch immer diskutiert, aber kein angesehener Wissenschaftler stellt in Frage, dass die Nordung der Pyramide durch irgendeine Form der Himmelsbeobachtung erfolgte.

So viel zu den Geheimnissen der Geometrie, der Astronomie und des Glaubens – das privilegierte Wissen des Königs und seiner Elite von Priestern und hohen Beamten. Es ist Zeit, die Männer kennen zu lernen, die Cheops' ehrgeizige Vision unter Schweiß und Strapazen zur überwältigenden Realität werden ließen: Die Armee von rekrutierten Arbeitern.

KAPITEL ZWEI

DIE HERKUNFT DER PYRAMIDENBAUER

MYTHOS UND WIRKLICHKEIT

Vorhergehende Seite
Rekonstruktion einer typischen
Dorfszene aus der 4. Dynastie.

JEDER »WEISS«, DASS DIE PYRAMIDEN von Sklaven gebaut wurden. »Holly-wood am Nil«-Epen wie *Land der Pharaonen*, illustrierte Kinderbücher über das Leben in der Urzeit oder dumme Cartoons, in denen brutale Aufseher die Peit-schen knallen lassen, kräftige Sklaven riesige Steinblöcke ziehen und ausgemer-gelte Sklaven ihren letzten Atemzug unter der erbarmungslos brennenden Sonne tun, sind hinlänglich bekannt. Einige erinnern sich vielleicht sogar noch, dass es kein Geringerer als Herodot, der Vater der Geschichtsschreibung selbst war, der erklärte, die Pyramiden seien mithilfe einer menschlichen Infrastruktur von Sklaven erbaut worden. Doch auch er irrte sich.

Heute weiß man, dass Sklaven beim Bau der Cheopspyramide keine Rolle gespielt haben. Die Arbeiter-schaft des Cheops glich eher einer mo-dernen Armee, deren Soldaten aus den Städten oder ländlichen Bezirken re-krutiert wurden.

Diese Form der Arbeitsverpflich-tung, eine Art Steuer, die mit Arbeit statt mit Waren bezahlt wurde, war der wichtigste Motor jedes großen Bauprojekts. Straßen, Kanäle, Mienen und öffentliche Gebäude wurden alle von rekrutierten Arbeitern gebaut oder

Eine Standaufnahme aus Howard Hawks' Filmepos *Land der Pharaonen* von 1955. Auch Hollywood-Regisseure glaubten, die Pyramiden seien von Sklaven und nicht von rekrutierten Arbeitern erbaut worden.

gegraben. Diese »Fronarbeit« war im ägyptischen Gesellschaftssystem so fest ver-ankert, dass bedeutende Persönlichkeiten sich zusammen mit kleinen Figuren bestatten ließen, die für sie die von den Göttern verlangten Fronarbeiten im Jen-seits übernehmen sollten.

Vermutlich erfreuten sich diese jungen Männer im Dienst des Königs eines weitaus besseren und lohnenswerteren Daseins, als wären sie zu Hause in einem entlegenen, verarmten Dorf geblieben. Sie bekamen regelmäßig etwas zu essen, wurden in Baracken untergebracht und medizinisch bestens versorgt.

Die archäologische Forschung hat in den letzten Jahren sehr viele Beweise dafür erbracht, dass die Pyramiden des Pharaos eindeutig nicht von Sklaven gebaut wurden. So fand man beispielsweise in einem Königsgrab die Inschrift: »Es ist der Wunsch des Königs, dass niemand zu der Aufgabe gezwungen, sondern dass jeder zu seiner eigenen Befriedigung arbeiten möge.« War dies nur fromme Gesinnung? Es überrascht vielleicht, dass die Echtheit dieser Anweisung belegt ist, auch wenn dies natürlich keine Garantie dafür ist, dass die Aufseher sie auch befolgten. Andere Dokumente unterstützen die Hypothese, dass junge Männer kamen, um ihren Baudienst zu verrichten, ebenso wie andere junge Männer im Laufe der Jahrhunderte ihren Militärdienst ableisteten. Einige von ihnen mögen auch gehofft haben, die eigenen Aussichten in der nächsten Welt zu verbessern, indem sie dem König zur Unsterblichkeit verhalfen.

Die Zeit des Frondienstes war für die meisten Arbeiter recht kurz – manchmal dauerte sie nur so lange wie eine Regenzeit – nur ein harter Kern von Facharbeitern und Verwaltern blieb für mehrere Jahre bei einem Bauprojekt. Potenzielle Fronarbeiter konnten oft einfach einen Ersatzmann benennen, und anscheinend waren die lokalen Schreiber bestechlich, sodass mancher Name nie auf den Rekrutierungslisten erschien.

Am besten lässt sich die alltägliche Realität der Pyramidenbauer nachvollziehen, wenn man einen Blick auf das Leben in den ländlichen Gemeinden wirft, das viele der für Cheops' Projekt ausgewählten jungen Männer bis zu dem Tag führten, an dem der Aufruf des Königs erging.

DAS LEBEN AUF DEN FARMEN

Anhand der fundierten Informationen, die die moderne Archäologie liefert, ist es heute möglich, die wichtigsten Elemente des ägyptischen Landlebens vor etwa 4500 Jahren zu rekonstruieren: Damals wie heute war der Nil die Lebensader Ägyptens. Der jährliche Anstieg und der anschließende Rückgang des Stroms waren für das Leben aller Ägypter von größter Bedeutung, und das Land selbst war im Grunde nicht mehr als ein schmaler Streifen fruchtbaren Bodens von etwa 1000 Kilometern Länge, der den Fluss umschloss und zu beiden Seiten von der Wüste bedroht war. Im Pyramidenzeitalter wurden nur etwas über 8000 Quadratkilometer der fruchtbaren Schwemmebene des Nils als Kulturfläche genutzt. (Erst 1960 wurde dieses Gebiet durch den Bau des Assuanstaudamms auf 37 500 Quadratkilometer vergrößert und damit fast verfünffacht). »Ägypten«, so schrieb Herodot überschwänglich, »ist das Geschenk des Nils«, und die Menschen erwiesen dem Fluss implizit durch die Namen Respekt, die sie den Jahres-

Der Nil, aufgenommen aus dem Satelliten Landsat. Im oberen Teil ist das Nildelta zu erkennen und rechts davon der Suezkanal. Hinter den fruchtbaren Ufern des Flusses besteht die Landschaft aus karger Wüste.

zeiten gaben. Sie teilten das Jahr in nur drei Abschnitte ein:

Peret oder die »Zeit der Aussaat« war die Periode, die ungefähr unserem Winter entspricht und von Mitte November bis Mitte März andauerte, wenn die Nilflut von den Feldern verschwand und die Bauern ihr Land wieder bestellen konnten.

Shemu oder die »Erntezeit« dauerte von Mitte März bis Mitte Juli. Der Nil sank auf seinen tiefsten Stand, die Felder trockneten vollkommen aus, der Boden brach auf und verwandelte sich in Staub. Die Ernte musste zu Beginn dieser Saison eingebracht werden.

Achet oder »Überschwemmungszeit« wurde die Periode von Mitte Juli bis Mitte November genannt. In dieser heißesten Zeit des Jahres fiel Regen auf das hoch liegende Land, und der Nil schwoll wieder an. Da es während der Überschwemmung nicht möglich war, auf den Feldern zu arbeiten, blieben die meisten Bauern in dieser Zeit zu Hause und beschäftigten sich unter anderem damit, ihre wichtigsten Werkzeuge zu reparieren – die Hacke, den Pflug und die Sichel.

Die Ägypter besaßen eine andere Zeiteinteilung, die in einigen Aspekten jedoch der unseren ähnelte. Eine Arbeitswoche hatte neun Tage und am zehnten Tag wurde ausgeruht; diese Einheit von zehn Tagen wurde *Dekade* genannt. Ein Jahr bestand aus 36 *Dekaden*, also 360 Tagen, sodass man, um ein vollständiges Jahr zu erhalten, fünf Tage, die so genannten »Epagomenen« hinzufügen musste. Jeder dieser Zusatztage war einem Gott oder einer Göttin gewidmet: Isis, Osiris, Horus, Nephthys und Seth. Da die alten Ägypter jedoch die praktische Lösung eines Schaltjahres noch nicht gefunden hatten, hinkte ihr Kalender jedes Jahrhundert um etwa einen Monat hinterher. Sie teilten ihren Tag zwar auch in 24 Stunden ein, aber die Dauer einer Stunde war je nach Jahreszeit unterschiedlich; und sie zählten, entsprechend der Anzahl ihrer Finger, im Dezimalsystem.

Das neue Jahr begann mit dem Erscheinen des Sirius Mitte Juli, wenn *Shemu*, die Erntezeit, von *Achet*, der Überschwemmungszeit, abgelöst und das träge fließende Wasser des Nil wieder tiefer und reißender wurde.

Die jährliche Routine konnte nur dann eingehalten werden, wenn das Klima es erlaubte: War die ersehnte Überschwemmung zu stark, riss sie alles mit sich, einschließlich des Viehs und der Bauern – die Zahl der Todesopfer, die sie forderte, konnte erschreckend hoch sein. Stieg das Wasser jedoch nicht hoch genug, so blieb die Erde trocken, die Ernte fiel aus und nur allzu oft kam es zu Hungersnöten, bei denen zahllose Menschen starben. Vieles deutet darauf hin, dass der Untergang des Alten Reiches zum Teil die Folge einer Reihe niedriger Nilpegel und der dadurch ausgelösten Verzweiflung sowie der entstehenden Anarchie war.

Selbst in guten Jahren war das tägliche Leben für einen Bauern nicht leicht. Einer der wenigen uns bekannten Autoren des Alten Ägypten, ein Schreiber aus der Zeit des Mittleren Reiches namens Cheti, fasste das Schicksal eines Kleinbauern in einigen denkwürdigen Sätzen seiner »Satire der Berufe« zusammen. Auch wenn er vielleicht ein wenig übertrieben hat, klingen seine Worte doch unangenehm realistisch: »Der Bauer stöhnt unaufhörlich. Seine Stimme ist rau und klingt wie das Krächzen eines Raben. Seine Finger und seine Arme eitern und stinken abscheulich. Er hat es satt, den ganzen Tag im Schlamm zu stehen und in Lumpen gekleidet zu sein [...] und wenn er am Abend nach Hause kommt, ist er von dem langen Marsch vollkommen erschöpft.«

Außer Priestern, Schreibern und anderen hohen Beamten plagte sich fast jeder Dorfbewohner auf Feldern, die jedoch nicht sein Eigentum waren.

Die Arbeit eines Bauern war zweifellos sehr hart, aber die Schwemmebene des Nils bot äußerst fruchtbaren Boden; bereits ein kleines Stück Land von zwei *Arouras* (ein Aroura entspricht ungefähr 40 Quadratmetern) konnte einer Person Nahrung für ein ganzes Jahr liefern. Während der Jahreszeit *Peret*, dem Beginn des Arbeitsjahres, pflügten die Bauern unter Mithilfe ihrer Frauen und Kinder die Felder.

Hauptsächlich wurden Flachs, Emmer (eine Weizenart), Gerste, dicke Bohnen und Kichererbsen angebaut. Flachs gehörte zu den wichtigsten Anbauprodukten,

Fischer auf dem Nil. Ausschnitt eines Reliefs aus dem Grabmal der Prinzessin Idut in Sakkara, ca. 2410 v. Chr.

denn daraus wurden Kleider für die Lebenden, Tücher für die Toten sowie Seile und Netze zum Jagen und Fischen hergestellt; das aus den Samen gewonnene Öl wurde als Medizin verwendet. Knechte trugen Wassereimer an einer Stange über den Schultern, um die Felder zu bewässern – eine schmerzhafte und sehr anstrengende Arbeit. Aber jedes Jahr, wenn der Nil wieder sank, legte man auch Kanäle an, um das kostbare Wasser ein paar Wochen länger nutzen zu können.

Die Erntezeit bedeutete zwar harte Arbeit, konnte aber durch die Rituale, die sie häufig begleiteten, wesentlich angenehmer gestaltet werden. Manchmal spielten Musiker auf, und die Dorfbewohner sangen, wenn sie dem Getreide mit hölzernen oder kupfernen Sicheln zu Leibe rückten:

Oben Geburt eines Kalbs. Grabrelief (Detail) des Wesirs Kagemni, Sakkara, ca. 2400 v. Chr.

Unten Metzger, die einen Ochsen vierteilen. Detail eines Reliefs aus dem Grabmal der Prinzessin Idut in Sakkara, ca. 2410 v. Chr.

Schön ist der Anbruch des Tages
über dem Land;
eine frische Brise weht von Norden her;
der Himmel erfüllt unsere Wünsche;
lasst uns entschlossen an die Arbeit gehen!

Eine substanziellere Form der Erleichterung verschaffte den Bauern das kühle Bier, das sie tranken, während sie ihre Sicheln führten. Manchmal machten die Männer ihre Arbeit auch zu einem sportlichen Wettbewerb, bei dem es darum ging, wer als Erster das Ende einer Ackerfurche erreichte. Dann prahlte und jubelte der Sieger. Die landwirtschaftlichen Szenen an den Wänden von Mastabas waren oft mit Auszügen einer typischen Unterhaltung aus dem Leben der Feldarbeiter versehen.

Wenn die Garben geschnitten waren, sammelten die Frauen und Kinder sie in Netzen ein und luden sie auf Esel, die sie zum Dreschplatz vor dem Dorf brachten. Dieselben Esel – manchmal unterstützt von Ochsen – droschen auch

das Korn, indem sie im Kreis darüber liefen. Anschließend kamen Frauen, um das Korn zu reinigen und es von der Spreu zu trennen. Unter der Aufsicht von Schreibern, die festlegten, wie viele Steuern das Dorf an den Staat zu zahlen hatte, wurde die Ernte schließlich zum örtlichen Kornspeicher gebracht.

Für die meisten Ägypter bestand das Arbeitsleben aus dieser jährlichen Routine des Pflügens, Säens und Erntens, aber höhere Beamte und andere Angehörige der herrschenden Elite überwachten und ernteten auch die Früchte luxuriöserer Formen der Kultivierung. Zu ihnen gehörte auch Metjen, ein bekannter hoher Beamter aus den Tagen der 4. Dynastie, der ein Landgut von 200 Ellen (etwa 103 Metern) Länge und der gleichen Breite besaß. Sein von Mauern umschlossener Garten war reich mit herrlichen Bäumen, die Feigen und andere köstliche Früchte trugen, und mit Rebstöcken, aus denen üppige Mengen Wein gewonnen wurden, bepflanzt.

Neben den bei der Arbeit auf dem Feld eingesetzten Ochsen und Eseln gab es in einem altägyptischen Dorf auch Ziegen-, Schaf- und Schweineherden. Enten, Gänse und Tauben wurden als Haustiere gehalten und wilde Vögel, wie Kraniche, mit Netzen gefangen. Die Menschen schätzten Hunde nicht nur als Arbeitstiere, sondern auch als Kameraden, und gaben ihnen liebevolle Namen; die Lieblingshunde der Reichen wurden manchmal im großen Stil bestattet.

Die nomadischen Hirten, die meist in den Sumpfgebieten außerhalb der Dörfer lebten und Kühe hielten, waren zwar weniger Regeln unterworfen als die Bauern, mussten ihre Herden aber dennoch alle zwei Jahre an einer Viehzählung in ihrem jeweiligen Bezirk teilnehmen lassen. Nach der Zählung wurde das Vieh

Weizenernte.
Aus der Mastaba des Wesirs
Mereruka, ca. 2330 v. Chr.

in zwei Gruppen aufgeteilt: Die eine Gruppe durfte auf die Weiden zurückkehren, während die andere zum Schlachthof geführt wurde. Hier wurden die Tiere unter dem wachsamen Auge eines Priesters, der für die Einhaltung der rituellen Vorschriften sorgte, getötet und zerlegt. Zuerst mussten dem toten Tier die Vorder- und Hinterhufe abgetrennt werden; erst danach durften das Herz und die anderen Organe herausgenommen werden.

Aus diesen Dörfern – in denen sich das Leben in 3000 Jahren nicht wesentlich veränderte – wurden also die Männer für die Verwirklichung von Cheops' Traum rekrutiert.

DAS HÄUSLICHE LEBEN IN DEN DÖRFERN

Von der Geburt bis zur rituellen Beschneidung in der Pubertät, hielt das Leben in einem Dorf für männliche Kinder nicht viele Erfahrungen bereit. Die Geburt war für Mutter und Kind stets ein gefährliches Unterfangen. Die Frauen brachten ihre Kinder zu Hause zur Welt, indem sie sich über eine Plattform aus zwei weit auseinander stehenden Ziegelsteinen knieten oder beugten. Eine Hebamme – eine heilkundige weise Frau – war bei der Geburt zugegen und durchschnitt die Nabelschnur, nachdem das Baby gewaschen und die Plazenta abgestoßen war. Dann brachte man die Mutter in eine Wochenlaube, wo sie sich ausruhte und einem Reinigungsritual unterzogen wurde. Die hohe Säuglings- und Kindersterblichkeitsrate – von fünf Kindern erreichte meist nur eines das Erwachsenenalter – wurde auf den Fluch böser Geister zurückgeführt. Daher beteten Mütter zur Schutzgöttin der Schwangeren, Taweret, und zum zwergengestaltigen Bes, Feind der Dämonen, um Hilfe. Neugeborene wurden nach einem Gott oder nach

dem Pharao benannt oder sie erhielten ihren Namen in Anlehnung an ein Ereignis, das in engem Zusammenhang mir ihrer Geburt stand. Kinder wurden etwa bis zum Alter von drei Jahren gestillt – reiche Frauen beschäftigten Ammen – und manchmal mit Muttermilch aus Tonfläschchen (Schalen mit einer langen Tülle) gefüttert. Die Aufzucht der Kinder war die Hauptaufgabe der Frauen, und Kinder wurden nicht nur um ihrer selbst willen, sondern auch als Abkömmlinge geliebt, welche die Fortsetzung und Aufrechterhaltung des Bestattungskults der Familie garantierten. Gesunde, vom Glück gesegnete Familien konnten zehn bis fünfzehn Kinder haben.

Die Mädchen heirateten mit 12 bis 14 Jahren, also sobald sie geschlechtsreif waren, um die maximale Anzahl fruchtbarer Jahre zu nutzen. Männer durften oder sollten heiraten, wenn sie ein wenig älter waren und bewiesen hatten, dass sie gut genug arbeiten konnten, um eine eigene Familie zu ernähren. Mit 15 galten Jungen bereits als Erwachsene: wenn sie sehr viel Glück hatten, erreichten sie ein hohes Alter und wurden Großvater, aber die meisten Männer und Frauen wurden nicht älter als etwa 30 Jahre.

Die Ehe war eher eine soziale als eine religiöse oder gesetzliche Einrichtung und lief im Wesentlichen auf eine Vereinbarung hinaus, zusammen zu leben und Kinder großzuziehen. Es gab keine eigentliche formelle Zeremonie – nur eine Feier im Dorf, nach der die Braut in das Haus ihres Mannes einzog. Polygamie war zwar nicht verboten, kam aber selten vor; allerdings hatten Männer, die es sich leisten konnten, durchaus eine oder zwei Konkubinen und mit diesen auch gemeinsame Kinder. Konkubinen hatten einen wesentlich niedrigeren Status als Ehefrauen, aber untreue Ehefrauen wurden hart bestraft: Nach ihrer Hinrichtung wurde ihre Leiche verbrannt und die Asche in den Nil gestreut – die schrecklichste aller Strafen, denn sie zerstörte die Aussicht auf eine Existenz im Jenseits.

Gänse. Detail eines Frieses in der Mastaba von Prinzessin Itet in Meidum, ca. 2630 v. Chr.

Eine Scheidung war zwar erlaubt, wenn die Frau unfruchtbar oder untreu war, wurde aber nur selten vollzogen.

Auf den höheren Stufen der sozialen Leiter herrschte jedoch ein anderer sexueller Sittenkodex. Mitglieder des Königshauses und hohe Beamte hatten mehrere Nebenfrauen, und der Pharao selbst besaß einen Harem; er diente jedoch weniger als Quelle erotischer Vergnügungen im königlichen Schlafgemach, sondern war vielmehr diplomatischer Natur, denn die Rekrutierung dieser Frauen trug im Allgemeinen dazu bei, vielfältige und komplexe Verbindungen zu Familien im ganzen Land zu festigen.

Wein war nicht allein den Reichen vorbehalten: Alle Ägypter mochten ihn, und im Alten Reich gab es nicht weniger als sechs verschiedene Sorten. Wohlhabendere Ägypter bevorzugten die Weine aus dem Nildelta oder aus der Oase Fayum. Wenn die Zeiten es erlaubten, aßen die Ägypter gerne, gut und oft. Sie nahmen täglich drei Mahlzeiten ein: Je eine reichhaltige am Morgen und am Abend und eine leichte Zwischenmahlzeit am Mittag.

Dienerinnen, die Geflügel und Vieh auf dem Arm und Körbe mit Brot und Früchten auf dem Kopf tragen. Aus dem Grab von Ti, einem hohen Beamten in Sakkara, ca. 2450 v. Chr.

Die Grundlage jeder Mahlzeit waren Brot und Bier – also die Produkte aus Weizen und Gerste. Im Alten Ägypten wurden 19 verschiedene Sorten Brot gebacken, das meist mit einem Püree aus dicken Bohnen oder anderen Hülsenfrüchten bestrichen wurde. Das Bier war gemeinhin dunkel – helleres Bier wurde nur zu besonderen Anlässen und Festen getrunken – und für die, die keinen Alkohol mochten oder zu jung dafür waren, gab es Milch von Kühen, Ziegen, Schafen und Eseln. Wer es sich leisten konnte, ergänzte diese Grundnahrungsmittel durch einige Eiweißlieferanten: Fische aus dem Nil und Fleisch von Haus- und Wildtieren – Antilopen, Gazellen, Steinböcke –, meist in Form eines Eintopfs. Selbst die Ärmsten kamen gelegentlich in den Genuss von Geflügel, da die Jagd auf Tauben, Kraniche, Enten und Gänse erlaubt und an den Ruhetagen eine beliebte Beschäftigung war.

Neben Bohnen waren Zwiebeln ein Hauptbestandteil der Nahrung eines Kleinbauern. Zu den Mahlzeiten setzte man sich auf eine Schilfmatte und stellte das Essen auf einer Lehmschale in die Mitte. Nachdem man sich die Hände gewaschen hatte, aß man mit den Fingern.

Die Gassen in einem Dorf waren oft so eng, dass man mit ausgestreckten Armen leicht beide Seiten berühren konnte. Die einzige Öffnung, die Licht und Luft in die dicht gedrängten Häuser hereinließ, war die Eingangstür; sie wurde mit grobem Stoff verhängt, um den Staub zumindest ein wenig fern zu halten. Die Ägypter bauten große Grabmale für die Ewigkeit, ihre Häuser waren dagegen weitaus bescheidener und weniger haltbar. Sie wurden aus sonnengetrockneten Lehmziegeln, Holzbalken und gestampftem Lehm gebaut – organische Materialien, die schon nach wenigen Jahren zerfielen. Reichere Familien verwendeten auch Steine, insbesondere für Türschwellen und Stürze. Die Häuser waren nicht besonders komfortabel und steckten voller Ungeziefer: Flöhe im Fell der Haustiere, Moskitos, die in der Nacht summten, und vor allem Ratten und Mäuse, die in den Lagerräumen herumliefen und die Lebensmittel der Familie dezimierten. Erst 1000 Jahre später, zu Beginn des Neuen Reiches, sollten die Ägypter die Katze als äußerst nützliches, hygienisches Werkzeug domestizieren.

Es gab noch andere Bedrohungen für die Gesundheit: Abfälle wurden entweder in den nächstgelegenen Kanal entsorgt, zu einer Müllkippe außerhalb des Dorfes gebracht, in Löcher geworfen, die durch den Abbau von Baumaterial entstanden waren, oder einfach vor die Tür geschüttet, wo sie verfaulten. Es gab kein fließendes Wasser – die benötigten Mengen wurden in Töpfen aufbewahrt und von den Frauen in großen Krügen, die sie auf dem Kopf balancierten, aus dem Kanal oder Fluss geholt.

Trotz der monotonen Last des täglichen Wasserholens waren fast alle Familien sehr reinlich und wuschen sich jeden Tag sorgfältig den Schlamm, den Staub und den Schweiß der Felder mit Wasser aus einem Krug ab und nahmen auch von Zeit zu Zeit ein richtiges Bad in einer kleinen Wanne. Die Adeligen investierten noch mehr Zeit in ihre persönliche Hy-

Bierbrauer. Bemaltes Holzmodell aus einem Grab des Mittleren Reiches, ca. 2000 v. Chr.

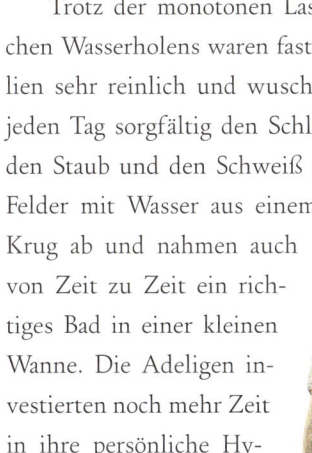

giene, und die Körperpflege spielte in ihrem Tagesablauf eine große Rolle. Etwa ein Jahrhundert nach dem Bau der Großen Pyramide soll Ptahhotep, der Wesir und Justizminister des Pharaos (ca. 2400 v. Chr.) nicht weniger als sechs Diener für seine Morgentoilette benötigt haben: Sie zogen ihn an, rasierten und frisierten ihn, polierten seine Nägel und wuschen seine Füße. Wenn einfache Männer eine Rasur wollten, mussten sie zum örtlichen Barbier gehen, der ihnen mit einer Steinklinge den Bart abschabte, während sie vor ihm hockten.

Sogar einige der bescheidenen Häuser besaßen eine Art Toilette in Form eines Trockenklosetts. In reicheren Haushalten gab es eine Vorrichtung aus Steinblöcken, zwischen denen ein halb mit Sand gefüllter Eimer stand; manchmal besaß eine solche Vorrichtung sogar einen Deckel. Mit den Worten Herodots von etwa 500 v. Chr.: »Die Frauen lassen Wasser im Stehen und die Männer im Sitzen. Sie gehen hinein, um sich zu erleichtern, nehmen ihr Essen aber im Freien ein, mit der Begründung, anstößige Bedürfnisse sollten zurückgezogen, nicht anstößige jedoch in der Öffentlichkeit verrichtet werden.«

Der Boden in den einfachen Häusern bestand aus gestampftem Lehm oder Backsteinplatten. In feinen Häusern und Palästen wurde er sehr glatt poliert und dann mit Gips getüncht. Matten aus Schilf, Papyrus und Palmblättern wurden ausgelegt, um die Böden auch bei heißesten Temperaturen kühl zu halten; der Staub konnte durch die Löcher im Gewebe außerdem absinken und wurde nicht ständig aufgewirbelt.

Die Möblierung war spärlich und bestand meist nur aus einer eingebauten Bank im Wohnzimmer und manchmal einem niedrigen Tisch zum Essen, ein paar Hockern und einem Schlafplatz. Matten polsterten den harten Untergrund ein wenig, und Kopfstützen linderten die Schmerzen eines müden Nackens. In Wandnischen und seltener in Holztruhen bewahrte man Wäsche und Geschirr auf. Die Kleidungsstücke für die Familie wurden von den Frauen selbst genäht – eine schwierige Aufgabe, da die einzigen Hilfsmittel dicke, schwer zu führende Nadeln aus Horn oder Bronze waren. Wenn sie Zeit hatten, mehr Kleider anzufertigen, als ihre eigene Familie benötigte, durften sie sich mit ähnlich produktiven Freundinnen zusammentun und diese unter der Kontrolle einer Vorsteherin der Weber in einem Laden verkaufen.

Die Kleidung war einfach und veränderte sich in ihrer Grundform während des Alten Reiches kaum; von einigen Ausnahmen abgesehen, war sie als Merkmal des sozialen Ranges wesentlich weniger bedeutsam als in den meisten anderen hierarchischen Gesellschaften. Die Männer gingen meist mit nacktem Oberkörper und trugen ein kurzes Lendentuch – ein Stoffdreieck, das in der Taille zusammengebunden wurde und knapp bis zu den Knien reichte. Einige Beamte trugen einen langen, gestärkten Rock, der den größten Teil ihres Körpers bedeckte und mit einer Kordel um den Hals gehalten wurde; manche Priester hängten sich auch ein Leopardenfell über die Schulter.

Das Hauptkleidungsstück der Frauen war ein langes, mit zwei Schulterbändern gehaltenes Kleid, das eng am Körper anlag und die Figur betonte: Nach Darstellungen an Statuetten zu urteilen, würde es in heutigen Modemagazinen nicht unbedingt deplatziert wirken. Die Damen des Hofes trugen gelegentlich eine Tunika mit langen Ärmeln und V-Ausschnitt, die mit kunstvollen Stickereien verziert war. Fast alle gingen barfuß; Sandalen wurden erst gut 500 Jahre später getragen.

Eine Küchenszene, die Männer und Frauen bei der Bierherstellung aus Gerste, Emmer und Weizen zeigt. Bemaltes Holzmodell aus dem Grab des Gaufürsten Meketre in Deir el Bahari, ca. 2000 v. Chr.

Die Einfachheit der Kleidung bedeutete nicht, dass die Ägypter keinen Wert auf ihr Äußeres legten. Im Gegenteil: außer den Ärmsten verwendeten die meisten Menschen einen überraschend großen Teil der arbeitsfreien Zeit auf verschiedene Formen der Köperpflege. Auch auf das Frisieren der Haare wurde viel Wert gelegt, und jene, die eine besondere Begabung für kunstvolle Frisuren zeigten, konnten ihre Stellung im Leben häufig verbessern und für einen großen Haushalt arbeiten. Das Ansehen eines geschickten Barbiers wird durch die traditionelle Geschichte vom Friseur des Pharaos deutlich, der bei einer großen Zeremonie versehentlich ein rituelles Objekt fallen ließ, dem aber erstaunlicherweise verziehen wurde.

Männer wie Frauen frisierten ihr Haar – oder die zeremoniellen Perücken, die sie zu religiösen Festen trugen – mit Kämmen aus Holz oder Horn, und festigten sie mit Bienenwachs oder Harz. Eitelkeit war hier ebenso verbreitet wie in anderen Gesellschaften: Es gab eine endlose Vielzahl von Mitteln zum Färben der Haare, gegen Haarausfall und zur Bekämpfung anderer Zeichen des Älterwerdens. Beide Geschlechter verwendeten reichlich Make-up, besonders Eyeliner, bestehend aus Galena (Bleiglanz), das in den Bergen nahe der Küste des Roten Meers abgebaut wurde. Er diente nicht nur zur Betonung der Schönheit des

Wie diese Überbringerin einer Opfergabe, trugen die meisten ägyptischen Frauen lange, eng anliegende Kleider mit Schulterbändern. Bemaltes Holzmodell aus dem Grab des Gaufürsten Meketre in Deir el Bahari, ca. 2000 v. Chr.

Gesichts, sondern schützte angeblich auch vor der konstanten Gefahr von Augenentzündungen durch aufgewirbelten Staub und Schmutz. Haare, Hände, Füße und Nägel wurden mit Henna rot gefärbt; duftende Öle machten die Haut weich und sorgten für einen angenehmen Körpergeruch.

Schmuck spielte im alltäglichen Leben sogar eine noch größere Rolle, und diente nicht nur als Zierde, sondern auch als magisches Instrument. Kinder trugen Glücksamulette mit der Inschrift einer einzelnen Hieroglyphe, die »Leben«, »Gesundheit«, »Ausdauer«, »Wohlstand« oder etwas Vergleichbares bedeutete, an Armbändern, Halsketten oder Ringen. Skarabäenförmige Ringe hatten auf der flachen Seite manchmal einen Zauber oder den Namen eines Gottes eingraviert, dieser sollte den Träger vor Dämonen schützen. Eine besondere Mode im Alten Reich war der *Usech*; ein Kragen aus mehreren Reihen zylindrischer, blauer und grüner Fayenceperlen. Je höher die Position auf der sozialen Leiter, desto üppiger und auffälliger war der Schmuck. So trugen Prinzen und Prinzessinnen Pektorale aus kostbarem Metall, und Cheops' Mutter Hetepheres füllte eine der Kisten für ihr Grabmal mit 20 Armbändern aus Elfenbein und Silber.

In der Mitte jedes ägyptischen Hauses befand sich das Feuer, um das sich die Frauen kümmerten. Es brannte entweder in der Küche, deren Dach offen war, oder in einem Hof. Gekocht wurde auf einer Feuerstelle, die an drei Seiten mit Ziegeln eingefasst war, oder auf einem kleinen, transportablen Tonofen, einer Art Pfanne mit einem konischen Fuß für glühende Holzkohle. In vielen Häusern gab es einen kleinen Ofen zum Brotbacken und einen Mahlstein, mit dem das Korn zu Mehl verarbeitet wurde. Neben Holzkohle gehörten Tiermist, insbesondere Kuhdung, und pflanzliche Abfälle sowie Holzreste zu den wichtigsten Brennstoffen. Feuer wurde durch Reibungshitze entfacht, indem man ein Reibholz aus Hartholz in einem Stück weicheren Holzes schnell hin und her drehte. Wenn möglich, wurde im Freien gekocht, da die Lüftung in den Häusern schlecht war und die Menschen dort zu viel giftigen Rauch einatmeten.

Nachts wurde das Licht des Feuers durch kleine Öllampen ergänzt. In den dunklen Abendstunden gab es nicht viel Unterhaltung, aber es galt keineswegs als sündig oder verwerflich, nach der Arbeit des Tages oder zum Abschluss einer Saison nach Vergnügen zu suchen. Wie Ptahhotep tolerant schreibt:

Verkürzt nicht die Stunden des Vergnügens ...
Verliert keine Zeit mit der täglichen Arbeit, sobald ihr das
Nötige getan habt ...

Wenn ihr euer Vermögen gemacht habt, folgt eurem Verlangen,
denn ein Vermögen hat keine Würze, wenn man schwermütig ist.

Die meisten Haushalte besaßen kleine Perkussionsinstrumente, die zur Begleitung von Tänzen, aber auch auf den Feldern – um die Arbeiter aufzumuntern –
eingesetzt wurden. Außerdem sollte ihr Klang böse
Geister vertreiben und die Toten beschützen. Manche
hatten auch Flöten und Rohrblattinstrumente mit drei
oder vier Löchern. Musik, Lieder und Tänze waren ein
täglicher Zeitvertreib und standen besonders bei Festen
im Mittelpunkt.

Für den Adel war das Angebot an Freizeitaktivitä-
ten weitaus größer. Bei Banketten führten Tänzerinnen
eine Art Ballett auf, Männer kämpften gegeneinander –
manchmal so hart, dass sie sich verletzten –, und es
wurde mit edleren Instrumenten musiziert, beispielsweise mit der Harfe, dem Instrument der Liebe. Ein bei
solchen Banketten beliebtes Lied, dessen Worte auf vielen privaten Grabmälern erschienen ist, sollte die Zuhö-
rer an den Tod erinnern, um sie zu ermutigen, die Freu-
den des Lebens noch mehr zu genießen:

> *Niemand ist je von da unten zurückgekommen,*
> *um uns zu sagen, wie es ihm geht,*
> *um uns zu sagen, was ihm fehlt,*
> *um unsere Herzen zu trösten ...*
> *Also freut euch, solange ihr lebt! ...*
> *Folgt eurem Herzen und eurem Glück ...*
> *Denn Klagen bewahren keinen vor der Grube!*

Diese Kalksteinstatue von Nofret,
der Gattin von Prinz Rahotep,
zeigt die Prinzessin mit Eyeliner
und einem Usech-Kragen.
Meidum, ca. 2610 v. Chr.

Die alten Ägypter lebten in einer ausgeprägt hierarchischen Gesellschaft. Diese
kann grafisch vielleicht am besten in Form einer Pyramide dargestellt werden.
Die breite Basis der Pyramide bestand aus den Kleinbauern. Darüber befanden
sich die Handwerker und Kunsthandwerker, gefolgt von dem, was man die höheren Berufsstände nennen könnte – die Priester und die Schreiber. Die Schreiber,
die ihr streng gehütetes Geheimnis auf den Gott Thot zurückführten, besaßen
die seltene Fähigkeit, sowohl lesen als auch schreiben zu können (vermutlich

waren weniger als fünf Prozent der Gesamtbevölkerung einigermaßen des Lesens und Schreibens mächtig). Diese Fähigkeit wurde vom Vater an den Sohn weitergegeben und ermöglichte es privilegierten Familien, über viele Generationen hinweg, ein bequemes Leben ohne die Unannehmlichkeiten harter Arbeit führen zu können. Schreiber waren gewissermaßen das Nervensystem der ägyptischen Gesellschaft, denn sie sammelten, übermittelten und bewahrten alle wichtigen Daten des sozialen und ökonomischen Lebens. Ohne Schrift hätte es keinen zentralisierten Staat geben können.

Die Priester erfüllten sowohl bürokratische als auch zeremonielle Funktionen, waren aber im Wissen über die Götter nicht unbedingt sehr bewandert. Eine ihrer wichtigsten Aufgaben war die Reinigung und Pflege der Kultstatue im örtlichen Tempel; streng genommen war dies das Vorrecht des Königs, wurde aber aus nahe liegenden praktischen Gründen an die obersten Priester im Königreich delegiert. Die Arbeit war nicht sonderlich anstrengend, denn die Priester wechselten sich in ihrem Dienst ab und kamen nur alle vier Monate für vier Wochen an die Reihe – die Ägypter nannten eine solche Schicht *Saw*, oder »Wache«. Ein Priester musste sich vier Mal am Tag in einer rituellen Waschung reinigen, sich sämtliche Körperhaare abrasieren und während seiner Amtszeit auf Sex verzichten. Eine Reihe von Priesterinnen – Frauen von hoher Geburt – waren der Göttin Hathor geweiht.

Singende und Harfe spielende Frauen. Relief auf der Scheintür von Nikaure, ca. 2420 v. Chr.

Eine Vielzahl von lokalen Aufsehern und anderen weltlichen Beamten, von denen die meisten aus den oberen Schichten stammten, sowie Grundbesitzer unterstanden der höchsten weltlichen Autorität in ihrer Region, dem Gouverneur (von Historikern nach dem griechischen Wort »Nomes« für die Einteilung Ägyptens in Gaue auch »Nomarch« genannt). Aber auch der Gouverneur nahm nur einen relativ niedrigen Rang in der Hierarchie ein, die bis zum Königshof in Memphis und zuletzt bis zum Wesir reichte – der »Premierminister« des Pharaos, der mit allen Staatsangelegenheiten betraut war: Landwirtschaft, Steuern, Justiz und Bauwesen. Über ihm und allen anderen Sterblichen stand nur der Pharao – oberster Priester, oberster Grundbesitzer, oberster Richter, oberster Soldat und Gott.

EINBERUFUNG UND NILFAHRT NACH GISEH

Um die jungen Männer für den königlichen Dienst zu rekrutieren, reisen die Beamten des Pharaos in die ländlichen Gemeinden. Wenn sie kamen, versammelten sich der Bürgermeister des Dorfes und der Gouverneur jeweils mit Gefolgsleuten in der Mitte des Dorfes, wo die Namen all derer ausgerufen wurden, die eingezogen werden sollten. Dann brachte man die Betreffenden an den Rand des Dorfes, wo ihnen der Schädel kahl rasiert wurde. Nachdem sie ein Bündel mit Kleidern geschnürt und sich von ihren Familien verabschiedet hatten, wurden sie über die Schwemmebene zum Ufer des Nils geführt, wo eine große Transportbarke wartete, um sie nach Giseh zu bringen. Auch wenn der Abschied schwer gefallen sein mag, so war die Trauer der jungen Männer sicherlich auch von einem Gefühl des Stolzes begleitet, denn schließlich erfüllten sie ihre Pflicht dem König gegenüber.

Für rekrutierte Arbeiter aus dem Süden des Landes war die Reise nach Giseh fast unvorstellbar lang – 800 Kilometer und mehr – eine Strecke, für die man selbst im Hochsommer, wenn der von Süden nach Norden fließende Nil hoch und schnell war, wohl mindestens eine Woche brauchte. Wer von Assuan kommend das Land hinab reiste, kam an fast allen berühmten Orten Ägyptens vorbei: im Osten an Luxor (das die Griechen später Theben nannten) und Karnak. Im Westen lagen das heilige Abydos und kleinere Städte. Weiter nördlich gab es immer mehr Zeichen zivilisierten Lebens und mehr große Bauwerke. Die Arbeiter passierten die Orte Meidum, Dahschur, Sakkara und Abusir, und im Westen lag die große Hauptstadt Memphis, Heimat des Pharaos. Im Laufe der Fahrt legte das Boot mit den Rekrutierten immer wieder an, um weitere, sehr junge Männer mit frisch geschorenen Köpfen aufzunehmen.

Kämpfende junge Männer. Detail eines Frieses aus dem gemeinsamen Grab der königlichen Maniküren Nianchchnum und Chnumhotep in Sakkara, ca. 2450 v. Chr.

Rekonstruktion einer Barke, die
rekrutierte Arbeiter aus den
nilaufwärts gelegenen Dörfern
nach Giseh brachte.

Sobald die Barke Giseh erreicht hatte, nahmen die neuen Arbeiter ihr Bündel und marschierten hinauf zum Plateau. Schließlich sahen sie eine neun Meter hohe Mauer aus Lehmziegeln, die von Historikern auch »Krähenwall« genannt wird, mit einem riesigen Tor in der Mitte. Hinter diesem Tor befand sich die Arbeiterstadt des Giseh-Plateaus, ihr neues Heim und ihr neuer Arbeitsplatz. Der Moment, in dem sie durch das Kolossaltor gingen, war für die Arbeiter von großer Bedeutung: Sobald sie seine Schwelle passiert hatten, waren sie nicht länger Dorfbewohner, sondern Ägypter im Dienste von Cheops, der Inkarnation des Gottes Horus.

KAPITEL DREI

DER BAU
DER GROSSEN
PYRAMIDE

DIE MATERIALIEN: DER CHEOPSSTEINBRUCH

Vorhergehende Seite
Arbeiter, die mit Hilfe eines
Holzrahmens und Seilen Steinblöcke
hinauf in die Königskammer ziehen
(Rekonstruktion).

DER MANN, DER DAMIT BETRAUT WURDE, den Bau der Großen Pyramide zu beaufsichtigen, war Cheops' jüngerer Bruder Hemiunu, über den sonst jedoch leider nur wenig bekannt ist. Wir haben bereits einige der Gründe erfahren, warum Cheops und Hemiunu Giseh als geeigneten Ort gewählt haben mögen: Die relative Flachheit des Geländes, die religiöse Bedeutung seiner Lage westlich des Nils (im Reich der Toten, über das Anubis regierte), seine Nähe zur Hauptstadt Memphis und so weiter. Aber ein entscheidender Faktor wurde bislang noch nicht erwähnt: Wie jede andere Pyramide in Ägypten wurde auch die Große Pyramide in der Nähe einer praktisch unerschöpflichen Quelle der richtigen Steine gebaut. Dies machte Giseh zur idealen Wahl.

Wer heute das Giseh-Plateau besucht, versteht, warum dieser Standort so geeignet war: Etwa 300 Meter südlich der Pyramide sind die Überreste des so genannten Cheopssteinbruchs zu erkennen, ein riesiges Loch in Form eines Hufeisens, das aus dem Fels herausgemeißelt wurde. An seinem tiefsten Punkt liegt der Boden des Steinbruchs fast 30 Meter unter seiner ursprünglichen Höhe. Neueste Berechnungen haben ergeben, dass hier etwa 2,76 Millionen Kubikmeter Steine abgetragen wurden. Das Material aus dem Cheopssteinbruch wurde aber nicht ausschließlich für die Große Pyramide, sondern auch für andere Bauten auf dem Giseh-Plateau verwendet.

Auch wenn er natürlich wusste, dass eine solche Quelle irgendwo in der Nähe existiert haben musste, erkannte selbst ein so hervorragender Archäologe wie

Überreste der Kalkstein-
verkleidung an der Ostflanke der
Großen Pyramide.

Flinders Petrie nicht, wie nah gelegen diese große Abbaufläche war, denn sie war schon seit langem mit Millionen Tonnen von Abfällen aus Lehm, Sand, Gips und Kalkstein zugeschüttet. Erst in den 1920er und 1930er Jahren – über ein Jahrhundert nach Petries wegbereitenden Ausgrabungen – wurde all dieser archäologische Schutt fortgeräumt und der Cheopssteinbruch in seiner ganzen Größe freigelegt.

An seiner hohen und steilen Westwand haben Steinmetze aus der Zeit nach Cheops' Herrschaft Grabmale in den Fels gehauen, darunter drei für die Kinder seines Sohnes Chephren – ein Hinweis darauf, dass der Abbau hier irgendwann in der Generation unmittelbar nach Cheops' Tod eingestellt worden sein muss. Im Laufe der Bauarbeiten lieferten die Barken auch Steine aus anderen Steinbrüchen östlich des Nils, aus Mokkatam, Maasara und vor allem aus Tura, wo der feine weiße Kalkstein für die Verkleidung der Pyramide abgebaut wurde. Doch die Steine aus dem Cheopssteinbruch bilden den Hauptbestandteil der Großen Pyramide. Die Frage, die sich nun unweigerlich stellt, konnte von der Wissenschaft erst vor wenigen Jahren mit annähernder Genauigkeit beantwortet werden: Wie viele Männer wurden für den Bau der Cheopspyramide benötigt?

Viele Steine aus den Steinbrüchen östlich des Nils wurden auf Barken zur Baustelle in Giseh gebracht.

DIE ARBEITERSCHAFT

Die Aufgabe, vor der die Arbeiter standen, war entmutigend groß. Wie bereits erwähnt, besteht die Große Pyramide aus etwa 2,3 Millionen Steinblöcken. Jeder Block ist im Durchschnitt etwa einen Kubikmeter groß und wiegt ungefähr 2,5 Tonnen. Dem so genannten Turiner Königspapyrus zufolge ist es durchaus möglich, dass die Pyramide in 23 Jahren (oder weniger) gebaut wurde. Der nicht immer zuverlässige Herodot schreibt, dass die Arbeiten 20 Jahre dauerten.

Folgende Seite
Rekonstruktion des Cheopssteinbruchs.

Andere Quellen gehen von einer Bauzeit von rund 30 Jahren aus. Es wurde nur bei Tageslicht gearbeitet, also zehn Stunden täglich. Wenn die Bedingungen ähnlich waren wie anderswo in Ägypten, durften die Männer am zehnten Tag ausruhen und neue Kräfte sammeln. Eine grobe, auf diesen Zahlen basierende Kalkulation ergibt, dass pro Stunde etwa 34 Steine verlegt wurden, also alle zwei Minuten etwas mehr als ein Block.

Auf den ersten Blick mag man den Eindruck haben, dass dazu unglaublich viele Männer erforderlich gewesen seien. Herodot behauptet, die Pyramide sei von 100 000 Männern gebaut worden, aber man ist sich nicht einig, wie man diese Behauptung genau verstehen soll (siehe S. 112). Die Auswertung von Dokumenten, Ausgrabungsfunden und einer modernen Rekonstruktion, bei der Steine abgebaut und transportiert wurden, hat ergeben, dass die tatsächliche Zahl der Menschen, die gleichzeitig an der Pyramide arbeiteten, wesentlich geringer war, als bis dahin allgemein angenommen.

Warum das so ist, wird klar, wenn man sich das Prinzip der Arbeitsteilung vor Augen führt. Auf der einfachsten Stufe gibt es beim Pyramidenbau drei verschiedene Phasen, die wir im Folgenden näher betrachten wollen: Der Abbau der Steine, ihr Transport zur Baustelle und ihre Verlegung.

DER ABBAU DER STEINE

Legt man die im Turiner Königspapyrus angegebene Zahl von 23 Jahren als Bauzeit zugrunde (und erinnert sich, dass sie etwa sieben Jahre länger gedauert und folglich ein wesentlich geringeres tägliches Arbeitspensum erfordert haben könnte), gelangt man zu dem Ergebnis, dass die Arbeiter pro Tag nur etwas mehr als 300 Kubikmeter Steine abbauen mussten. Die zuverlässigste Information darüber, wie viele Arbeitskräfte für eine solche Aufgabe erforderlich waren, ergibt sich aus einem Experiment, das der amerikanische Archäologe und anerkannte Pyramidenexperte Dr. Mark Lehner von der Harvard University durchführte. Bei dieser Rekonstruktion mit einem Dutzend Männer, die barfuß arbeiteten und nur eine Seilwinde besaßen, was ihnen gegenüber ihren »Kollegen« von vor über 45 Jahrhunderten einen technischen Vorteil verschaffte, wurden täglich acht bis neun Steine von durchschnittlicher Größe bewegt.

Um den Vorteil des Maschinenzeitalters auszugleichen, rechnete Lehner zu seiner hypothetischen Arbeitermannschaft weitere 20 Männer hinzu, so dass seine Gruppe aus insgesamt 32 Männern bestand. Demzufolge waren 1212 Arbeiter

erforderlich, um täglich 322 Kubikmeter Steine abzubauen – sicherlich eine beachtliche, aber keine unvorstellbar große Zahl.

Arbeiter, die einen Steinblock die Rampe eines Steinbruchs hinaufziehen.

TRANSPORT DER STEINE

Anhand einiger dieser Ausgangszahlen können wir nun ermitteln, wie viele Arbeiter nötig waren, um die Steine zu transportieren. Ein Steinblock wiegt durchschnittlich 2,5 Tonnen. Die Steigung vom Steinbruch bis zur Baustelle beträgt etwa 6° und erstreckt sich über ungefähr 300 Meter bis zur nächstgelegenen Seite der Pyramide.

Archäologen wissen seit geraumer Zeit, dass die Ägypter zum Transport der Steinblöcke eine Art »Schienensystem« verwendeten – parallel in den Boden eingelassene Schwellen, die mit Nilschlamm geschmiert wurden. Wird der Schlamm von fleißigen Trägern, die den Inhalt aus großen Wasserkrügen über die Schwellen schütten, feucht gehalten, können auch sehr große Blöcke von einer recht kleinen Mannschaft leicht mit einem Schlitten darüber gezogen werden. Ein solches Schienensystem wurde bei Lischt, einem weiteren Pyramidenort nicht weit von Giseh, entdeckt. In Giseh selbst hat man zwar bislang noch keine Überreste solcher Schienen gefunden, aber da diese Methode hinlänglich bekannt war, kann man mit einiger Sicherheit annehmen, dass sie auch zum Transport der Steine vom Steinbruch zur Pyramide angewendet wurde.

Die Effizienz des ägyptischen Schienensystems wurde mehrfach überprüft. Einer der frühesten dieser Versuche fand in Karnak statt und ergab, dass drei Männer einen Steinblock von einer Tonne Gewicht über eine solchermaßen geschmierte Piste ziehen konnten. Ein Mann allein konnte also etwa 340 Kilogramm bewegen. Versuche haben gezeigt, dass ein Dutzend Männer einen zwei Tonnen schweren Steinblock sogar mühelos eine leichte Steigung hinaufziehen können, vorausgesetzt, er befindet sich auf einem jener Holzschlitten, wie sie aus ägyptischen Darstellungen bekannt sind.

Fassen wir zusammen: Wenn ein Mann 340 Kilogramm bewegen kann, dann braucht man nur acht (eigentlich siebeneinhalb) Männer, um einen durchschnittlichen Pyramidenblock von 2,5 Tonnen zu bewegen. Angenommen, man braucht etwa eine Stunde für die 610 Meter vom Steinbruch bis zur Baustelle und wieder zurück, dann konnte eine solche Mannschaft diese Strecke zehn Mal am Tag zurücklegen. Man würde also 34 solcher Mannschaften benötigen, um das Tagessoll von 340 Steinen zu transportieren. (Man sollte jedoch berücksichtigen, dass es sich hierbei um Durchschnittswerte handelt und dass einige Steine wesentlich größer, andere hingegen bedeutend kleiner waren.) Um jedoch die Stärke und Effizienz einer Arbeitermannschaft nicht zu hoch anzusetzen, wollen wir einen großzügigen Spielraum zugrunde legen und annehmen, dass sie tatsächlich aus 20 statt aus acht Männern bestand, die im Durchschnitt nur halb so schnell arbeiteten wie die Mannschaften in Lehners Experiment – die schließlich nur ein paar Tage und nicht 20 Jahre beschäftigt waren. Selbst wenn man von einem derart großzügigen Toleranzwert ausgeht, konnte die Arbeit leicht von 1360 Schleppern erledigt werden.

Die Gesamtzahl beläuft sich bis jetzt auf 1360 plus 1212, also 2572 Männer. Dies liegt noch immer im Bereich des Vorstellbaren. Wenden wir uns nun dem letzten Teil des Bauvorgangs zu.

VERLEGEN DER STEINE

In diesem Zusammenhang geht es um die Anzahl jener Männer, welche die Steine an der richtigen Stellen platzierten. Moderne Versuche haben gezeigt, dass die Steine am effektivsten von einer Mannschaft aus sechs bis acht Arbeitern manövriert und verlegt werden können: Bis zu vier, die sie mit Hebeln nach oben befördern, zwei, die sie mittels großer Muskelkraft in Position bringen, und zwei ausgebildete Steinmetze, die sie anpassen. Rechnet man noch zwei weitere Männer hinzu, so besteht eine solche Mannschaft aus zehn Männern. Wie beschrieben, lieferten die Schlepper 34 Steinblöcke pro Stunde an. Vorausgesetzt, die Männer, welche die Steine verlegten, konnten mit diesem Tempo Schritt halten – wenn sie es nicht konnten, muss ein verheerender Produktionsstau die Folge gewesen sein –, so ergeben sich folgende Zahlen: 34 Blöcke x 10 Männer gleich 340 Männer zum Verlegen der Steine. Legt man den üblichen Spielraum zugrunde und geht davon aus, dass das Verfahren nur halb so effizient wie die modernen Rekonstruktionen gewesen ist, waren zum Platzieren der Steine 680 Männer erforderlich.

Rechnet man nun alles zusammen – 1360 Männer für das Schneiden, 1212 für das Schleppen und 680 für das Verlegen der Steine – so stellt man fest, dass es bei einer Bauzeit von 20 Jahren durchaus möglich gewesen ist, ein scheinbar so übermenschliches Bauwerk wie die Große Pyramide mit nicht mehr als 3252 gleichzeitig im Einsatz befindlichen Arbeitskräften zu errichten. Auch das ist keine geringe Zahl, aber auch sie liegt durchaus im Bereich des Vorstellbaren.

Ein Steinblock wird auf die zweite Lage gehoben.

Nunmehr können wir unsere Kalkulationen mit dem Wissen aus schriftlichen Quellen erhärten. Demnach bestand die größte Arbeitermannschaft aus etwa 2000 Männern, die in zwei Gruppen von je 1000 unterteilt wurden. Diese wiederum setzten sich aus fünf Gruppen von je 200 Mann zusammen, den so genannten *Phylen* (nach dem griechischen Wort für »Gruppe« oder »Stamm«).

Jede der Phylen bestand zudem meist aus zehn kleineren Teams von jeweils 20 Männern. Geht man davon aus, dass 3252 Paar Hände benötigt wurden, dann konnten zwei dieser 2000 Mann starken Teams die Arbeit problemlos erledigen.

4000 Männer könnte man als eine kleine Armee bezeichnen. Aber wer etwas von wirklichen Armeen versteht, wird wissen, dass viele Männer im Hintergrund nötig sind, um einen einzigen Soldaten an der Frontlinie zu halten, manchmal doppelt so viele Nichtkämpfer wie Kämpfer.

DIE ZUARBEITER

Damit diese 4000 Männer Steine brechen, schleppen und platzieren konnten, musste es, unter anderem, Schreiner geben, welche die »Schienen« und Schlitten bauten, Wasserträger, die sie feucht hielten, Töpfer, welche die dafür notwendigen (und andere) Gefäße anfertigten, Werkzeugmacher, die sich ständig um Ersatzteile sorgten und Reparaturen durchführten, Aufseher, die sicherstellten, dass die Arbeiten ordnungsgemäß ausgeführt wurden, und Unmengen von Schreibern, die stets Buch darüber führten, was wo getan wurde. Aber vor allem musste eine solche Armee gut verpflegt werden. Man brauchte Köche, Bäcker, Metzger und Bierbrauer sowie Maurer, um Öfen und Unterkünfte für die Arbeiter zu bauen. Bei Ausgrabungen, die seit etwa 1990 durchgeführt werden, hat man die Überreste dieser Unterkünfte sowie Kantinenöfen gefunden, die so groß sind, dass man fast in sie hineingehen kann. In diesen Ausgrabungsstätten hat der Sand Berge von Fischgräten, Gerstenkörnern, Emmerweizenkörnern und Pilzen konserviert, wie sie auf Brot gedeihen. Auch die Mengen an Knochen von Schafen, Kühen und Ziegen, die in Giseh in jüngster Zeit ausgegraben wurden, sind enorm. Möglicherweise wurden diese Tiere aber nicht nur geschlachtet, um sie zu essen, sondern auch, um sie als religiöse Opfergaben darzubringen.

Außerdem hat man einen bis dahin unbekannten Friedhof freigelegt, der hauptsächlich aus extrem kleinen, bescheidenen Gräbern für die niedrigsten Arbeiter besteht (es gibt jedoch auch einige etwas größere Gräber von Angehörigen der »Mittelklasse« in der Hierarchie der Pyramidenarbeiter – Aufseher,

Beamte und Bildhauer –, die ihre letzte Ruhestätte wie eine Miniaturversion des Pharaonengrabs gestalteten). Als Wissenschaftler die gefundenen Skelette untersuchten, fanden sie nicht nur die zu erwartenden Anzeichen von schwerer körperlicher Arbeit – zusammengedrückte Lendenwirbel und ähnliche Auffälligkeiten –, sondern auch Hinweise darauf, dass fast alle, die auf dem Baugelände der Pyramide arbeiteten, einschließlich Frauen und Kindern, an Arthritis litten. Obwohl es bislang noch keine schriftlichen Belege dafür gibt, dass Frauen schwere körperliche Arbeit verrichten mussten, weisen doch alle neueren Funde darauf hin, dass sie auch für Aufgaben eingesetzt wurden, die weitaus anstrengender und gesundheitsschädlicher waren als Hausarbeit.

Die häufigsten Verletzungen von Facharbeitern und einfachen Arbeitskräften waren Brüche von Elle und Speiche und des Wadenbeins. Die meisten von ihnen scheinen recht gut verheilt zu sein. In manchen Fällen gibt es jedoch auch eindeutige Hinweise darauf, dass Arbeiter durch brutale Schläge auf den Schädel getötet wurden, was alarmierende Fragen aufwirft: Eine mörderisch harte Behandlung der Müßigen oder Ungehorsamen? Fatale Rivalitäten und Vendettas, die von der Arbeit in die Freizeit übertragen wurden? Bandenkriege?

Die Arbeit war zweifellos hart und gefährlich, aber die Männer erhielten die für die damalige Zeit beste medizinische Versorgung, die in vielen Fällen auch durchaus effektiv war. Vermutlich gab es ähnliche Fachgebiete wie in der heutigen Medizin. So behandelten ägyptische Ärzte beispielsweise eine Wundinfek-

Oben Arbeiter auf dem Weg zur Baustelle.

Unten Wasserträger hielten den Schlamm unter den Steinblöcken feucht, um den Transport vom Steinbruch bis zur Baustelle zu erleichtern.

Vorhergehende Seite
Computergenerierte Ansicht der
halb fertiggestellten Pyramide.
In der Mitte des Bildes ist das
obere Ende der Großen Galerie
zu sehen, die zur Königskammer
führt (in der sich bereits der
Sarkophag aus Granit befindet).

Dieser beeindruckende Kopf aus
rotem Granit mit der weißen
Krone von Oberägypten datiert
aus der 4. Dynastie und stellt
vermutlich Cheops dar.

tion mit einer Mischung aus gemahlenen Erbsen, Baumharz und Steinbockfett. Blutungen wurden mit Tampons aus Pflanzenfasern gestoppt. Und unabhängig davon, ob ihnen der genaue Mechanismus des Blutkreislaufs bekannt war oder nicht, maßen die Ärzte mit Sicherheit den Puls, um festzustellen, ob das Herz schlägt. Vermutlich wurden schon lange vor der 4. Dynastie Schienen für die Behandlung von Knochenbrüchen verwendet, und in Giseh hat man Skelettüberreste gefunden, die belegen, dass durch die Amputation von Unterarmen und Unterschenkeln vermutlich das Leben vieler Arbeiter gerettet werden konnte.

Bei der Mumifizierung entfernten die Ägypter zwar die inneren Organe zur Aufbewahrung in so genannten Kanopen, waren aber offensichtlich häufig unsicher, was deren Funktion betraf. Da keine Unterscheidung zwischen empirischem und magischem Wissen getroffen wurde, gab es neben der praktischen Medizin auch eine Reihe von »alternativen Heilmethoden«. Besonders die ungelernten Arbeiter scheinen jene Art von Heilern aufgesucht zu haben, die sie aus ihren Dörfern kannten.

DIE VOLKSWIRTSCHAFT

Zählt man all diese Arbeiter im Hintergrund zusammen, erhält man ein Verhältnis von ungefähr 5:1, d. h. rund 20 000 Sekundärarbeiter gegenüber 4000 Primärarbeitern, insgesamt also etwa 25 000 Menschen. In den Jahren des Pyramidenbaus existierte auf dem Giseh-Plateau eine eigens für diese Menschen gebaute Stadt, eine Stadt, die ständig in Bewegung war, in der es während des Tages laut und staubig war.

Aber diese Stadt erzählt bei weitem nicht die ganze Geschichte. So ergab beispielsweise eine Analyse von Fischgräten, die man auf dem Plateau fand, dass viele der Fische von weit her gebracht worden sein müssen, einige sogar aus Regionen mehrere hundert Kilometer flussabwärts, denn es ist nicht bekannt, dass solche Arten je in den Gewässern nahe Giseh vorgekommen wären. Wenn eine Pyramide gebaut wurde, mussten aus allen Teilen Ägyptens Nahrungsmittel zur Baustelle gebracht werden. Nicht nur Fisch, sondern auch Getreide, Brot und Kuchen, Ochsen, Schweine und Gänse, Bier und Wein mussten registriert, gelagert, verteilt und, wenn nötig, geschlachtet werden. Mit anderen Worten: Es bedurfte einer ganzen Nation, um die Arbeiter Steine brechen, schleppen und verlegen zu lassen. Und wie kamen all diese Lieferungen auf das Plateau? Mit Hilfe des Nils, Ägyptens größter Segnung.

In der Nähe des Steinbruchs bauten Cheops' Ingenieure einen großen Hafenkomplex, der durch Kanäle mit dem Fluss verbunden war. Hier legten die Barken und Frachtschiffe – ein häufiges Motiv in Grabreliefs aus dem Alten Reich – zum Löschen an. Die Frachtschiffe, erkennbar an der Kabine am Heck, transportierten leichteres Material wie Lebensmittel, aber auch das Holz kleiner Bäume und Sträucher für die Öfen der Bäcker, Köche und Werkzeugschmiede. Schweres Material wurde auf Barken transportiert: Meist Kalkstein, aber auch Granit aus Assuan, Alabaster für Pflasterungen, Gneis für Statuen sowie anderes Gestein, das für feinere Arbeiten geeignet war.

Von wie vielen Männern wurde die Pyramide also gebaut? Wie auf viele große Fragen gibt es auch auf diese eine Reihe von guten und berechtigten Antworten, und die, die wir heute geben können, sind besser als die meisten, die uns seit der Zeit ihrer Erbauer gegeben wurden. Anders als unsere Vorfahren in den letzten Jahrhunderten, die bisweilen kuriose Spekulationen anstellten, können wir nun mit einiger Gewissheit sagen, dass ungefähr 4000 Männer an vorderster Front und etwa 20 000 im Hintergrund arbeiteten. Wir wissen nicht, wie oft diese Arbeiterschaft ausgetauscht wurde, können aber annehmen, dass ein Kern aus fest angestellten Verwaltern, Schreibern, Facharbeitern und anderen Handwerkern relativ stabil blieb und nur in den beiden primären, aus jeweils 2000 Arbeitern bestehenden Mannschaften Wechsel stattfanden.

Diese Angaben sind zwar recht präzise, lassen jedoch all die Ressourcen außer Acht, die von der Baustelle in Giseh geschluckt wurden wie Licht und Materie von einem schwarzen Loch. Mit anderen Worten: Es bedurfte einer ganzen Nation, um die Große Pyramide zu bauen.

BAUMETHODEN

Die Beantwortung der Frage »Wie viele?« führt unweigerlich zu der sich ebenso aufdrängenden Frage nach dem »Wie?«. Die Antwort ist relativ einfach: Selbst mit der ziemlich archaischen Technologie aus Holz, rutschigem Schlamm und Seilen konnten ein paar barfüßige Männer die großen Steinblöcke schnell, effektiv und in adäquaten Mengen innerhalb der zur Verfügung stehenden Zeit transportieren – es war also keine Magie oder die Hilfe von außerirdischen Wesen erforderlich. (In einem bekannten Buch über aufdringliche Besucher von anderen Planeten wird die wenig fundierte Behauptung aufgestellt, die Ägypter hätten ihre Pyramide unmöglich in weniger als 664 Jahren bauen können.)

Wir haben bereits einiges über die geometrischen, astronomischen und architektonischen Fertigkeiten erfahren, die für die fast perfekte Ausrichtung der Pyramide und ihre wunderbar exakten Abmessungen erforderlich waren. Doch was hielt der einzelne Pyramidenarbeiter in seinen Händen? Und wie überwanden die Arbeitermannschaften die Schwerkraft, um die Steinblöcke in schwindelerregende Höhen zu transportieren – 146 Meter am höchsten Punkt?

WERKZEUGE

Einige der altägyptischen Messinstrumente haben wir bereits kennen gelernt – das Merchet und die Lotleine, den Gnomon und das Winkeldreieck – und wir wissen, dass die Steine mit Seilen und hölzernen Hebeln bewegt wurden. Fügt man diesen Instrumenten ein paar einfache Werkzeuge, wie Hammer, Meißel, Messer, Bohrer und Säge hinzu, ist das Ausrüstungsarsenal, das den Pyramidenbauern zur Verfügung stand, fast komplett.

Kalkstein lässt sich mit Hilfe von Meißeln und Keilen relativ leicht abbauen: Die Ägypter fertigten seit der 1. Dynastie qualitativ hochwertige Kupferwerkzeuge an, von denen einige Exemplare in Sakkara gefunden wurden. Die Untersuchung von Kerben in den Kalksteinbrüchen legt die Vermutung nahe, dass die Blöcke oben und an den Seiten mit Meißeln herausgehauen und an der Basis mit Keilen gelöst wurden. Der Kalkstein von höchster Qualität befand sich normalerweise tief unterhalb des Bodenniveaus. Doch ähnliche Methoden wurden auch an der Oberfläche angewandt.

Granit und Basalt sind wesentlich widerstandsfähiger. Die Frage, wie die Ägypter dieses harte Gestein so präzise abbauen konnten, war lange Zeit Gegenstand von Diskussionen und Streit. Vielleicht wurden tatsächlich mit Feuer und Wasser Risse an der Oberfläche der abzubauenden Steine erzeugt. Inzwischen scheint es aber am wahrscheinlichsten, dass man die Steine mühsam herausgeschliffen hat. Dazu wurde eine Säge oder ein Bohrer aus Kupfer auf einer Paste aus Wasser, Gips und Quarzsand angesetzt (Quarz ist der härteste Bestandteil von Granit). Die kleinen Quarzpartikel fraßen sich in den Stein, Sägeblatt oder Bohrer wurden in erster Linie für eine exakte Linienführung gebraucht.

Untersuchungen in den Granit-Steinbrüchen von Assuan haben auch Dolomitbrocken in der Form eines Hammers zu Tage gefördert (Dolomit ist ein harter, grünlicher Stein, der in der östlichen Wüste zu finden war). Die Arbeiter nahmen einen solchen, bis zu sieben Kilogramm schweren »Hammer« in beide Hän-

de, um damit Steinblöcke herauszuschlagen. Dabei drehten sie den Dolomithammer immer dann, wenn die scharfen Kanten abgenutzt waren. (Ausrangierte, vollkommen abgerundete Hämmer konnten als Rollen für den Transport von schweren Objekten, beispielsweise Sarkophagen, verwendet werden.) Der hochwertige Turakalkstein für die Verkleidung der Pyramide wurde mit extrem dünnen, nur etwa acht Millimeter breiten Meißeln bearbeitet. Schließlich wurde noch ein weiteres Werkzeug gefunden: Steinstücke, die ähnlich wie ein großer Pilz geformt und mit Rillen bedeckt waren. Dabei handelte es sich vermutlich um eine frühe, nicht sehr effektive Form des Flaschenzugs. Der eigentliche Flaschenzug taucht in Ägypten erst zur Zeit der Römer etwa 2000 Jahre später auf.

Über die Einzelheiten dieser Bautechnologie herrscht weitgehend Einigkeit. Die Debatten beginnen erst, wenn es um das größere Bild geht.

Arbeiter im Cheopssteinbruch.

Arbeiter, die einen 50 Tonnen schweren Steinblock über eine Rampe an der Seite der Pyramide zur Königskammer hinaufziehen.

RAMPEN

Kaum jemand bezweifelt, dass die Verlegung der Blöcke im fortgeschrittenen Baustadium der Pyramide den Einsatz von einer oder mehreren Rampen erforderte. Wer dem widerspricht und behauptet, die einzelnen Steinlagen seien mit Hilfe von Hebeln verlegt worden, muss die überzeugenden Argumente von Mark Lehner und anderen modernen Archäologen widerlegen, die in Experimenten festgestellt haben, dass diese Methode nur für die obersten Schichten funktioniert haben kann. Zudem gibt es eindeutige Beweise, dass kleinere Pyramiden aus der 3. Dynastie mit Hilfe von Rampen gebaut wurden, deren Überreste von Archäologen gefunden wurden. Die eigentliche Frage lautet also: Welche Art von Rampe, und, falls mehr als eine, wie viele wurden verwendet?

Zunächst sollte man sich vergegenwärtigen, dass solche Strukturen sehr groß gewesen sein müssen – vergängliche Giganten, die mit dem unsterblichen Riesen konkurrieren konnten, für dessen Bau sie über 20 Jahre benutzt wurden. Wo ist all dieses Material nach Fertigstellung der Pyramide geblieben? Während der Ausgrabungen in den 1920er Jahren erschien die Antwort plötzlich ebenso nahe liegend wie einfach: Die Arbeiter hatten die bequemste Methode gewählt und den Steinbruch des Cheops' mit all den Resten an Gips, Mörtel und Kalkstein aufgefüllt, aus denen die Rampe oder Rampen gebaut worden waren.

Verschiedene Formen von Rampen kommen in Frage.

Die gerade Rampe

Eine solche Rampe wurde an einer Flanke der Pyramide gebaut. Manche Befürworter dieses Modells behaupten, sie habe fast die ganze Flanke bedeckt, während
andere der Meinung sind, sie habe die Flanke nur zum Teil bedeckt. Eine solche
Rampe muss sehr hoch und an der Spitze sehr schmal gewesen sein. Um eine
geeignete Neigungsfläche für die Schleppermannschaften zu schaffen, dürfte das
Gefälle nicht mehr als 10° betragen haben. Und da die Pyramide nach oben hin
immer steiler wurde, musste die Rampe ständig verlängert werden – eine ungeheure Arbeitsleistung.

Die Spiralrampe

Eine solche Konstruktion hätte die Pyramide umschlossen und sich nach innen
zur Spitze hin gedreht. Es könnte entweder eine einzelne Rampe oder ein System
von parallelen Rampen gewesen sein – vielleicht vier, eine von jeder Ecke am Fuß
der Pyramide aus. Dies hätte zwar weitaus weniger Material und Arbeitskräfte
erfordert, hätte aber auch bedeutet, dass, um die Rampen anlegen zu können, die
unvollendete Verkleidung ähnlich wie die einer Stufenpyramide gewesen wäre.
Kurze Zeit später gebaute Pyramiden lassen jedoch vermuten, dass diese Methode nicht angewendet wurde, wenngleich die Anzeichen nicht einfach zu deu-
ten sind.

Die Zickzack-Rampe

Sie basiert auf dem gleichen Prinzip wie die Spiralrampe, wird jedoch nur an einer Seite angelegt.

Die »Einschluss«-Rampe

Eine vollständige Umhüllung der Pyramide, die auf sehr ähnliche Art gebaut war wie die Außenflächen früherer Stufenpyramiden und nach Fertigstellung des Bauwerks wieder abgerissen wurde.

Die Mehrfach-Rampe

Eine Kombination aus zwei oder mehreren der oben beschriebenen Methoden.

Die innere Rampe

Eine Rampe, die direkt ins Zentrum der Pyramide verläuft, so dass ihr Mauerwerk mit zunehmender Höhe Teil der Innenmauern wird.

Nach dem derzeitigen Stand der Erkenntnis deutet vieles darauf hin, dass wahrscheinlich eine Mehrfach-Rampe verwendet wurde: Eine Kombination aus Spiralrampe und gerader Rampe, die bis zu etwa einem Drittel der Gesamthöhe der Pyramide anstieg und dann auf eine Ecke statt auf die Mitte einer Seite zulief.

HÖHENGEWINN

Wie wir wissen, wurde die Cheopspyramide nach den neuesten Erkenntnissen der ägyptischen Architektur entworfen. Sie bestand aus einem zentralen Felsstumpf, der aus dem Plateau herausragte (siehe S. 27) und zuerst von Schichten aus Kernmauerwerk und dann von Außenmauerwerk umschlossen und schließlich verdeckt wurde.

Nach den einfachen Gesetzen der Geometrie konnten die höchsten Steinlagen der Pyramide sehr viel schneller verlegt werden als die unteren: In einer vollkommen stabilen Pyramide sind 70 % der gesamten Masse im unteren Drittel des Gebäudes konzentriert, und nicht weniger als 80 % in der unteren Hälfte. Nur 4 % aller zu verlegender Steine mussten über die Zweidrittelmarke befördert werden.

Doch wie gelang es den Architekten, die Winkel mit zunehmender Steigung der Pyramide fast perfekt zu führen und die Steigung so glatt anzupassen? Dies war mit Sicherheit keine leichte Aufgabe, die mit zunehmender Höhe des Monuments immer schwieriger wurde – die Chephrenpyramide beispielsweise zeigte zur Spitze hin eine leichte Drehung.

Als die Pyramide über das Niveau des Felsstumpfs anstieg und somit Fluchtpunkte bot, konnte eine Diagonale quer durch die Pyramide angepeilt werden. In später gebauten Pyramiden fand man an den inneren Steinen vertikale Linien, welche die Mittelachse der Konstruktion markieren. Es ist sehr wahrscheinlich, dass die Große Pyramide mit ähnlichen Orientierungslinien versehen wurde.

Vieles deutet darauf hin, dass die Verkleidung der Pyramide Stein für Stein am Boden entworfen wurde und die Arbeiter die angrenzenden Steine immer wieder überprüften und bearbeiteten, bevor sie nach oben transportiert und passend verlegt wurden. Jeder Block wurde in Position gebracht, angepasst und dann mit Linien markiert, die den exakten Neigungswinkel anzeigten. Am Ende der Bauarbeiten, als die Rampen nach und nach von oben nach unten abgebaut wurden, nahmen Steinmetze die Feinabstimmung vor und schlugen mit kleinen Meißeln überschüssiges Material ab, bis die Seiten vollkommen glatt waren. Es ist zwar noch nicht bewiesen, aber dennoch wahrscheinlich, dass die exakte Verlegung der Steine mit Hilfe von Markierungen auf dem Boden, mittels derer die Achsen und Diagonalen mit dem Auge abgemessen werden konnten, zusätzlich überprüft wurde.

Der Abschlussstein wird in Position gebracht.

Zum Schluss bleibt noch ein letztes Detail zu erwähnen.

DER ABSCHLUSSSTEIN

An der Spitze jeder vollendeten Pyramide befand sich ein *Pyramidion* oder Abschlussstein. Das Pyramidion der Cheopspyramide ist schon lang verschwunden, aber zwei enge Verwandte haben überlebt und geben uns einen Hinweis auf sein Aussehen: das Pyramidion einer der Nebenpyramiden der Großen Pyramide und das von Snofrus Roter Pyramide in Dahschur. In diese Abschlusssteine – verkleinerte Modelle der Pyramide selbst – wurden an der Basis vier dreieckige Aushöhlungen gemeißelt, die mit entsprechenden zapfenartigen Sockeln in der obersten Steinlage verzahnt werden konnten.

Man hat auch Abschlusssteine aus anderen Perioden gefunden. Sie bestehen meist aus Kalkstein oder Granit. Einem Text zufolge war zumindest ein Pyramidion vergoldet. Ein Pyramidion aus Granit, das sich heute im Museum in Kairo befindet, ist mit Inschriften über die verschiedenen Götter versehen, die mit der Ausrichtung der jeweiligen Pyramidenseite assoziiert wurden: Harakhte im Osten sowie andere Gottheiten, darunter Anubis, Osiris und Ptah, für die übrigen Seiten. Es ist nicht bekannt, ob der Abschlussstein der Cheopspyramide ähnliche Inschriften trug. Früher angestellte Vermutungen, die Außenseite der Pyramide sei ursprünglich in leuchtenden Farben angestrichen gewesen, sind inzwischen weitgehend widerlegt.

Das Anbringen des Pyramidions war kompliziert und vermutlich auch gefährlich. Die Pyramide war inzwischen viel zu hoch, um Rampen anzulegen, so dass einige Archäologen die Verwendung einer Reihe provisorischer Stufen vermuten. Andere halten den Einsatz eines Gerüsts für möglich, da die Ägypter solche Konstruktionen bekanntermaßen auch bei anderen Bauwerken verwendeten. Es hätte allerdings eines besonders tragfähigen Gerüsts bedurft. Wie dem auch sei, einen guten Hinweis darauf, was die Pyramidenbauer empfunden haben müssen, als der Abschlussstein endlich gesetzt war, liefert ein Relief aus der 4. Dynastie, das die Arbeiter singend und tanzend bei einer ausgelassenen Feier zeigt.

Aber diese Feier dauerte wohl nicht sehr lange, denn es gab noch immer ungeheuer viel zu tun. Nach Entfernung der Rampe oder Rampen konnte nun mit dem Bau all der anderen Schlüsselelemente von Cheops' Nekropole begonnen werden – denn wie alle früheren Pyramidenkomplexe ist die Große Pyramide nicht mehr (aber auch nicht weniger), als das spektakulärste Bauwerk eines ganzen Bezirks aus Nebenpyramiden, einem Totentempel, einem gigantischen Damm aus Steinen, einem Taltempel, einer riesigen Einfriedung und so weiter.

Bevor wir uns den Details dieser Bauwerke zuwenden, müssen wir uns jedoch noch ein wenig länger mit der Pyramide selbst beschäftigen. Bisher haben wir Cheops' Monument nur von außen betrachtet. Die Welt im Inneren dieser vier riesigen, geneigten Wände, die jetzt fast vollendet waren und in der Wüstensonne weiß leuchteten, ist in ihrer Kompliziertheit, Genialität und Symbolik weitaus bemerkenswerter als alles, was wir bislang erfahren haben.

KAPITEL VIER

DIESSEITS UND JENSEITS

IM INNEREN DER PYRAMIDE: DIE DREI KAMMERN

DIE VIELLEICHT FASZINIERENDSTEN aller architektonischen Besonderheiten der Cheopspyramide befinden sich in ihrem Inneren. Flinders Petrie führte zwischen 1880 und 1882 die erste umfangreiche Untersuchung dieser Innenräume durch, obwohl sie bereits von früheren Archäologen mit einer Genauigkeit untersucht worden waren, die auch modernen Wissenschaftlern Respekt abnötigt. Zu den auffälligsten dieser Pioniere gehörten Edmé François Jomard sowie das britische Duo Colonel Howard Vyse und John Shae Perring, das seine Forschungen von 1837 bis 1838 durchführte.

Le Corbusier, der große Architekt der Moderne, definierte ein Haus als eine Maschine zum Wohnen. In Anlehnung an diese Metapher könnte man die Große Pyramide durchaus als eine Maschine für die Toten bezeichnen, besser gesagt als eine Maschine für die Auferstehung. Die innere Struktur stellt sich in der Tat als eine geniale Maschine dar, die aus Kammern, Vorkammern, offenen und versteckten Passagen, Schächten und Fallsteinsystemen besteht. Im Wesentlichen besteht sie aus drei Hauptbereichen. Dies sind, in aufsteigender Reihenfolge, die Felsenkammer, die Königinnenkammer sowie die Große Galerie und die Königskammer. Warum drei Kammern? Wissenschaftler sind sich in dieser Frage nicht einig. Manche behaupten, dass sich die Grundpläne während des Baus geändert hätten, andere meinen, dass die Kammern eine Art Sicherheitssystem für den Fall eines unerwartet frühen Todes von Cheops darstellten, und wieder andere sind der Ansicht, dass sie von Anfang an genau so geplant waren.

DIE FELSENKAMMER

Bevor die Pyramide für die Ewigkeit – so jedenfalls erhofften es ihre Erbauer versiegelt wurde, konnte sie über eine Öffnung an der Nordfassade betreten werden, die etwa 17 Meter über dem Boden und sieben Meter östlich der Mittelachse lag. Von dort aus verläuft ein absteigender, ungefähr einen Meter breiter und 1,20 Meter hoher Gang in einem Winkel von 26° 31' 23"direkt durch das Mauerwerk. Nach 28,20 Metern trifft er auf den Felsen des Giseh-Plateaus, setzt sich aber in exakt dem gleichen Winkel noch weitere 30,30 Meter fort und verläuft dann 8,80 Meter horizontal, bevor er in einer Kammer 98 Meter unter der

Vorhergehende Seite
Das Aquarell von Carl Haag (1860) zeigt, wie massive Kalksteinblöcke einen Entlastungsbogen über dem Eingang zur Großen Pyramide bilden.

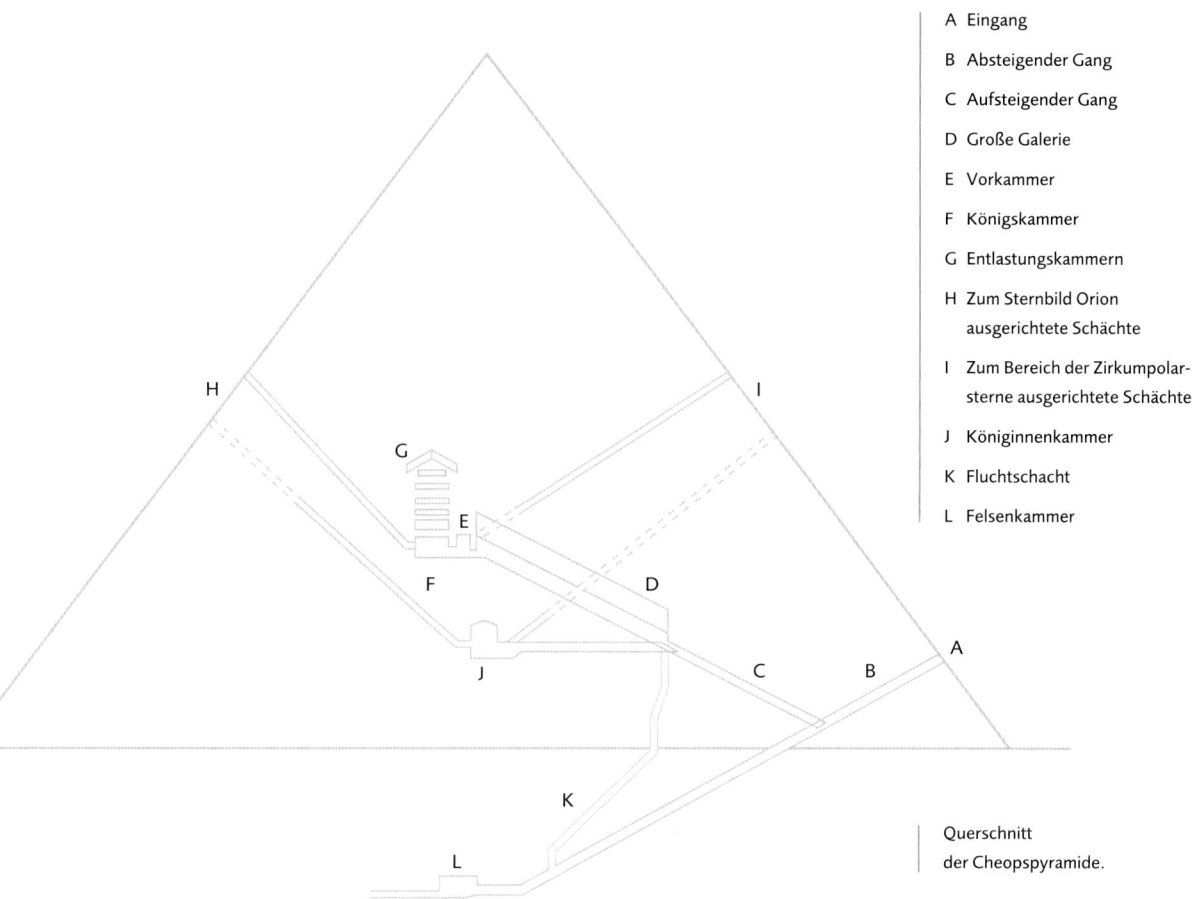

A Eingang

B Absteigender Gang

C Aufsteigender Gang

D Große Galerie

E Vorkammer

F Königskammer

G Entlastungskammern

H Zum Sternbild Orion
   ausgerichtete Schächte

I Zum Bereich der Zirkumpolarsterne ausgerichtete Schächte

J Königinnenkammer

K Fluchtschacht

L Felsenkammer

Querschnitt
der Cheopspyramide.

Oberfläche des Plateaus endet. Als Colonel Vyse und J. S. Perring die Kammer 1838 erstmals vermaßen, berichteten sie, sie sei 3,50 Meter hoch, 14 Meter breit und 8,30 Meter lang – groß genug auch für die meisten modernen Zwecke. Gleichwohl sind die Maße ein wenig irreführend, da die Kammer offenbar unvollendet ist. Eine quadratische Vertiefung im Boden scheint darauf hinzudeuten, dass sie eigentlich noch tiefer ausgehoben werden sollte, und die groben Wände des Raumes vermitteln eher den Eindruck einer verlassenen Baustelle als eines fertiggestellten Entwurfs.

Bis hierher folgt die Cheopspyramide dem Beispiel von Snofrus Pyramide in Meidum (ein absteigender Gang führt in eine Kammer im Inneren) und weicht gleichzeitig radikal davon ab (der Gang schneidet tief in den Felsen, statt auf Bodenhöhe zu enden), was Rätsel aufgibt. Von der südlichen Ecke der Felsenkammer, gegenüber ihres Eingangs, verläuft ein schmaler Schacht horizontal in

Eine eher unrealistische
Darstellung (Stich) der Felsen-
kammer von Thomas Milton.
Aus *Views in Egypt* (1802).

das Felsgestein, der kaum breiter als ein menschlicher Körper ist. Es hat den Anschein, als sei dieser Schacht von einem einzigen Mann angelegt worden, der sich mühsam mit Hammer und Meißel vorgearbeitet hatte. Legte er eine Art Gang zu einer geplanten zweiten Kammer an? Eine derartige Konstruktion hatte es bereits bei der Roten Pyramide in Dahschur gegeben. Was auch immer die Absicht gewesen sein mag, die Arbeit an diesem Schacht wurde aufgegeben, und es ist bis heute unklar, warum.

Sollte dieser Raum wirklich Cheops' Ruhestätte werden, wie einige Archäologen vermutet haben? Wenn dies zutrifft, gibt es allerdings noch ein weiteres Rätsel zu lösen, denn der absteigende Gang war einfach nicht groß genug, um einen Sarkophag aufzunehmen. Als der große griechische Historiker Herodot im 5. Jahrhundert v. Chr. nach Ägypten kam, erzählten ihm die Einheimischen, unter der Pyramide befänden sich auf einer Art unterirdischen Insel eine Reihe von Gewölben, umgeben von Wasserkanälen, die vom nahe gelegenen Nil gespeist wurden. Auf dieser Insel, so behaupteten sie, liege feierlich aufgebahrt der Pharao Cheops.

Da es für diese Legende niemals auch nur den Hauch eines Beweises gegeben hat, weist sie vielleicht auf einen hartnäckigen Volksglauben hin, der König sei nicht in, sondern unter seiner Pyramide bestattet worden. Waren dies nur haltlose Gerüchte? Oder war es vielleicht auch eine geschickt in die Welt gesetzte Lüge, die verbreitet wurde, um potenzielle Grabräuber von der Spur zur wirklichen Grabkammer abzulenken?

DIE KÖNIGINNENKAMMER

Der Raum, der traditionell als die Königinnenkammer bekannt ist, hatte niemals etwas mit ir-
gendwelchen Königinnen zu tun. Der irreführende
Name stammt von frühen arabischen Entdeckern
und hat sich, trotz angestrengter Bemühungen
von Archäologen, eine passendere Bezeichnung
einzuführen, hartnäckig bis heute gehalten. Sie
liegt exakt auf der zentralen Ostwest-Achse und
kann erreicht werden, indem man zunächst dem
absteigenden Gang folgt, bis dieser den 39,30
Meter langen aufsteigenden Gang kreuzt, der in
einem Winkel von 26° 2' 30" in das Mauerwerk
aufsteigt – ein Steigungswinkel, der fast exakt
dem Neigungswinkel des absteigenden Gangs entspricht. Nachdem man diesem steilen Gang einige
Minuten gefolgt ist, erreicht man einen weiteren
Knotenpunkt. Nun kann man entweder weiter hi-
naufgehen oder den bequemeren Weg über eine
horizontale Passage wählen. Diese Passage führt
zur Königinnenkammer.

Die Kragnische in der Ostwand
der Königinnenkammer war
vermutlich für die *Ka*-Statue
des Königs vorgesehen.

Die Kammer misst 5,70 Meter von Ost nach
West und 5,20 Meter von Nord nach Süd und hat ein spitzes »Giebeldach« von
6,20 Meter Höhe. In die Ostwand ist eine 4,70 Meter hohe und 1,60 Meter breite Nische eingelassen, die ursprünglich einen Meter in die Wand vertieft
war, bis die zahllosen Besucher sie immer tiefer aushöhlten. Die Wände und
die Decke bestehen aus feinem Kalkstein, der Boden allerdings ist recht grob
bearbeitet, was darauf hindeutet, dass auch hier die Arbeiten nicht vollendet
wurden.

Als die Erbauer die Königinnenkammer aufgaben, wurde sie an dem Punkt,
wo der horizontale Gang auf den aufsteigenden Gang trifft, vollständig versiegelt. Diese Tatsache sowie die Präsenz der Nische legen die Vermutung nahe,
dass sie ursprünglich als *Serdab* geplant war – ein Raum für die überlebensgroße
Ka-Statue des Königs. *Ka* wird meistens mit »Seele«, »Geist« oder »Lebenskraft«
übersetzt, obwohl es keine wirklich treffende Entsprechung für diesen Begriff
gibt (seine komplexe Bedeutung wird in Kapitel Fünf untersucht).

Die Große Galerie, die sich über einen breiten Korridor erstreckt und gleichzeitig dem enormen, von oben einwirkenden Druck standhält, gilt als architektonische Meisterleistung.

Einfach ausgedrückt war *Ka* eine Art Sicherheitsleine, eine Versicherungspolice für die Jenseitsexistenz des Königs. Wenn der königliche Körper Schaden nahm, konnte er durch die *Ka*-Statue ersetzt werden. Die *Ka*-Statue von Djoser fand man, versiegelt in einer Steinkiste, an der Nordseite seiner Stufenpyramide.

DIE GROSSE GALERIE UND DIE KÖNIGSKAMMER

Geht man nun den horizontalen Gang wieder zurück und folgt dann wieder dem Weg nach oben, erreicht man die beiden verblüffendsten Räume der Großen Pyramide. Nach einem kurzen Stück den ansteigenden Gang hinauf, im gleichen Winkel von etwas mehr als 26°, öffnen sich seine engen Wände plötzlich zu einem wahrhaft erstaunlichen Anblick – eine der eindrucksvollsten Leistungen vorzeitlicher Architektur.

Die Große Galerie
Die Große Galerie ist im Wesentlichen eine Fortsetzung des aufsteigenden Gangs mit einem konstanten Steigungswinkel über die gesamte Länge – eine Bauleistung von majestätischer Größe. Sie ist 46,60 Meter lang und erreicht eine Höhe von 8,50 Meter. Die unteren 2,30 Meter der Wände bestehen aus fein poliertem Kalkstein. Darüber steigt der Raum in sieben Steinlagen zum Dach an. Jede Lage ist um 7,6 Zentimeter weiter in das Rauminnere versetzt als die letzte. So entsteht der wunderbare Effekt eines Kraggewölbes, der zwar auf die in Meidum und Dahschur gefundenen Kragdächer zurückgeht, diese aber bei weitem übertrifft.

Der nach oben hin so immer schmaler werdende Raum ist zwischen den beiden Wänden (etwa einen Meter) von Steinplatten überspannt, die so kunstvoll verlegt sind, dass ihr Gewicht vertikal der Steigung folgend wirkt – eine scheinbar heikle Konstruktion, die jedoch 4500 Jahre lang stabil gehalten hat. Am Fuß der Wände verlaufen 61 Zentimeter hohe und 50 Zentimeter breite Rampen.

Zwischen diesen beiden Rampen befindet sich eine Furche, die mit einem Meter genauso breit ist wie die Deckenplatten.

Zum Schluss gilt es noch auf zwei beachtenswerte Details hinzuweisen. An den Seitenwänden der Galerie findet man in regelmäßigen Abständen insgesamt 56 symmetrisch übereinstimmende, einander gegenüberliegende Aussparungen. 54 verlaufen in zwei Reihen von je 27, die letzten beiden befinden sich an den Seiten der hohen Treppe am oberen Ende der Galerie. Am Fuß der Rampe an der Westseite der Galerie befindet sich die ursprünglich von einem Stein versiegelte Öffnung zu einem Schacht, der senkrecht in den Pyramidenkörper hinabstürzt und dann in einem leichten Winkel verläuft, bevor er in das Felsplateau eindringt und in die Westwand des absteigenden Gangs mündet. Dazu später mehr.

Steigt man nun weiter über die Galerie hinauf, erreicht man schließlich eine horizontale Öffnung, die in die Vorkammer führt.

Die Vorkammer

Die Süd-, Ost- und Westwände dieses Raums bestehen aus rotem Granit. Vier große Nischen sind in die Ost- und die Westwand eingelassen, von denen drei bis zum Boden reichen, während die nördlichste und kleinste am Dach des Gangs

In der aus Granitblöcken errichteten Königskammer (hier auf einer Fotografie aus dem Jahr 1930) befindet sich der seit langem leere und beschädigte Sarkophag von König Cheops.

endet. Hat man diese Kammer passiert, gelangt man schließlich in das Allerheiligste der Großen Pyramide.

Die Königskammer

Dieser große Raum ist erstaunlich einfach gestaltet. Er besteht aus dem gleichen roten Granit wie die Vorkammer und besitzt eine Größe von 10,50 Meter x 5,20 Meter x 5,80 Meter. Nahe der Westwand steht ein offener, rechteckiger Granitsarkophag: Cheops' letzte Ruhestätte. Als Flinders Petrie die Kammer untersuchte, stellte er fest, dass dieser Steinsarg etwa zwei Zentimeter breiter war als die aufsteigende Kammer, woraus er schloss, dass der Sarkophag bereits während des Baus aufgestellt worden sein musste. Er liegt exakt auf der Mittelachse der Pyramide. Einst war er mit einem Deckel versehen und enthielt einen hölzernen Sarg, doch sowohl der Leichnam als auch der Sarg wurden in der Antike geplündert. Die Spuren einer Steinsäge sind klare Anzeichen von Vandalismus.

Schaut man nach oben, sieht man die neun großen Deckenplatten, die jeweils 5,50 Meter lang sind und zwischen 25 und 50 Tonnen wiegen. Die gesamte Decke hat also das bemerkenswerte Gewicht von etwa 400 Tonnen. Noch bemerkenswerter als das sichtbare Dach der Kammer sind jedoch ihre unsichtbaren Dächer (siehe S. 141). Über den Deckenbalken befinden sich fünf so genannte Entlastungskammern. Vier besitzen die Form eines flachen Rechtecks, die fünfte ist von einem Giebeldach gekrönt. Diese Hohlräume sollten den vertikal auf die Königskammer einwirkenden Druck verringern und sie so vor dem Einsturz bewahren. Eine vergleichbare Vorrichtung findet man nirgendwo sonst in Ägypten.

Große Risse in allen neun Deckenbalken der Königskammer und in vielen Deckenbalken der darüber liegenden Kammern zeigen, dass sich diese scheinbare übertriebene Vorsichtsmaßnahme ausgezahlt hat. Bedenkt man, wie viele der Sieben Weltwunder durch Erdbeben zerstört wurden, kann man nur dankbar sein für diese baulichen Meisterleistungen der Ägypter, die so dafür gesorgt haben, dass die Cheopspyramide innen wie außen weitgehend unversehrt blieb.

Seit Mitte des 18. Jahrhunderts kannten Reisende aus Europa zumindest die erste dieser Entlastungskammern und konnten durch ein Loch, das irgendjemand oben in die Ostwand geschlagen hatte, hinaufklettern – dieser Eingang wurde 1765 erstmals von einem gewissen Davidson erwähnt. Aber erst zur Zeit der Untersuchungen von Vyse und Perring gelang es, einen Schacht zu graben und so auch in die höher gelegenen Räume vorzudringen. In diesen Räumen aus unbehauenem Kalkstein entdeckten die britischen Forscher eine Reihe von Markierungszeichen in rotem Ocker. Dazu gehörte eine besonders spektakuläre Inschrift, die ungefähr soviel bedeutete, wie: »Wir taten dies mit Stolz im Namen unseres großen Königs *Chnum-Chufu*«. Diese Kammern sind die einzigen Orte in der gesamten Pyramide überhaupt, in denen der Name des Pharaos auftaucht.

DIE DIAGONALEN SCHÄCHTE

Ebenso faszinierend wie ihre augenfälligeren architektonischen Eigenschaften ist ein kleines Detail der Königskammer. An der Nord- sowie an der Südwand befinden sich etwa 90 Zentimeter über dem Boden zwei gegenüberliegende Schächte. Der nördliche Schacht führt in einem Winkel von 31°, der südliche in einem Winkel von 45° bis an die Außenseite der Pyramide. Man fand bald heraus, dass der nördliche Schacht nach dem Bereich der Zirkumpolarsterne und der südliche Schacht nach dem Sternbild Orion ausgerichtet worden war.

Die Entdeckung dieser Schächte stellte die Archäologen vor die Frage, ob ähnliche Strukturen auch noch an anderer Stelle vorhanden waren. Die Antwort lieferte der Ingenieur Waynman Dixon, als er 1872 die Wände der Königinnenkammer nach Hohlräumen abklopfte. Er fand zwei weitere, 20 x 20 Zentimeter große Schächte, die in der Tat große Ähnlichkeit mit denen in der Königskammer aufwiesen. Der Schacht an der Nordseite verlief 1,90 Meter lang waagerecht und dann in einem Winkel von etwa 37° 28' nach oben, ebenfalls nach dem Bereich der Zirkumpolarsterne ausgerichtet. Der Schacht an der Südwand wurde über eine Länge von zwei Metern waagerecht und dann in einem Winkel von 38° 28' aufwärts in Richtung des Sternbilds Orion geführt.

Schacht in der Nordwand der Königskammer.

Es gibt jedoch einen entscheidenden Unterschied. Die Schächte aus der Königinnenkammer verlaufen nicht bis an die Außenseite der Pyramide, sondern brechen abrupt ab, als sei die Arbeit an ihnen aufgegeben worden. Oder wurden sie aus unbekanntem Grund blockiert? In den 1990er Jahren durchgeführte Untersuchungen lassen Letzteres vermuten. Der deutsche Archäologe Rudolf Gantenbrink ließ eine kleine Roboterkamera den südlichen Schacht der Königin-

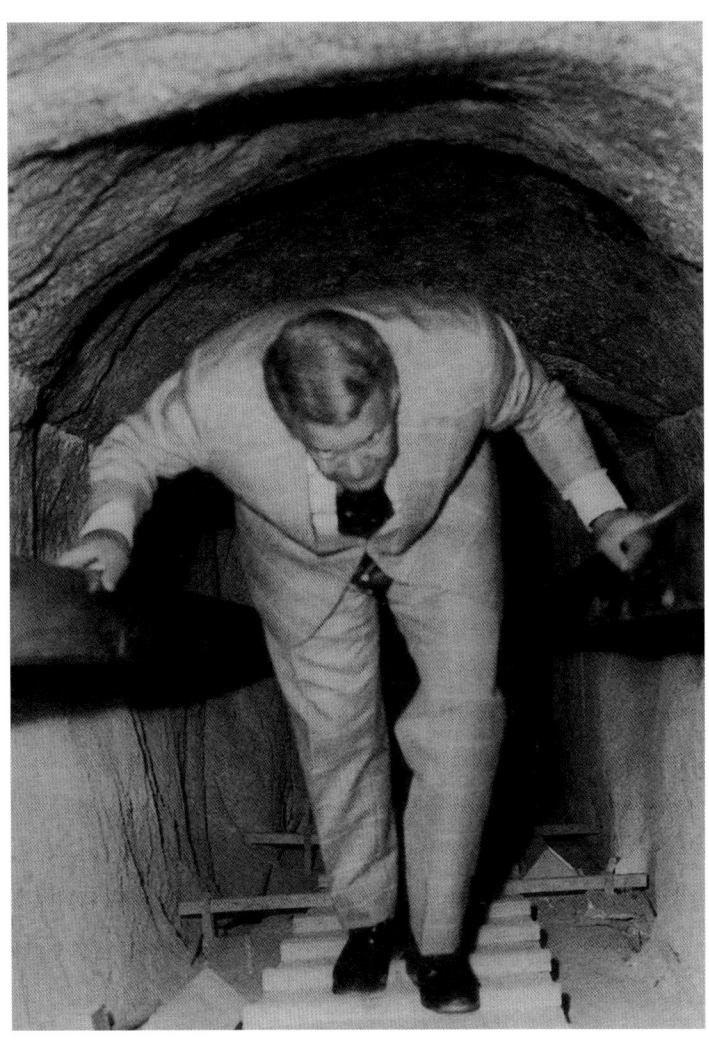

Der Haupteingang zur Großen Pyramide, den Colonel Howard Vyse 1837 aufsprengte (siehe Kapitel Sieben), wurde offiziell im Juli 1975 vom ägyptischen Kultusminister Youssef el-Sebai (Bild) erneut geöffnet.

nenkammer hinauffahren. Nach etwa 65 Metern schickte sie Aufnahmen von einem Blockierstein mit zwei eingelassenen Kupferstiften zurück. Der Zweck dieses Blockiersteins gibt den Experten noch immer Rätsel auf.

Der Sinn der schmalen Schächte, die von der Königskammer zur Außenseite verlaufen, ist jedoch inzwischen bekannt: Sie hatten mit religiösen Ritualen zu tun und werden in Kapitel Fünf näher untersucht.

VERSIEGELUNG DER PYRAMIDE

Bevor wir uns nach außen begeben, wollen wir uns noch einmal zwei der bereits vorgestellten Besonderheiten widmen und ihre mechanische Funktion untersuchen. Zunächst die großen Nischen in den Wänden der Vorkammer. Wozu dienten sie? Zur Lösung auch dieses Rätsels trug Petrie maßgeblich bei, als er ein großes Stück roten Granits im absteigenden Gang fand, von dem er richtig vermutete, dass es einst Teil eines Fallsteinsystems in der Vorkammer gewesen war. Ähnliche Granitstücke wurden in der Vorkammer selbst gefunden und sind dort noch heute zu sehen.

An dem Tag, als die Pyramide schließlich versiegelt wurde, zogen sich die Priester und Arbeiter zurück und ließen drei große, über zwei Tonnen schwere Granitblöcke mit Hilfe eines Systems aus Balken und Seilen wie eine Wand in die entsprechenden Vertiefungen ein. Dies war die innerste Verteidigungslinie.

Dann zog sich die Prozession weiter über die Große Galerie in Richtung Ausgang zurück. Erinnern wir uns an die übereinstimmenden Öffnungen in den Wänden. Wie wir inzwischen wissen, wurden darin eine Reihe von massiven

Holzbalken verankert, die wiederum eine Vielzahl von Granitblöcken stützten. Denn trotz ihrer beeindruckenden Schönheit hat die Große Galerie im Grunde eine allein funktionale Aufgabe – vergleichbar mit einer Gleitbahn, über die ein Schiff zu Wasser gelassen wird –, die einzig und allein den Zweck hatte, den Zugang zur Grabkammer für alle Ewigkeit zu versperren.

Als nämlich die Stützbalken abgeschlagen wurden, rutschten die Granitblöcke den Korridor hinab, um so die Königskammer für immer zu blockieren – die zweite Verteidigungslinie.

Man kann sich vorstellen, dass die Versiegelung eine sehr gefährliche Aufgabe war. Aber entgegen den Darstellungen in Filmen und Legenden schlossen die Ägypter des Alten Reiches nicht die Lebenden mit den Toten ein. Die Gruppe der wenigen auserwählten Priester und Arbeiter verließ die Galerie über den langen Fluchtschacht bis zum absteigenden Gang und gelangte schließlich bis zu dem Punkt, wo er fast auf die

Der ursprüngliche Eingang der Großen Pyramide ist in der Mitte des Bildes zu sehen. Rechts darunter erkennt man die Öffnung, durch die al-Mamun und seine Männer (siehe Kapitel Sechs) eindrangen.

Felsenkammer trifft. Nachdem sie über den absteigenden Gang wieder zurück nach oben gelangt waren, blockierten sie Stück für Stück den Durchbruch im absteigenden Korridor und alle Übergänge zwischen den Korridoren bis hinauf zum Eingang – die dritte Verteidigungslinie.

Der letzte Kalksteinblock der Verkleidung verschloss die Pyramide und blockierte ihren Eingang. Dieser weiße Verschlussstein war von den anderen Steinen der Verkleidung nicht zu unterscheiden und sollte den Eingang für immer verbergen – so hoffte man jedenfalls.

Wir wollen uns nun der Welt widmen, von der die Pyramide umgeben war.

DER PYRAMIDENKOMPLEX DES CHEOPS

Leider hat nur sehr wenig von der wunderbaren Kulisse für Cheops' Schöpfung die Zeit überdauert. Aber das, was noch vorhanden ist, stimmt glücklicherweise so genau mit architektonischen Mustern anderer Pyramidenstandorte überein, dass wir den gesamten Komplex recht genau rekonstruieren können. Im Folgenden sollen die wichtigsten Elemente dieses Komplexes vorgestellt werden.

DIE UMFASSUNGSMAUER

Nach ihrer Fertigstellung wurde die gesamte Pyramide rund um ihre Basis durch eine acht Meter hohe Mauer aus feinem Turakalkstein abgeriegelt. Zwischen der Mauer und der Pyramidenbasis befand sich ein etwa zehn Meter breiter, mit Kalkstein gepflasterter Hof. Der einzige Weg in diesen Hof führte über einen Zugang im Totentempel.

DER TOTENTEMPEL

Dieses rechteckige Kalksteingebäude östlich der Pyramide hatte eine Länge von etwa 52 Metern und eine Breite von 40 Metern. Die Wände waren mit detaillierten Reliefdarstellungen dekoriert. Durch eine Tür an der Ostseite war der Totentempel mit dem Aufweg (siehe S. 88) verbunden. Er war wesentlich größer als die entsprechenden Tempel der Knickpyramide und der Meidumpyramide. Die Wände umschlossen einen mit schwarzem Basalt gepflasterten, offenen Hof, der ringsum von Granitpfeilern umsäumt wurde, die wiederum das Dach des Hofumgangs trugen. Es waren hauptsächlich quadratische Pfeiler, bis auf die rechteckigen Pfeiler in den Ecken. Auf dieses Dach gelangte man über eine Steintreppe an der inneren Südwestecke.

An der Westseite des Hofes befand sich eine tiefe Nische, die vielleicht zu einer weiteren Einfriedung für Lagerräume und zu einem Sanktuar, bestehend aus einem Altar mit runden Stelen zu beiden Seiten führte, aber diese Interpretation wird angezweifelt. Später gebaute Totentempel weisen darauf hin, dass es eher fünf Nischen für Statuen des Königs und zwei Scheintüren an der West-

wand gab, aber bisher hat man keine Spuren davon entdeckt. In der Nordwest-
ecke befand sich der Zugang zum Pyramidenhof.

DIE SATELLITENPYRAMIDE

Dieses kleine Echo des Hauptbaus, dessen Seitenlänge nur 20 Meter beträgt,
wurde erst vor relativ kurzer Zeit entdeckt. Der berühmte ägyptische Archäologe
Zahi Hawass stieß bei routinemäßigen Reinigungsarbeiten eher zufällig darauf.
Sie lag in unmittelbarer Nähe der Südostecke der Pyramide und war möglicherweise für Cheops' *Ka*-Statuen vorgesehen. In ihrem Inneren gibt es einen absteigenden Gang in Form eines T's und eine kleine Grabkammer, deren Wände –
wie die Galerien von Djosers Stufenpyramide – sich
nach innen neigen, als wollten sie die Form eines
Zelts nachahmen.

Das 1954 gefundene und wieder
zusammengesetzte Boot des Cheops.

DIE BOOTSGRUBEN

Bei diesen Gruben unterscheidet man zwischen zwei
Typen: Gruben, die in Form eines Bootes ausgehoben
sind, und lange, rechteckige Gruben, die die zerlegten
Teile echter Boote enthielten. Erstere finden sich
außerhalb der Umfassungsmauer rund um den gesamten Pyramidenkomplex. Eine dieser Gruben verläuft
parallel zum Aufweg in der Nähe des Totentempels.
Zwei weitere liegen nördlich und südlich des Tempels, eine vierte Grube befindet sich zwischen zwei
der Königinnenpyramiden und eine fünfte neben der
Satellitenpyramide. Erst im Mai 1954 entdeckte der
ägyptische Archäologe Kamal el-Mallakh zwei Gruben des anderen Typs. Beide waren mit riesigen Kalk-
steinplatten bedeckt. Als die Einzelteile des Bootes
aus der ersten Grube geborgen wurden – insgesamt
1224, zwischen 23 Meter und 10 Zentimeter große
Fundstücke –, stellten Hag Ahmed Yusuf und seine
Restauratoren fest, dass man sie zu einem kompletten

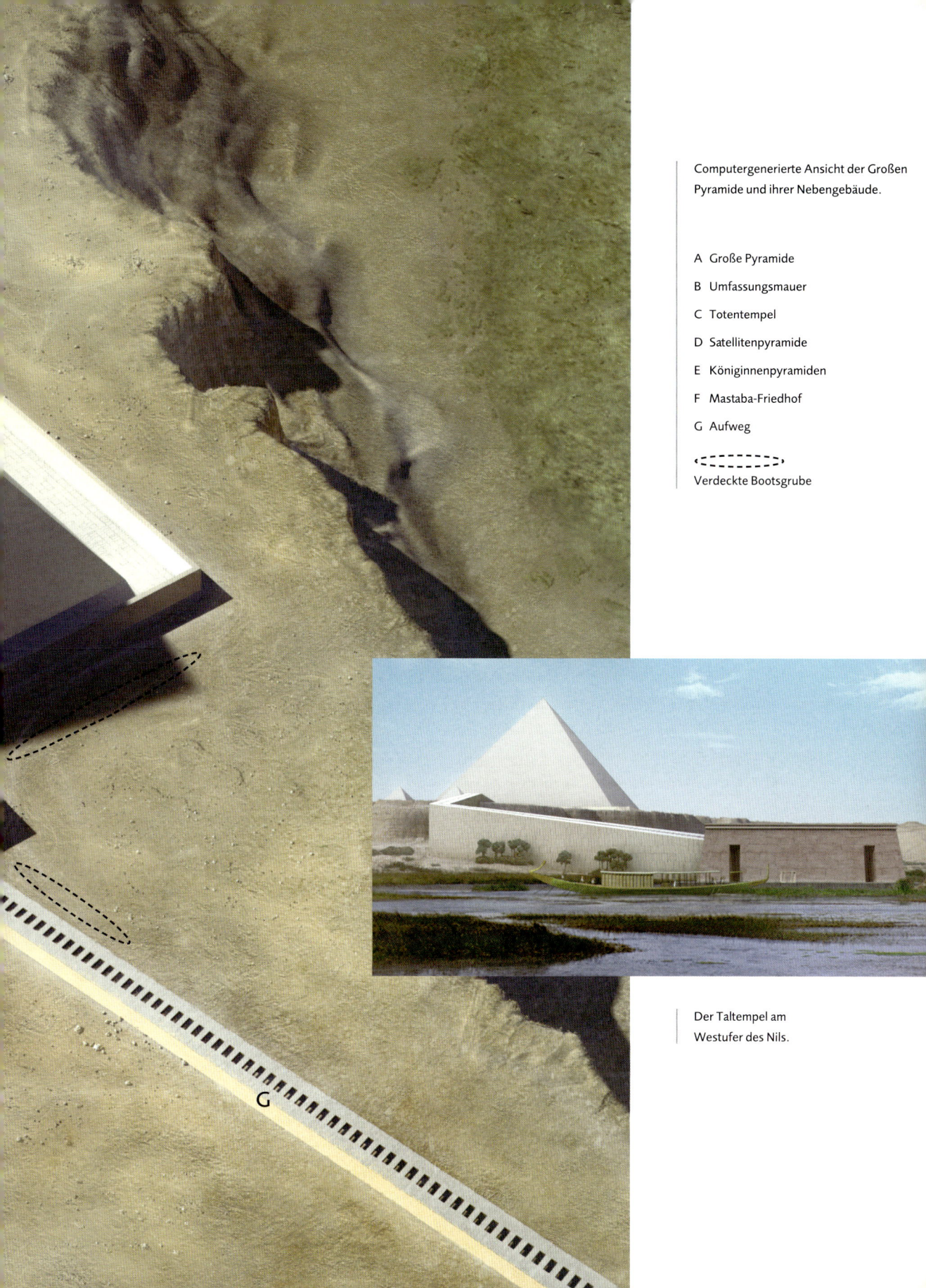

Computergenerierte Ansicht der Großen
Pyramide und ihrer Nebengebäude.

A Große Pyramide

B Umfassungsmauer

C Totentempel

D Satellitenpyramide

E Königinnenpyramiden

F Mastaba-Friedhof

G Aufweg

Verdeckte Bootsgrube

G

Der Taltempel am
Westufer des Nils.

Blick von der Seite der Großen
Pyramide hinab auf die
Königinnenpyramiden.

Blick von der Seite der Großen Pyramide hinab auf die Königinnenpyramiden.

Boot zusammensetzen konnte. Dies dauerte zwar über 14 Jahre, aber am Ende hatte man eine nahezu perfekte königliche Nilbarke von beachtlichen Ausmaßen restauriert: Sie ist 43,30 Meter lang, hat eine Verdrängungsleistung von 45 Tonnen und kann heute in einem Museum in Giseh besichtigt werden.

Die esoterische Bedeutung dieser Boote soll in Kapitel Fünf näher erläutert werden. Zunächst setzen wir unsere Erforschung des Komplexes fort, indem wir uns den Königinnenpyramiden zuwenden.

DIE KÖNIGINNENPYRAMIDEN

An der Südostseite der Großen Pyramide ließ Cheops drei solcher Königinnenpyramiden im rechten Winkel zum oberen Teil des Aufwegs bauen. Archäologen kennen sie unter den romantischen Namen GI-a, GI-b und GI-c. Zu allen gehörte einst je ein kleiner Totentempel – eine Miniaturausführung von Cheops' Totentempel –, aber nur der von GI-c ist bis heute weitgehend intakt geblieben. In allen diesen Pyramiden führt ein absteigender Gang mit einer abrupten Richtungsänderung nach Westen zu einer Grabkammer. Wer waren die Königinnen, die hier bestattet wurden? Herodot (II,126) weiß eine unheimliche Geschichte über die zweite der drei Pyramiden zu erzählen: »Cheops war ein so verruchter Mensch, dass er in seiner Geldnot die eigene Tochter in ein Freudenhaus brachte und ihr eine bestimmte Geldsumme – wie viel, sagten mir die Priester nicht – zu beschaffen befal. Sie brachte die verlangte Summe zusammen und fasste den Entschluss, ebenfalls ein Denkmal für sich zu errichten. Jeden Mann, der sie besuchte, bat sie, ihr einen Stein für den großen Bau zu schenken. Aus diesen Steinen soll sie die mittlere der drei Pyramiden haben bauen lassen, die vor der großen Pyramide steht und deren jede Seite hundertfünfzig Fuß misst«.

Bei allem Respekt vor dem Vater der Geschichtsschreibung, aber das ist Unsinn. Es ist zwar nicht mit Sicherheit bewiesen, aber man nimmt an, dass die erste, nördlichste Pyramide für Königin Hetepheres, die zweite für Königin Meritetis und die dritte für Königin Henutsen vorgesehen war.

Hetepheres war sehr wahrscheinlich Cheops' Mutter. Als das Grab in der Nähe dieser Pyramide 1925 geöffnet wurde, fand man Texte, die ihren Namen mit dem von Cheops' Vater Snofru in Verbindung bringen, dessen Horusname *Neb-Maat* (»Herr der Wahrheit«) auf den Fragmenten eines Baldachins zu lesen ist. Darin wird sie nicht nur als »Tochter des Gottes«, sondern auch als »Mutter des Königs« bezeichnet. Und Siegelabdrücke, die man an anderer Stelle in dem Grab fand, verweisen auf *Her-Mejedu*, den Horusnamen von Cheops. (Es ist das einzige Grab, dessen königliche Beigaben von Dieben einigermaßen verschont wurden. Obwohl beschädigt, sind viele der Funde von ungeheurer Schönheit.)

Meritetis konnte anhand einer Inschrift in der ersten, östlich gelegenen Mastaba identifiziert werden, in der Cheops' (vermutlich) ältester Sohn Kawab bestattet wurde. Wir wissen, dass Meritetis ein so hohes Alter erreichte, dass sie die Regierungszeit von Snofru, Cheops, Djedefre und zum Teil auch noch die von Chephren erlebte. Möglicherweise war sie Cheops' Königin und Kawabs Mutter, da man vermutet, dass alle, die in den Mastabas in unmittelbarer Nähe der drei Pyramiden bestattet sind, Söhne von Königinnen waren.

Henutsens Verbindung zu dem dritten Grab gründet sich weitgehend auf eine viel spätere Zuordnung. In der 21. Dynastie wurde sie mit der Göttin Isis assoziiert und erhielt den Namen »Herrin der Pyramide«. Über sie ist so gut wie nichts bekannt, aber sie könnte Cheops' Halbschwester gewesen sein.

Unmittelbar nördlich der Königinnenpyramiden verlief der Aufweg.

DER AUFWEG

Herodot behauptete, der Aufweg zum Totentempel sei mit außergewöhnlich feinen Reliefdarstellungen von Tieren dekoriert gewesen, und obwohl man diesem Bericht lange Zeit skeptisch gegenüberstand, legen moderne Entdeckungen die Vermutung nahe, dass er der Wahrheit entspricht. Vor kurzem fand man Fragmente des Reliefs, die mit Herodots Beschreibung übereinzustimmen scheinen. Das Fundament dieses Aufwegs, das manchmal auch als Korridor beschrieben wird, verlief bis hinunter zum Taltempel und erreichte an manchen Stellen eine Höhe von über 40 Metern. An anderer Stelle war er direkt auf den Fels gebaut. Heute liegt das untere Ende des Aufwegs unter dem modernen Dorf Nazlet el Samman verborgen.

DER TALTEMPEL

Leider bestehen diese Überreste nur aus ein paar Basaltplatten. Es ist zwar so gut wie sicher, dass der Tempel ursprünglich Teil des Pyramidenkomplexes war, aber über seine Struktur kann heute nur spekuliert werden. Kommen wir nun zu einer letzten Anlage der Nekropole.

DIE MASTABA-FRIEDHÖFE

Im Osten und im Westen der Umfassungsmauer der Großen Pyramide befinden sich zwei große, in Doppelreihen angelegte Mastaba-Friedhöfe. Auf dem Ostfriedhof wurden die engsten Verwandten des Königs bestattet, während auf dem Westfriedhof seine hohen Beamten ihre letzte Ruhestätte fanden. Die Mastabas waren einst mit dem gleichen glänzenden Kalkstein wie die Große Pyramide verkleidet. Einerseits wurde durch die Farbe und Beschaffenheit der Verkleidung die Verbindung zum König angezeigt, andererseits drückte der auffällige Größenunterschied zwischen Mastabas und Pyramide die Unterwerfung der Verstorbenen unter ihren Herrscher aus.

Unser Rundgang durch die Pyramide und den Komplex, der sie einst umgeben hat, ist hiermit beendet. Aber bevor wir uns dem Thema zuwenden, wie all diese Gebäude zur Zeit von Cheops' Begräbnis genutzt wurden, muss noch ein kleines Missverständnis ausgeräumt werden.

DER SPHINX VON GISEH

Touristen auf dem
Sphinx von Giseh, 1890.

Entgegen populärer Vorstellungen und Mythen war der große Sphinx von Giseh nicht die Schöpfung des Mannes, der die Große Pyramide errichtete: Er wurde lange nach Cheops' Tod von Chephren als Teil seines eigenen Pyramidenkomplexes gebaut. Doch der Sphinx ist ein so charakteristisches Merkmal des heutigen Giseh-Plateaus, dass er einen kleinen Exkurs verdient.

Chephren, ein jüngerer Bruder von Cheops' Nachfolger Djedefre (2528–2520 v. Chr.), bestieg nach dessen Tod den Thron und regierte bis 2494 v. Chr. Der Sphinx, der als Wächter vor der Chephrenpyramide steht und nach Osten blickt, wurde in den Jahren vor 2500 v. Chr. geschaffen und war weit und breit die größte Skulptur, die Ägypten je gesehen hatte. Erst über 1000 Jahre danach, zur Zeit der Herrschaft von Amenophis III. und später Ramses II., sollten die Ägypter wieder Kunstwerke von solchen Ausmaßen schaffen.

Der Sphinx ist 20 Meter hoch und 73 Meter lang, sein Gesicht hat eine Breite von 4,20 Metern. Er wurde zum größten Teil aus dem Fels am Fuße des Aufwegs der Chephrenpyramide herausgeschlagen, indem man zuerst einen großen, hufeisenförmigen Graben aushob und den Löwenkörper dann aus dem so entstandenen Hügel modellierte. Die hier abgebauten Steine wurden für den Bau eines Sphinxtempels verwendet. Als er fertig war, wurde er möglicherweise mit Gips verkleidet und dann farbig angestrichen.

Das heutige Erscheinungsbild des Sphinx zeigt die verschiedenen geologischen Schichten, aus denen er herausgemeißelt wurde. Der Kopf ist noch relativ gut erhalten, weil er aus wesentlich härterem Gestein besteht. Ihm fehlt zwar die Nase und das königliche Emblem eines Kinnbartes, aber er ist noch immer als menschliches Gesicht zu erkennen. Einige Wissenschaftler glauben, dass der Kopf als Abbild von Chephren und nicht als eine bloß formale oder abstrakte Darstellung geplant war.

Und warum der Körper eines Löwen? Einer der Gründe könnte sein, dass der Löwe in der ägyptischen Mythologie häufig als Wächter heiliger Orte auftaucht. Möglicherweise integrierten die Priester von Heliopolis diesen alten Glauben in ihren Sonnenkult und machten den Löwen zum Bewacher der Tore zur Unterwelt im Osten und Westen. Durch das Hinzufügen menschlicher Züge – ursprünglich die des Sonnengottes Atum – mutierte die Figur vom Löwen zum Sphinx und erhielt die Aufgabe des Grabwächters. Es gibt auch Hinweise auf einen kultischen Glauben, demzufolge der König bei seinem Tod zum Gott Atum wurde. Dieser Interpretation folgend würde der Sphinx Chephren darstellen, der sich in den Sonnengott verwandelt hat. Ob dies nun zutrifft oder nicht, dass der Sphinx eine symbolische Schutzfunktion besaß, wird nur von wenigen ernsthaft in Frage gestellt.

Interessanterweise wird der Sphinx von keinem der klassischen Autoren, die über das Giseh-Plateau berichteten, erwähnt, weder von Herodot, noch von Diodor oder Strabo. Dies liegt wahrscheinlich daran, dass der Sphinx über lange Zeit vom Sand begraben war – was auch erklärt, warum er trotz des überwiegend anfälligen Gesteins so gut erhalten blieb.

Nach dieser Reise durch das Innere und Äußere der Pyramidenanlage sind wir nun wesentlich besser in der Lage, die Geheimnisse von Cheops' Bestattung zu verstehen.

KAPITEL FÜNF

BESTATTUNG UND JENSEITSEXISTENZ DES KÖNIGS

Irgendwann im Jahr 2528 v. Chr. stirbt Cheops. In gewissem Sinne ist dies der große Tag, auf den er sich vorbereitet hat, seit er als ehrgeiziger junger Mann den Thron bestieg und zur Inkarnation des Gottes Horus wurde. Es ist auch der Tag, der dem kolossalen Einsatz von Arbeit, Zeit, Bodenschätzen und Fertigkeiten der vergangenen zwei Jahrzehnte auf dem Giseh-Plateau endlich Sinn verleiht. Denn obwohl fanatische »Pyramidologen« sich regelmäßig verpflichtet fühlen, eine Tatsache verächtlich abzutun, die von zahllosen seriösen Wissenschaftlern anerkannt wird, gibt es eine sehr nahe liegende Antwort auf die Frage: Was ist eine Pyramide? Eine Pyramide ist ein Grab – ein Grab für einen König oder eine Königin.

Heute würde man einen König oder einen reichen Mann, der zwei bis drei Jahrzehnte seines Lebens und einen großen Teil seines Vermögens auf den Bau eines Monumentalgrabs verwendet, als exzentrisch, wenn nicht gar als verrückt bezeichnen. Selbst wenn sie es gewagt hätten, anachronistische und blasphemische Gedanken zu hegen, so hätte doch jeder von Cheops' Untertanen dessen Handlungen als eines Königs würdig, unvermeidbar und zutiefst vernünftig angesehen. Natürlich wünschte Cheops, seinem Ruhm durch das größte von Menschen gebaute Monument aller Zeiten Ausdruck zu verleihen, denn schließlich war er ein Pharao. Und natürlich verbrachte er sein ganzes Leben damit, sich auf den Tod vorzubereiten, denn schließlich war er ein Gott.

DIE ÄGYPTISCHE VORSTELLUNG VOM LEBEN NACH DEM TOD

Es steht außer Frage, dass die populäre Vorstellung von den alten Ägyptern als ein vom Tod besessenes Volk das exakte Gegenteil der Wahrheit ist: Sie hingen so sehr am Leben, dass sie vor allem wünschten, es möge nie enden. Um die Logik dieses Glaubens begreifen zu können, muss man sich mit einigen spirituellen Auffassungen und den Bestattungsriten der Ägypter vertraut machen: Auch wenn der Tod eines Königs den eines einfachen Mannes ebenso an Bedeutung übertraf wie eine Pyramide ein Haus aus Schlammziegeln, blickten doch beide zum gleichen Himmel und zum gleichen Leben nach dem Tod auf.

Leider verwirren viele einführende Darstellungen der ägyptischen Religion den Leser, da sie meist all das durcheinander werfen, woran die Ägypter im Laufe von drei Jahrtausenden in verschiedenen Teilen des Königreichs, wo es viele lokale Gottheiten und Kulte gab, irgendwann geglaubt haben.

Vorhergehende Seite
Der *Ba*, dargestellt als ein großer Vogel mit menschlichem Kopf, schwebt über einer Mumie. Illustration aus einem *Totenbuch* des Neuen Reiches.

Verwirrung entsteht jedoch nicht nur dadurch, dass 3000 Jahre Glaubensgeschichte zu einer undifferenzierten Masse zusammengefasst werden. Die Ägypter waren sowohl in spirituellen als auch in materiellen Dingen sparsam und scheinen nur ungern einen Glauben aufgegeben zu haben, der einst zweckmäßig war. Uralte mythologische Überlieferungen konnten manchmal noch lange weiterleben, nachdem bereits neue Mythen entstanden waren, und dass sie sich häufig widersprachen, schien niemanden zu kümmern.

GERICHT ÜBER DAS DIESSEITS

Eingedenk dieser Informationen versteht man die ganze Tragweite von Cheops' Tod und seiner Bestattung vielleicht am besten, wenn man sich anschaut, welche Gemeinsamkeiten der König im Hinblick auf seine Sterblichkeit mit seinen Untertanen hatte und in welcher Hinsicht er einzigartig war.

Zunächst scheint jeder Ägypter, ob von hohem oder niedrigem Rang, an ein Leben nach dem Tod geglaubt zu haben, an dessen Beginn er sich vor einem Gericht verantworten musste. Das Wohlergehen im nächsten Leben hing vom Verhalten im gegenwärtigen Leben ab, besonders von der Erfüllung der *Maat* – ein komplexer Begriff, der individuelle Moral, gesellschaftliche Richtlinien und die physische Zusammensetzung des Universums sowie die ihm zugrundeliegende Logik und Harmonie umfasste. Er beinhaltete auch die streng hierarchische Vorstellung vom richtigen, dem sozialen Status angemessenen Handeln: Wer sich über seine Herkunft zu erheben versuchte, konnte angeklagt werden, gegen die *Maat* verstoßen zu haben.

Aus einem Text erfahren wir, dass alle der *Maat* entsprechenden, aber auch alle ihr zuwiderlaufenden Taten im Leben eines Menschen in einem Haufen neben ihm aufgetürmt werden und dort für alle Ewigkeit bleiben. So erklärt sich auch die Formel in vielen Grabinschriften, die alle Ansprüche der toten Person auf ein mildes Urteil auflistet und mit den Worten beginnt: »Ich habe *Maat* gesprochen, ich habe *Maat* getan ...«

Obwohl sich dieser Kalksteinkopf mit der Lockenperücke aus der 4. Dynastie seit über einem Jahrhundert in der Sammlung des Ägyptischen Museums in Berlin befindet, wurde er erst vor kurzem als eine Darstellung von Cheops identifiziert.

DIE KONSERVIERUNG DES KÖRPERS

Es ist ebenfalls bekannt, dass die Ägypter eine wesentlich »fleischlichere« Vorstellung vom Leben nach dem Tod hatten als viele andere Kulturen und großen Wert auf den Schutz des toten Körpers legten. Jeder Ägypter, der es sich leisten konnte, ließ sich ein Grabmal bauen, wenn möglich am Rand der westlichen Wüste – dem Land der Toten, wo die Sonne unterging. Das Standardgrab wurde entweder in einen Felsen gehauen oder aus Steinblöcken gebaut. Ein steinernes Grabmal setzte sich in der Regel aus zwei Teilen zusammen: einer unterirdischen Kammer, die so tief gegraben wurde, wie es die finanziellen Mittel des Verstorbenen zuließen, über einen Schacht zu erreichen war und den Leichnam und alle Grabbeigaben enthielt, und einer Art Kapelle, in der die Angehörigen und Priester die Riten für den Toten ausführen konnten.

Solche Gräber waren häufig mit haarsträubenden Warnungen vor jener Rache versehen, die jeden ereilen würde, der es wagen sollte, in sie einzudringen. Aber nur einige wenige Ägypter von höherem sozialen Rang konnten sich ein solch großes Grabmal leisten. Das einfache Volk musste sich mit einer schmucklosen Grube auf dem Friedhof in der Nähe großer Mastabas begnügen, während die Ärmsten der Armen, ausgestattet mit ein paar Tongefäßen, in Matten eingerollt auf den Boden gelegt wurden.

Die Bedeutung, die einem guten, soliden Grab zukam, wurde nur noch von der großen Sorgfalt übertroffen, die man bei der Mumifizierung walten ließ – ein Verfahren, das anfänglich nur den Angehörigen der höchsten Stufen der ägyptischen Gesellschaft vorbehalten war, jedoch im Laufe der Jahrhunderte verbessert und immer häufiger angewendet wurde. Vermutlich ist die Praxis der Mumifizierung aus der Beobachtung entstanden, dass direkt im Sand begrabene Tote bereits vor dem Einsetzen des normalen Verwesungsprozesses austrockneten und die Organe zwar schrumpften, aber intakt erhalten blieben.

Die Ägypter jedoch wollten das Werk der Natur übertreffen. Und so experimentierten sie mit Tüchern, die sie in Harz tränkten, um den Effekt der Konservierung zu verbessern. Irgendwann gegen Ende der 3. Dynastie, um 2600 v. Chr., begannen sie auch mit der rituellen Sezierung ihrer Toten und bewahrten die empfindlichen inneren Organe in separaten Gefäßen auf, den so genannten Kanopen, in denen sie so lange versiegelt blieben, bis der Verstorbene sie im Jenseits wieder gebrauchen konnte.

Der Rest des Körpers wurde dann unter Verwendung von Natron einem beschleunigten Trocknungsverfahren unterzogen, bandagiert und schließlich

Gegenüber

Aus dem Alten Reich sind nur wenige Mumien erhalten. Im Neuen Reich aber war die Technik des Einbalsamierens so weit fortgeschritten, dass viele Körper aus dieser Periode bis zum heutigen Tag in einem bemerkenswert guten Zustand erhalten sind. Untersuchungen der Mumie von Ramses II. haben ergeben, dass er über 80 Jahre alt wurde (ein ungewöhnlich hohes Alter), hinkte und an Arthritis, Zahnabszessen sowie an Arterienverkalkung litt. Er starb um 1212 v. Chr. und wird von einigen für jenen Pharao gehalten, von dem im Zweiten Buch Mose die Rede ist.

rituell bestattet (dazu später mehr). Die Technik der Mumifizierung war im Alten Reich noch nicht besonders weit fortgeschritten. Nur sehr wenige Körper haben die Zeit in einem Zustand überdauert, der auch nur annähernd der einer echten Mumie gleicht. Obwohl es zu allen Zeiten ein zentrales Anliegen ihrer Kultur darstellte, entwickelten die Ägypter erst im Neuen Reich (1550–1070 v. Chr., über 1000 Jahre nach Cheops' Tod) eine einigermaßen erfolgreiche Mumifizierungstechnik.

GRUNDAUSSTATTUNG FÜR DAS JENSEITS

Die dritte und letzte große Besonderheit des ägyptischen Totenkults besteht in den ihm zugrunde liegenden Glaubensvorstellungen, die sowohl der Bestattung als auch den Totenritualen eine gewisse Logik verleihen. Da die Friedhöfe im Westen lagen, musste der Leichnam oft auf einer Barke über den Nil zu seiner letzten Ruhestätte gebracht werden. Aber diese praktische Notwendigkeit hatte auch eine nahe liegende symbolische Bedeutung, da die Passage über das Wasser von Osten nach Westen auch als der Übergang vom Leben zum Tod betrachtet wurde. Auf derselben Barke oder direkt dahinter auf einem Begleitboot stand die *Ka*-Statue der verstorbenen Person, die zeigte, wie diese in ihrer Jugend ausgesehen hatte. Sollte dem Leichnam etwas zustoßen, bot die Statue einen akzeptablen Ersatz für das Leben im Jenseits.

Sobald der Sarkophag die Grabkammer erreicht hatte, umgab man ihn feierlich mit allem, was der Tote für seine Jenseitsexistenz brauchte: die Kanopen mit seinen inneren Organen, Nahrungsmittel, Kleider, Schmuck und Statussymbole, Kosmetika und ausgewählte Öle. Im Mittleren Reich wurden die Toten zusammen mit kleinen menschlichen Tonfiguren, so genannten *Uschebti*, bestattet, die für ihn alle von den Göttern verlangten körperlichen Arbeiten verrichten sollten. Als eine Art Verstärkung dieser Beigaben war der Sarkophag oft mit ähnlichen Objekten dekoriert – die Götter machten offenbar keinen Unterschied zwischen

Oben Im Mittleren Reich bestatteten die Ägypter ihre Toten zusammen mit *Uschebti*, kleinen Arbeiterfiguren, die es dem Verstorbenen ermöglichen sollten, dem Ruf der Götter zur Arbeit nachzukommen. Hunderte dieser Figuren wurden 1949 bei Ausgrabungen in Sakkara gefunden.

Unten Die Deckel der Kanopen stellten manchmal die vier Söhne des Horus dar: Der pavianköpfige Hapi (für die Lunge), der menschenköpfige Imseti (für die Leber), der schakalköpfige Duamutef (für den Magen) und der falkenköpfige Kebechsenuef (für die Gedärme).

einem Gegenstand und seiner Darstellung, so dass gemaltes Essen genauso satt machen konnte wie richtiges.

Aber der vielleicht erstaunlichste Teil des ägyptischen Totenkults begann mit der Bestattung selbst. Noch heute gibt es in den meisten Kulturen Tage, an denen getrauert und des Todestags einer Person gedacht wird. Die alten Ägypter nahmen ihre Pflicht gegenüber den Toten jedoch wesentlich ernster. Der Verstorbene musste nach seinem Übergang in die nächste Welt über Monate, Jahre, ja sogar Jahrhunderte versorgt werden. Regelmäßig mussten Nahrungsmittel zum Grab oder einer Art Totentempel gebracht und die Namen der Nahrungsmittel laut ausgesprochen werden, um ihre Wirksamkeit zu gewährleisten. Totenpriester, die so genannten *Ka*-Diener, sorgten dafür, dass die Rituale im Totentempel regelmäßig und korrekt ausgeführt wurden. Dieser Dienst wurde zu Lebzeiten des Verstorbenen vereinbart und war für Generationen nachfolgender Totenpriester bindend.

Bei Königen nahm die Darbringung der Opfergaben ungeheure Ausmaße an. Der Tempel von König Neferirkare-Kakai aus der 5. Dynastie in Abusir beschäftigte ungefähr 30 »Vollzeitkräfte«, die den Toten Essen brachten, die Rituale ausführten und auch als Köche, Maurer, Träger und Wäscher eingesetzt wurden. (Da der »Verbrauch« an Nahrungsmitteln für das sterbliche Auge nicht sichtbar war, durften die Angestellten die Opfergaben am Abend für ihre Familien mit nach Hause nehmen.) Der Totendienst im Tempel von Neferirkare-Kakai wurde vermutlich weit über 200 Jahre fortgesetzt.

Dies war das typische Procedere nach dem Ableben eines Ägypters von hohem Rang. Cheops' Bestattung und sein Totenkult stimmten weitgehend mit diesem allgemeinen Procedere überein.

CHEOPS' BEGRÄBNIS

Es wurde bereits erwähnt, dass man die Pyramide als eine Art Maschine für die Toten betrachten kann. Diese Metapher lässt sich in einer nahe liegenden, praktischen Hinsicht rechtfertigen, da das Gebäude eine Reihe von genialen Vorrichtungen enthielt – man denke nur an das Fallsteinsystem der Königskammer oder das System von Holzbalken und Blockiersteinen, das ganz zum Schluss in der Großen Galerie zum Einsatz kam, um die ewige Sicherheit der königlichen Überreste zu gewährleisten. Aber sie trifft auch in konkreter sowie spiritueller Hinsicht zu, was beispielsweise die seltsamen schmalen Schächte deutlich machen,

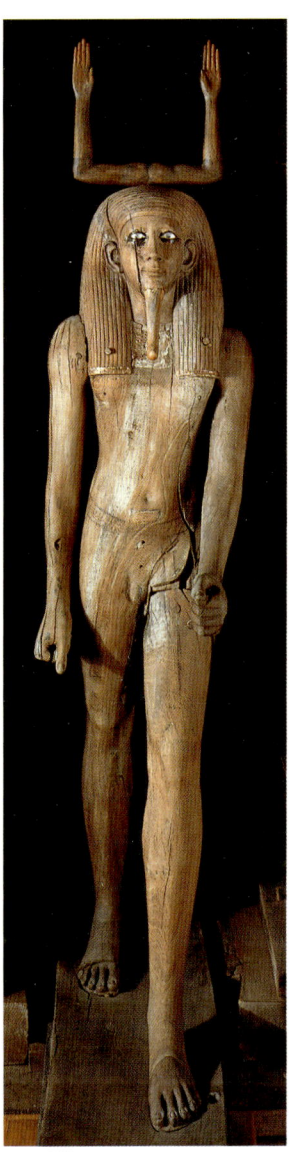

Die lebensgroße hölzerne *Ka*-Statue von König Hor, die etwa aus dem Jahr 1780 v. Chr. datiert und stehend in dessen Grab in Dahschur gefunden wurde.

die von der Königskammer aus in Richtung bestimmter Sterne verlaufen und deren metaphysischer Zweck im Folgenden noch untersucht werden soll. Darüber hinaus kann man die Maschinen-Metapher auch auf die Bestattungsrituale ausdehnen, die im Wesentlichen eine Erweiterung des gesamten Pyramidenmechanismus darstellten.

Unsere heutigen Kenntnisse über das, was bei Cheops' Begräbnis geschah, sind eher fragmentarisch und beruhen auf Vermutungen, die sich teilweise von materiellen Hinweisen im Grabmal selbst und teilweise von Informationen aus anderen Gräbern ableiten. Keine der bisher gefundenen Grabdekorationen stellt direkt Cheops' Begräbnis oder das eines anderen Königs dar. Die vorhandenen Details stammen aus Berichten über die Bestattung verschiedener hoher Beamte aus dieser Zeit sowie aus Texten, die Auskunft über die ägyptische Auffassung vom Königtum und über andere rituelle Praktiken geben.

Zu den wichtigsten dieser Quellen gehören die so genannten Pyramidentexte. Der erste wurde 1881 von den Brüdern Emil und Heinrich Brugsch bei einer Untersuchung der Pyramiden von Unas, Teti, Pepi I., Merenre und Pepi II. entdeckt – Pyramiden aus den letzten Tagen der 5. Dynastie (bis 2323 v. Chr.) und aus der 6. Dynastie (2323–2150 v. Chr.). Pyramidentexte beschäftigen sich hauptsächlich mit der ewigen Existenz des Königs. Heute weiß man, dass diese Pyramidentexte Auszüge aus einem sehr alten Korpus religiöser ägyptischer Schriften darstellen. Erwartungsgemäß gibt es viele Wiederholungen in den verschiedenen Gräbern, ähnlich wie die Inschriften in christlichen Kirchen häufig identische Passagen aus der Bibel oder Gebete zitieren. Es wurden Pyramidentexte aus über 700 Jahren gefunden und übersetzt, die zum Teil eindeutig auf rituelle Handlungen wie die Ausstattung des königlichen Grabes hinweisen.

Wie bereits erwähnt, kombinierten die ägyptischen Bestattungsriten alle aus anderen Kulturen vertrauten Funktionen der Trauer und des sozialen Zusammenhalts mit einer Reihe sehr spezifischer Merkmale. Einige der Rituale dienten dazu, den Verstorbenen mit den notwendigen Grabbeigaben für ein gesundes Weiterleben im Jenseits auszustatten – dazu gehörte beispielsweise die regelmäßige »Ernährung« des Toten. Andere spiegelten komplexe – und manchmal widersprüchlich anmutende – Glaubensvorstellungen über die Natur des sichtbaren und des unsichtbaren Universums wider.

Große ägyptische Begräbniszeremonien wurden in mindestens vier und höchstens 16 verschiedene Abschnitte unterteilt. Cheops' Begräbnis war zweifellos eines der größten und von beispielloser Komplexität, basierte aber gleichwohl auf einigen grundlegenden Elementen.

VORBEREITUNG DES LEICHNAMS

Bei vielen Angehörigen der ägyptischen Elite fand die Vorbereitung des Leichnams meist vor der symbolischen Flussfahrt statt. In späteren Dynastien wurde der Zeitraum zwischen Tod und Begräbnis auf 70 Tage festgelegt. Im Alten Reich konnte sie allerdings weitaus länger dauern – im Fall von Königin Meresanch III. aus der 4. Dynastie betrug sie ganze 272 Tage. Cheops' Leiche wurde also vielleicht in irgendeiner Form schon lange vor der Bestattung präpariert. Es gibt aber Hinweise darauf, dass dies erst nach der zeremoniellen Fahrt über den Nil geschah. Beginnen wir also in seiner Residenz, dem Palast in Memphis, unmittelbar nach seinem Tod.

VOM HAUS ZUM FLUSS

Der Sarg wurde auf einer Bahre aus dem Palast getragen. In lange weiße Gewänder gekleidete Klageweiber jammerten laut und weinten, während sich neben und hinter ihnen andere weibliche und männliche Trauernde in den Staub warfen und ihre Kleider in Fetzen rissen. Im Alten Reich wurde die Prozession von einer so genannten »Weihe« angeführt – entweder die Witwe des zu Grabe getragenen bedeutenden Mannes, oder ein professionelles Klageweib. In späteren Dynastien, als der Osiriskult stärker verbreitet war, gab es zwei Weihen, die die Göttinnen Isis und Nephtys darstellten.

Ein Diener wartet auf die Ankunft von Cheops' Totenbarke im Taltempel (Rekonstruktion).

Zu der Prozession gehörten außerdem der *Wet* (»Einwickler«), der oberste Einbalsamierer, der auch als Siegelbewahrer des Gottes bekannt war und die Aufgabe hatte, die sterblichen Überreste des Königs zu mumifizieren. Der Vorlesepriester oder »Der, der das Ritual ausführt« trug die Schriftrolle mit den magischen Opferformeln, die den Toten in einen *Ach* verwandelten. (Dieser Begriff wird weiter unten erläutert und soll vorerst als »angemessen gesegneter Geist« übersetzt werden.)

Der Vorlesepriester gießt
heiliges Wasser über
den Sarg des Pharaos.

DIE FLUSSFAHRT

Man ist sich nicht sicher, ob Cheops in seiner Residenz, dem Königspalast in Memphis starb. (Es gibt Vermutungen, der gesamte Hof sei für die Dauer des Pyramidenbaus in eine temporäre Residenz in Giseh umgezogen. Dagegen wenden einige Autoren ein, dass der Krach und die Unannehmlichkeiten in unmittelbarer Nähe der größten Baustelle der Welt wohl kaum nach königlichem Geschmack gewesen sein dürften.)

Wenn der König östlich des Nils starb, war die Flussfahrt, wie für viele seiner Untertanen, eine Notwendigkeit. Wenn nicht, war sie nur eine Art rituelle Verpflichtung – vielleicht vollzog Cheops' Barke also nur eine kurze und sinnbildliche Fahrt auf einem der Kanäle, die rund um den Hafen von Giseh angelegt worden waren.

Für die Bestattung von Cheops wurden die beiden Boote, die man in den länglichen Gruben fand (siehe Kapitel Vier), verwendet. Nach der Ankunft am Grabmal waren sie sorgfältig zerlegt worden. Vermutlich befand sich auf dem ersten Boot Cheops' Leichnam und auf dem zweiten seine *Ka*-Statue. Als die Barken über den Nil segelten, rezitierte der Vorlesepriester Passagen aus den bereits erwähnten Pyramidentexten.

VOM FLUSS ZUM GRAB

Die Barke legte im Pyramidenhafen an, und der tote König wurde zum »Tor des Himmels« gebracht. War sein Körper bereits von einem *Wet* präpariert, durfte sich der Begräbniszug zur Pyramide begeben. War dies nicht der Fall, musste der Tote zuvor in ein *Ibu en Waab*, ein Reinigungszelt, gebracht werden, da es ihm nicht erlaubt war, die Nekropole unrein zu betreten. Bei diesem Zelt handelte es sich wahrscheinlich um eine rechteckige Konstruktion aus Holzstangen und Schilfmatten, welche die rituelle Reinigung vor profanen Augen abschirmen sollten. Danach wurde der Körper zum *Wabet* gebracht – was zwar wörtlich »rein« bedeutet, meist aber als »Totenwerkstatt« übersetzt wird. Gehörte es zum Totentempel? Möglicherweise, aber es könnte auch ein vollkommen separates, temporäres oder auch permanentes Gebäude gewesen sein. Ein Relief aus der 4. Dynastie zeigt ein *Wabet*, das aus drei großen Räumen, einem Lagerraum und einem langen Korridor besteht.

Wir wissen, dass der Leichnam in diesen beiden Räumlichkeiten teilweise seziert und getrocknet wurde. Aber wir wissen nicht genau, wo dies geschah und

Sargträger bringen den toten Pharao in sein Grab.

Oben Detail eines Reliefs aus der 6. Dynastie, das den Begräbniszug von Mery-nefer Qar in Giseh darstellt. Die obere Reihe zeigt eine »Weihe« (A), einen Einbalsamierer (B) und einen Vorlesepriester (C), welche die Prozession zum Reinigungshaus oder *Ibu* (X) führen. In der unteren Reihe wird der Sarg auf einem Boot zur Balsamierungsstätte, dem *Wahet*, gebracht.

Gegenüber, oben Ein Priester mit der Maske des Horus führt das Ritual der Mundöffnung durch. Aus einem Wandgemälde im Grabmal von Inherchau in Deir el Medine, ca. 1150 v. Chr.

wie lange es dauerte. Die vermutlich plausibelste Interpretation ist die, dass das Gehirn und andere innere Organe im *Ibu* entfernt wurden und man den Körper dann zum *Wahet* brachte, wo er in einem Zeitraum von 70 Tagen getrocknet wurde.

Wenn die Präparation von Cheops' Leiche dem klassischen Muster folgte, entfernte man Leber, Lunge, Magen und andere Eingeweide durch einen Einschnitt in die linke Seite des Unterleibs. Anschließend wurden die inneren Organe, die alle einem bestimmten Gott zugeordnet waren, gewaschen und in Natron gelegt, um sie zu trocknen, bevor man sie in die Kanopen gab. (In späteren Generationen wurden die getrockneten Organe wieder zurück in den Körper gelegt.) Das Herz wurde im Körper belassen, da man glaubte, dass es das Zentrum des Denkens und Fühlens sei. Nachdem die Präparatoren das Siebbein von Cheops gebrochen hatten, entfernten sie sein Gehirn durch die Nasenlöcher, reinigten und trockneten es und gaben es in ein elegantes Gefäß.

Waren die inneren Organe entfernt und getrocknet, wurde der Leichnam feierlich gekleidet und dann auf einem von Rindern gezogenen Schlitten nach Westen zum Grabmal gebracht. Nun schlossen sich die Weihen und Priester sowie die Diener der Prozession an, die viele kostbare Grabbeigaben trugen – alle für das Leben des Königs im Jenseits notwendigen Dinge, wozu neben Nahrung, Ölen und Kleidung auch Werkzeuge und Waffen gehörten. Möglicherweise wurden die Rinder am Ende der Prozession geopfert, um die Eiweißversorgung des Königs im nächsten Leben zu sichern.

Nun konnte sich der Begräbniszug über den Aufweg und durch den Totentempel endlich in die Pyramide begeben.

BESTATTUNGSZEREMONIE UND TOTENDIENST

Wie viele Menschen begleiteten den König auf dieser Etappe seiner letzten Reise? Texte aus der 6. Dynastie sprechen von acht Männern, denen es »erlaubt« war, sich in der Grabkammer aufzuhalten. Doch daraus geht nicht hervor, ob sie alle zur gleichen Zeit anwesend sein mussten. Die relativ bescheidene Größe der Königskammer lässt vermuten, dass sie nach Bereitstellung aller Grabbeigaben nur für einige wenige Menschen Platz bot, während der König langsam in seinen roten Granitsarkophag herabgelassen wurde. Wenigstens zwei der Rituale, die nun stattfanden, sind uns bekannt.

Das erste war das Anrufungsopfer, bei dem der tote König eingeladen wurde, sich all der Gaben zu erfreuen, die gerade in sein Grab gebracht worden waren und die noch gebracht werden sollten. Das zweite war das Ritual der Mundöffnung, das den König in die Lage versetzen sollte, in seinem jenseitigen Leben atmen, essen und sprechen zu können. Dann vollzog man das letzte Ritual, indem die Kammer symbolisch gefegt und ein Trankopfer dargebracht wurde.

Der Begräbniszug verließ nun die Grabkammer und ging, nachdem die drei Fallsteine der Vorkammer herabgelassen worden waren, wieder hinunter in die Große Galerie. Hier schlugen Arbeiter die Holzbalken ab, welche die Blockiersteine aus Granit stützten. Sie verließen die Große Galerie über den vertikalen Schacht, mauerten den absteigenden Gang zu und setzten schließlich den letzten Verschlussstein ein, der die Pyramide für alle Ewigkeit versiegeln sollte.

Unten Cheops' roter Granitsarkophag in der Königskammer, leer, ohne Deckel und an einer Kante beschädigt.

Cheops' Sarg wird über
eine Rampe zum Eingang der
Großen Pyramide gezogen.

Nun begann die eigentliche Arbeit, die über die kommenden Jahrhunderte hinweg fortgesetzt werden musste. Eine Gruppe von Totenpriestern hatte nun Tag für Tag die verantwortungsvolle Aufgabe, jene Zeremonien auszuführen, die den König in der nächsten Welt am Leben halten sollten.

Doch wie stellten sich die Ägypter das Leben des Königs im Jenseits vor?

DIE ÄGYPTISCHE DREIFALTIGKEIT: KA, BA UND ACH

Ka wurde bereits kurz als »Seele«, »Geist« oder »Lebenskraft« definiert, aber diese Definition ist ein wenig irreführend, da sie mit Begrifflichkeiten aus der Metaphysik unserer Kultur kaum gelingen kann. Die Hieroglyphe für *Ka* zeigt zwei ausgestreckte, ab den Ellbogen nach oben gerichtete Arme und soll eine Umarmung andeuten. Das Wort *Ka* selbst hat viele Bedeutungsnuancen. So kann es z. B. etwas bezeichnen, das von den Eltern, Großeltern und noch älteren Vorfahren vererbt wird, eine Art geistige DNA, die sich über geringere Gottheiten bis zu einem Schöpfergott in entlegener Vergangenheit zurückverfolgen lässt. Der *Ka* eines Königs ist die kollektive Lebenskraft all seiner Untertanen – entscheidend für ihr Wohlergehen und ihre gesamte Existenz.

Aber *Ka* kann auch vom Individuum unabhängig sein und als eine Art diffuse kollektive Lebenskraft existieren. Im unmittelbaren Augenblick des Todes verlässt *Ka* den Körper und geht wieder in den größeren Strom der Lebensenergie ein, während der Körper von seinen inneren Organen befreit und mumifiziert wird. Die erste große Aufgabe eines Königs nach seinem Tod besteht also darin, seinen abwesenden *Ka* zu suchen und sich wieder mit ihm zu vereinigen. Diese Aufgabe übernimmt jedoch nicht der getrocknete und eingewickelte Körper, sondern ein anderer Teil des toten Pharaos – der *Ba*.

Ba wird ebenfalls mit »Seele« übersetzt, kann aber auch eine Mischung aus Reputation, Status, Prestige, Persönlichkeit, Charakter und/oder Ruhm meinen. Im Gegensatz zu all diesen Begriffen war *Ba* jedoch nicht einfach eine Abstraktion oder ein Konzept, sondern auch ein tatsächlicher, lebender Gegenstand, der sich bewegen, essen und sogar Sex haben konnte. Götter hatten einen *Ba* in Form von Naturphänomenen oder Objekten, aber seltsamerweise konnten auch Objekte einen *Ba* besitzen.

In dieser Komplexität lässt sich zumindest die Vorstellung erkennen, dass *Ba* – in einem berühmten *Totenbuch* als großer Vogel mit menschlichen Zügen dargestellt – eine wichtige Aufgabe zu erfüllen hatte, mit der er nur beginnen konnte, wenn der Körper des Verstorbenen noch nicht verwest war. Was die immense Bedeutung der Mumifizierung verdeutlicht. Im Laufe der Bestattung wurde der *Ba* des Königs wieder hergestellt, indem man seine sterblichen Überreste mit Zeichen der Autorität, einschließlich aller königlichen Insignien, versah.

Die sodann folgende Phase war die wichtigste. Der König stieg jetzt auf in das Reich der Sterne, das von der Himmelsgöttin Nut regiert wurde, und wurde buchstäblich selbst zum Stern. Sobald er unter den Sternen weilte, wurde er in eine dritte und letzte Seinsform verwandelt, in den *Ach*. Diese astrale Reise wurde durch die Zelebranten des Bestattungsrituals in der Pyramide ermöglicht, bei der *Ka* und *Ba* formell wieder vereinigt wurden. *Ach* hingegen wurde als eine vollkommen verschiedene Wesenheit aufgefasst, die das Leben auf der Erde überwachte und sogar in die Angelegenheiten der Menschen eingreifen konnte.

Der König lebte also auf drei verschiedene Arten weiter. Als *Ka*, als *Ba* und als *Ach*. Wie bereits an anderer Stelle erwähnt, wurde die Große Pyramide Cheop's *Achet* genannt, sein »Horizont«. Und die Ähnlichkeit mit dem Wort *Ach* ist mehr als ein Zufall, da die meisten überlieferten Pyramidennamen den Ort

Oben links Die Glyphe *Ka*.
Reliefdetail aus der
Weißen Kapelle von Senwosret I,
ca. 1872 v. Chr.

Oben rechts Ach, dargestellt
als Schopfibis. Relief,
ca. 1250 v. Chr.

andeuten, an dem die Transformation der sterblichen Überreste in ein unsterbliches Wesen stattfand. Obwohl es also vollkommen berechtigt ist zu sagen, dass eine Pyramide das Grab eines Königs ist, darf man doch nicht vergessen, dass ein königliches Grab für die Ägypter weitaus mehr war als lediglich ein Ort, an dem seine sterblichen Überreste aufbewahrt wurden. Es war das Tor zu den Sternen, ein Sprungbrett in die königliche Jenseitsexistenz.

Die Struktur der Pyramide war vermutlich aber nicht nur ein symbolischer Ausdruck dieser zentralen Funktion, sondern sie diente auch deren praktischer Ausführung. Einer modernen Theorie zufolge leitet sich die Form der Pyramide von Beobachtungen der Sonnenstrahlen ab, die in Form eines dreieckigen Keils durch Lücken in Wolkenformationen auf die Erde fallen. Diese Erklärung scheint plausibel, denn seit der Zeit Snofrus erlangte der Sonnengott in der ägyptischen Religion eine immer größere Bedeutung. Und aus Pyramidentexten erfahren wir, dass der König die Strahlen der Sonne als Rampen nutzen konnte, um in den Himmel aufzusteigen. Nach dieser Lesart wurde die Pyramide als materielle Manifestation des Immateriellen betrachtet, als in Stein verwandeltes Licht.

Anhänger einer anderen Theorie sehen in der Pyramide jedoch kein Sonnensymbol, sondern das Echo eines ursprünglichen Schöpfungsaktes. Der Sonnengott hatte drei Erscheinungsformen: Chepri (der Scarabäus oder Mistkäfer) am Morgen, Re am Mittag und Atum am Abend. Atum war der älteste der Schöpfergötter: Am Anfang, so eine Schöpfungsgeschichte, masturbierte Atum, und aus seinem Samen entstanden Schu, der Gott der Luft, und Tefnut, die Göttin der Feuchtigkeit. So erhielt das Universum ein Ordnungsprinzip.

Der Augenblick der kosmischen Fortpflanzung manifestierte sich in dem Hügel, der am Beginn der Zeit aus den abgrundtiefen Wassern der Formlosigkeit aufstieg. Die Pyramide könnte also auch den aus dem Chaos auftauchenden Urhügel symbolisieren.

Wie es auch immer gewesen sein mag, die Pyramidentexte teilen uns zweifelsfrei mit, dass der König zu den Sternen aufstieg. Und dies ist sehr wahrscheinlich auch die Erklärung für jene faszinierenden schmalen Schächte in den Wänden der Königskammer, die zum Sternbild Orion bzw. zu den Zirkumpolarsternen weisen: Sowohl im konkreten als auch im übertragenen Sinn sind es die Kanäle, über die Cheops zu den »Unzerstörbaren« aufstieg und seinen Platz unter den Sternen einnahm.

Die exakten Details dieser königlichen Raumfahrt variieren von Quelle zu Quelle. Demnach konnte der König mit Thot, dem Gott der Weisheit (dargestellt wurde Thot als Ibis), auf dem Rücken des Sonnengottes Chepri (in Gestalt eines Scarabäus) oder aus eigener Kraft aufsteigen. Die Reise war voller Gefahren und Wunderlichkeiten, die es mit denen in Dantes *Inferno* aufnehmen konnten. Der König traf einen Fährmann, dessen Kopf nach hinten gedreht war, und musste einen Zauberspruch zu seiner eigenen Verteidigung rezitieren, um den See im Jenseits zu überqueren. Gegen die weiblichen Affen, die ihn an dieser Überfahrt hindern und ihm den Kopf abschlagen wollten, musste er eine besondere Zauberformel anwenden: »Oh ihr Affen, die ihr Köpfe abschneidet, ich werde euch entfliehen ...« Aber schließlich gelangte er triumphierend in eines der vielen himmlischen Königreiche, wo er gereinigt, beköstigt, gekleidet und erneut gekrönt wurde, um dann zu herrschen, wie er es auf der Erde getan hatte, allerdings unendlich prunkvoller.

Die Umstände dieser astralen Reise werden zwar unterschiedlich wiedergegeben, aber allen Quellen liegt der Glaube zugrunde, dass der König zum Himmel aufstieg und dort herrschte. Mit den Worten aus einem der Pyramidentexte:

[Chor]
Hier kommt der, der emporsteigt, hier kommt der, der emporsteigt!
Hier kommt der, der klettert, hier kommt der, der klettert!
Hier kommt der, der auffuhr, hier kommt der, der auffuhr!

[König]

Ich steige empor auf den Schenkeln der Isis
Ich klettere hinauf auf den Schenkeln der Nephtys
Mein Vater Atum greift meine Hand
Und er führt mich zu den unübertroffenen und weisen Göttern,
Zu den ewigen Sternen.

Inzwischen feierte der Sohn und Nachfolger des Königs – der nun als die neue Inkarnation des Horus galt – auf der Erde den Aufstieg seines Vaters zum Himmel.

Mein Vater steigt auf in den Himmel zu den Göttern ...
Er steht dort als der Große Leitstern
und lernt die Sprache des Sonnenvolkes ...

DAS CHAOS ABWENDEN

Die in den Pyramidentexten vermittelten Glaubensvorstellungen machen deutlich, warum Cheops so viel Wert auf sein Grabmal legte. Der verwirrenden Fülle der ägyptischen Religion und Mythologie liegen einige sehr einfache Vorstellungen von der universellen Ordnung zugrunde. Demnach war die Welt aus dem Chaos entstanden und lief ständig Gefahr, wieder in dieses Chaos zurückzufallen. Die einzige Möglichkeit für die Menschheit, dies abzuwenden, bestand in der unablässigen Einhaltung der *Maat* – Gesetz, Korrektheit, Harmonie. Und der irdische Meister dieses ewigen Kampfes war der König.

Starb der König, waren die Grundlagen der Existenz für einen Augenblick gefährdet, denn er war der Sterbliche/Gott, der alle Riten und Zeremonien bewahrte, welche die Wirklichkeit zusammenhalten. Nur wenn die Anforderungen der *Maat* erfüllt wurden, so dass der König sicher in den Himmel aufsteigen und sein Nachfolger der neue (Horus) Gott auf Erden werden konnte, strömte das Chaos nicht in die Schöpfung zurück, um alles in universeller Dunkelheit zu begraben.

Einige der in vorangegangenen Kapiteln verwendeten Definitionen können nun verfeinert werden. Was ist eine Pyramide? Eine Pyramide ist eine Maschine, die den König in einen Gott verwandelt. Warum nahmen die Ägypter solche Anstrengungen auf sich, um die Große Pyramide zu bauen? Sie taten es, um das Ende der Schöpfung zu verhindern.

KAPITEL SECHS

REISEBERICHTE

DIE KLASSISCHE PERIODE

FRÜHE »TOURISTEN« IN ÄGYPTEN

Vorhergehende Seite
Dieses Mosaik aus dem
12. Jahrhundert im Markusdom
von Venedig zeigt die Pyramiden
als biblische Kornspeicher
Josephs. Diese Darstellung geht
auf eine Idee zurück, die erstmals
von den lateinischen Schrift-
stellern Julius Honorius und
Rufinius 700 Jahre vorher
geäußert wurde.

DIE ERSTEN »FREMDEN«, die die Pyramiden besuchten, waren die Ägypter selbst – wenn auch erst viel später als in der 4. Dynastie. Flinders Petrie schätzte, dass die Bauwerke erstmals während der Bürgerkriege geplündert wurden, die von der 7. bis zur 10. Dynastie (ca. 2150–2040 v. Chr.) wüteten. Zu dieser Zeit, so behauptete er, wurde der versiegelte Eingang der Großen Pyramide – dessen ungefähre Lage in der verbreiteten Überlieferung vermutlich noch bekannt war – gewaltsam geöffnet und Cheops' Grabkammer leer geräumt. Zu Beginn der 12. Dynastie (1991–1783 v. Chr.) wurde die Pyramide bereits als Steinbruch für den Bau einer kleineren Pyramide in Lischt genutzt.

Diese fast verächtliche Haltung gegenüber der Vergangenheit wurde schließlich von Neugier und sogar Verehrung abgelöst. Verschiedene Malereien an den Wänden zeigen, dass die großen Monumente der 3. und 4. Dynastie im Neuen Reich (1550–1070 v. Chr.) durch freundlicher gesinnte Besucher zu regelmäßigen Ausflugszielen geworden waren. Der Sphinx von Giseh wurde zu einem besonderen Wallfahrtsort; und noch später, in der 26. Dynastie (664–525 v. Chr.), wurden sogar Versuche unternommen, das Plateau als religiöses Zentrum wieder zu beleben.

DIE ANKUNFT DER GRIECHEN

Fundiertere schriftliche Aufzeichnungen beginnen erst viel später, nämlich mit der Ankunft der Griechen. Ägypten wurde nach der Eroberung durch Alexander den Großen 332 v. Chr. zum griechischen Besitz und unterstand fast 300 Jahre lang der Herrschaft der Ptolemäer, bis diese – 30 v. Chr. – von den Römern besiegt wurden. Aber bereits vor der Eroberung durch Alexander hatte es Besucher aus Griechenland gegeben: Angeblich bereiste der Philosoph Thales von Milet im sechsten vorchristlichen Jahrhundert das Land und verblüffte seine Führer, als er die exakte Höhe der Cheopspyramide berechnete, indem er ihren Schatten zu dem Zeitpunkt des Tages maß, an dem die Länge seines eigenen Schattens seiner Körpergröße entsprach.

In gewisser Hinsicht antizipiert diese Neugier der Griechen auf das neu erworbene Land die Zeit nach der französischen Invasion, Ende des 18. Jahrhunderts, als in Nordeuropa das Interesse an allem Ägyptischen, das bereits ein paar Jahrhunderte vorher eingesetzt hatte, immer mehr zunahm. Leider wurden einige der Schriften, die dieses frühe Interesse widerspiegeln, zusammen mit all den anderen literarischen Reichtümern der Antike zerstört, als die große Bibliothek von Alexandria sowie der angrenzende Sarapis-Tempel von christlichem Mob auf Befehl von Kaiser Theodosius etwa um 389 n. Chr. in Brand gesteckt wurden. Zu den Autoren, deren Berichte über die Pyramide in Vergessenheit geraten oder nur in kaum zu entziffernden Fragmenten erhalten sind, gehören unter anderem Alexander Polyhistor, Antisthenes, Apion, Artemidorus von Ephesos, Aristagoras, Butoridas, Demetrius von Phaleron, Demoteles, Duris von Samoa, Dionysos von Halikarnassos und Euhumerus.

Der vielleicht schlimmste Verlust ist der der dreißigbändigen *Ægyptiaca* oder *Geschichte Ägpytens*, die Ptolemäus I. angeblich um 250 v. Chr. bei einem ägyptischen Priester namens Manetho in Auftrag gegeben haben soll. Dank erhaltener Kommentare zu Manethos Werk aus späterer Zeit, beispielsweise von Autoren wie Josephus (Ende des ersten nachchristlichen Jahrhunderts), Africanus (3. Jh. n. Chr.) und Eusebius (4. Jh. n. Chr.), ist der Inhalt der verbrannten Seiten heute teilweise bekannt. In Übereinstimmung mit Manethos Systematik teilen wir die Geschichte Ägyptens noch immer in 30 bis 31 Dynastien ein; Josephus sind die Ursprünge des noch immer verbreiteten Glaubens zu verdanken, die Hebräer seien im ägyptischen Exil zur Arbeit an den Pyramiden gezwungen worden – eine Behauptung, die seit weit über 1000 Jahren widerlegt ist.

Herodot, Autor der wertvollsten klassischen Beschreibung der Großen Pyramide.

HERODOT

Der erste umfassende Bericht über die Pyramiden stammt von Herodot, den viele (nach dem Urteil des römischen Senators und Redners Cicero) als »Vater der Geschichtsschreibung«, skeptischere Leser jedoch (nach Meinung seines Nachfolgers und Rivalen Plutarch) als »Vater der Lügen« kennen.

Das Hauptthema seiner Werke, die heute meist *Historien* genannt werden, obwohl sein eigenes Wort dafür eher *Forschungen* entsprach, war die Beziehung zwischen

»Europa« – womit er hauptsächlich Griechenland meinte – und den bekannten Regionen von Afrika und Asien. Wie ein guter Journalist stellte Herodot jedem, dem er auf seinen Reisen begegnete, Fragen und versuchte, bedeutende Orte selbst zu besichtigen. Das daraus entstandene Werk ist eine kuriose Mischung aus fast wissenschaftlicher Genauigkeit und barem Unsinn, denn obwohl er nichts hinzu gedichtet zu haben scheint und manchmal auch äußerst realistisch sein konnte, neigte er dazu, seine Informanten unkritisch zu sehen und deren wildeste Behauptungen einfach aufzuschreiben.

Herodots Bericht über Ägypten wurde bereits im zweiten Kapitel hinzugezogen; er ist noch immer eine unschätzbare Informationsquelle, aber nur, wenn man ihn mit Vorsicht genießt. So beginnt er seine Schilderung der Großen Pyramide beispielsweise mit einer der zweifelhaftesten aller Behauptungen:

»Bis zum Tod von Rhampsinitos, sagte der Priester, wurde Ägypten vorbildlich regiert und florierte, aber nach ihm kam Cheops auf den Thron und erging sich in vielerlei Boshaftigkeiten. Er schloss die Tempel, verbot den Ägyptern, Opfer darzubringen und zwang stattdessen alle, in seinen Diensten zu arbeiten. Einige mussten Steinblöcke aus den Steinbrüchen in den arabischen Bergen zum Nil herunterziehen, andere nahmen die Blöcke in Empfang, nachdem sie mit Booten über den Fluss gebracht worden waren, und schleppten sie die libyschen Berge hinauf ...«

Diese Passage ist der Ursprung des Irrglaubens, die Cheopspyramide sei von Sklaven gebaut worden. Aufgrund dessen, was wir über Herodots Methoden als Schriftsteller wissen, gibt es kaum Zweifel, dass er das, was man ihm erzählte, exakt wiedergab – aber leider erzählte man ihm viele Ammenmärchen. Es gibt nicht den geringsten Beweis dafür, dass Cheops ein schlimmerer Herrscher war als seine Vorgänger, und gewiss auch nicht dafür, dass er, als ihm die Mittel ausgingen, seine Tochter in ein Freudenhaus schickte (siehe S. 87).

Herodots Version vom Aufbau und den Dimensionen der Pyramide war recht genau. Seine Beschreibung der Bauweise stimmt zwar nicht unbedingt mit den neuesten Erkenntnissen überein, weist aber darauf hin, dass sie in Stufen gebaut wurde und eine sehr große Rampe erforderlich war. Seine Schätzung, dass »hunderttausend Männer« 20 Jahre brauchten, um den Bau zu vollenden, mag ein Körnchen Wahrheit enthalten, wenn sie auch sehr ungenau war. Wirklich mysteriös ist der Hinweis auf die »unterirdischen Kammern, die Cheops als Gewölbe für sich bestimmte: Sie wurden auf einer Art Insel gebaut, die von einem Nilkanal umspült war.« Die meisten Erforscher des Giseh-Plateaus betrachten dies jedoch als Mythos oder wirren Volksglauben.

Von den klassischen Autoren, die in Herodots Fußstapfen traten, fügten zwar nur wenige seinem Bericht etwas nennenswertes hinzu, aber einige bieten nüchterne und präzise Informationen aus erster Hand, die durchaus lesenswert sind. Diodorus Siculus, ein Zeitgenosse von Julius Cäsar, litt noch stärker als Herodot unter der Untugend, das, was er gehört oder gelesen hatte, mit dem zu vermischen, was er mit eigenen Augen gesehen hatte. Er war es auch, der berichtete, die Kalksteinverkleidung der Großen Pyramide sei »vollständig, ohne den geringsten Verfall« erhalten – was Mitte des ersten vorchristlichen Jahrhunderts wohl kaum mehr der Fall gewesen sein dürfte.

STRABO

Der nächste bedeutende Berichterstatter war Strabo, der etwa ein halbes Jahrhundert später, um 24 v. Chr., an den Nil reiste. Zu dieser Zeit war Ägypten eine Provinz des Römischen Reiches. Strabos 40 Bände umfassende *Historische Kommentare*, in denen er vermutlich auch ausführlich auf Giseh einging, haben leider nicht überlebt; erhalten geblieben ist nur ein Werk, das trotz seines beträchtlichen Umfangs im Grunde eine Art Anhang ist. Strabos Bericht ist überwiegend nüchtern und wissenschaftlich; seine *Geographie* ist so präzise, dass der Franzose Auguste Mariette (siehe S. 143 ff.) sie bei seinen Ausgrabungen in Sakkara im 19. Jahrhundert als Führer verwendete. Leider ist Strabos Beschreibung der Pyramide sehr kurz, sie zeichnet sich allerdings durch ein interessantes Detail aus, das in keiner anderen klassischen Quelle erwähnt wird; die Rede ist von einem beweglichen Stein, der als Eingang zum absteigenden Gang der großen Pyramide dient: »ein Stein, den man herausnehmen kann – wenn man ihn anhebt, sieht man dahinter einen steil abfallenden Gang.«

Strabo schrieb über die Cheopspyramide, sie habe einen beweglichen Stein als Eingang.

Diesen Bericht nahm der britische Archäologe Flinders Petrie ernst, der zapfenartige Löcher in einem korrespondieren Teil der Knickpyramide in Dahschur entdeckt hatte und ein Diagramm zeichnete, das zeigte, wie diese Falltür funktioniert haben könnte. Wenn sie wirklich existiert hat, muss sie erst sehr spät, vermutlich für griechische und römische Touristen, hinzugefügt worden sein. Strabo schreibt über den absteigenden Gang, er reiche 114 Meter tief bis in eine Grube, in der es von Ungeziefer wimmele – die Felsenkammer – und an deren Decke mit rußigen Fackeln Initialen geschmiert seien. Daraus könnte man schließen, dass die Felsenkammer für römische »Touristen«, die es sich leisten konnten, ein beliebtes Exkursionsziel war.

PLUTARCH UND PLINIUS DER ÄLTERE

Einer der interessantesten Beiträge zu dieser Geschichte stammt von einem anderen bedeutenden Historiker; Plutarch (dessen *Parallelbiographien* die Quelle von Shakespeares römischen Dramen waren). Der Erzfeind von Herodot schrieb im ersten Jahrhundert n. Chr. ein langes Essay mit dem Titel »Über die Bosheit des Herodot«, in dem er seinem Vorgänger viele Vergehen vorwarf, von denen nicht das geringste die »Philobarbarei« war, d. h. Plutarch war der Meinung, Herodot schenkte diesen schrecklichen Nichtgriechen zuviel Glauben. Hierin zeigt sich ein kultureller Bruch, der sich bis heute fortsetzt: Auf der einen Seite diejenigen, die das Genie der alten Ägypter herunterspielen und auf der anderen Seite die, die es überhöhen. Ein weiterer berühmter Vertreter des antiägyptischen Lagers war Plutarchs Zeitgenosse Plinius der Ältere, der sich in seiner *Naturgeschichte* (Band XXXVI) sehr abfällig über die Vulgarität des Unternehmens auf dem Giseh-Plateau äußerte: »Wir werden auch beiläufig die Pyramiden erwähnen, die sich ebenfalls im Lande Ägypten befinden – diese müßige und dumme Zurschaustellung königlichen Reichtums. Denn der eigentliche Grund ihres Baus ist die Absicht jener Könige, ihre Schätze zu erschöpfen, statt sie ihren Nachfolgern oder Rivalen zu überlassen, und das Volk vom Müßiggang abzuhalten.«

DIE CHRISTLICHE KULTURREVOLUTION

Die klassische Periode der Schriften über Ägypten im Allgemeinen und über die Pyramiden im Besonderen endete mit dem Machtverlust Roms. Man kann unter die Geschichte des Alten Ägypten im Jahr 312 n. Chr. einen Strich ziehen; als Kaiser Konstantin zum Christentum konvertierte und Ägypten für die folgenden 300 Jahre zur christlichen Provinz des römischen Imperiums wurde. Seit dieser Zeit hat sich die oft wiederholte Legende hartnäckig gehalten, die alten Ägypter seien im Besitz eines geheimen Wissens gewesen – einer *prisca sapientia* –, das verloren ging. In gewisser Hinsicht stimmt dies sogar, denn die Ägypter, oder zumindest die oberen Klassen, konnten Hieroglyphen lesen.

Die koptischen Christen, die jetzt Ägypten kontrollierten, betrieben die Zerstörung der Überreste ihrer heidnischen Vorfahren mit einer Grausamkeit, die denen fundamentalistischer Bewegungen späterer Jahrhunderte in nichts nachsteht. Die vollzogene kulturelle Säuberung war so gründlich, dass sie fast jede Chance ausradierten, Hinweise auf die Entschlüsselung dieser Schrift zu finden.

Oben Plutarch, dargestellt in einem Stich von Tucher, 1837.

Unten Plinius der Ältere.

Bis zum Durchbruch des Franzosen Jean-François Champollion, der das Geheimnis schließlich lüftete, gab es über 15 Jahrhunderte nicht einen einzigen Menschen, der die Sprache einer der größten Zivilisationen der Welt lesen konnte.

VOM MITTELALTER BIS ZUR AUFKLÄRUNG

AL-MAMUNS EINBRUCH

Die nächste Gruppe von Invasoren waren die Araber, die Ägypten 642 n. Chr. eroberten. Einige Gelehrte behaupten inzwischen, dass zu dieser Zeit auch die ersten vagen Anzeichen der europäischen Renaissance zu erkennen waren. Zum Teil durch die praktische Notwendigkeit getrieben, eine umfassende militärische Flotte aufzubauen und die Kunst der Navigation zu beherrschen, die u. a. Kenntnisse in Astronomie, Geographie und Mathematik erfordert – zum Teil aufgrund einer uneigennützigeren Neugier, übersetzten die Araber alles, was sie über diese Themen bei griechischen Autoren wie Plato, Aristoteles, Euklid und Galen finden konnten.

Eine der Schlüsselfiguren dieses intellektuellen Revivals war Abdullah al-Mamun, Sohn des Kalifen Harun al-Raschid aus *Tausendundeiner Nacht*; Gibbon beschreibt ihn in seiner *Geschichte des Verfalls und Untergangs des Römischen Reiches* als »Prinz von außergewöhnlicher Gelehrsamkeit, der mit Vergnügen und Bescheidenheit an den Versammlungen und Disputationen der Gelehrten teilnahm.« Nachdem er 813 n. Chr. den Thron bestiegen hatte, setzte sich al-Mamun energisch für die Förderung der Bildung ein und gründete Universitäten, finanzierte Gelehrte und Übersetzer und ließ Himmels- und Landkarten erstellen.

Es war fast unvermeidlich, dass die Große Pyramide erneut zum Objekt der Aufmerksamkeit wurde, besonders da in einer der Legenden behauptet wurde, in ihr befinde sich eine geheime Kammer voller Himmels- und Landkarten. Den arabischen Chroniken zufolge reiste al-Mamun im Jahr 820 n. Chr. mit einem Gefolge von Steinmetzen, Ingenieuren und Architekten nach Giseh, um nach dem Eingang der Pyramide zu suchen. Wenn er noch immer von Strabos Falltür versperrt war, so muss diese Vorrichtung eine vorzügliche Arbeit gewesen sein, denn al-Mamuns Team gab schon bald ratlos auf.

Oben rechts Al-Mamun drang gewaltsam in die Große Pyramide ein und legte diesen Gang westlich der Mittelachse zehn Steinlagen unter dem ursprüngliche Eingang an.

Oben links Granitriegel, die ursprünglich den aufsteigenden Gang blockierten und von al-Mamuns Männern umgangen wurden.

Dann entschloss sich al-Mamun zu direkteren Methoden und befahl seinen Männern, sich mit roher Gewalt einen Weg durch den Stein zu bahnen. Aber sie hatten wieder kein Glück, denn das Mauerwerk war zu stark für ihre kleinen Hämmer und Meißel. Also gingen sie zu einer noch schonungsloseren Methode über: An der Oberfläche der Steine entfachten sie riesige Feuer, die glühend heiß wurden; dann gossen sie kalten Essig darüber, bis die Steine aufplatzten und mit einem Rammbock entfernt werden konnten.

Es war eine brutale, aber effektive Methode. Al-Mamuns Männer arbeiteten sich etwa 30 Meter tief ins Innere der Pyramide vor. Bis zu diesem Punkt sind die Details von al-Mamuns Unternehmen weitgehend belegt, wenn auch nicht vollkommen unbestritten. Der Tunnel jedenfalls ist vorhanden – zehn Lagen zu tief und zu weit westlich, aber noch immer intakt – und wird heute als Touristeneingang genutzt.

Der Bericht über al-Mamuns Ausgrabungen gleicht zu einem großen Teil eher einem charmanten Mythos als nüchterner Geschichtsschreibung. Eine der schillerndsten Versionen stammt von einem Historiker mit dem äußerst klangvollen Namen Abu Abdallah Mohammed ben Abdurakin al-Kaisi.

»Die Männer waren kurz davor aufzugeben, als sie das Geräusch eines losen Steins weiter östlich bemerkten. Sie gruben weiter in diese Richtung und stießen schließlich auf den absteigenden Gang –, außerordentlich dunkel, furchtbar anzusehen und schwierig zu durchqueren. Auf dem Boden lag ein Stein, der sich durch die Grabungen aus der Decke gelöst hatte. Sie kletterten den Gang hinauf und fanden den wirklichen geheimen Eingang, krochen dann wieder hinab und entdeckten die von Strabo beschriebene scheußliche Grube.

Als sie zu dem herabgestürzten Stein zurückkehrten, schauten sie durch das Loch, das er in der Decke hinterlassen hatte, und sahen die Kante eines rechteckigen roten Granitriegels – ein Detail, das von Strabo und anderen klassischen Autoren nicht erwähnt wird. Sie versuchten, ihn zu entfernen, mussten jedoch feststellen, dass er nicht nur zu hart, sondern auch durch das Gewicht mehrerer Tonnen eingeklemmt war. Waren sie auf einen versteckten Schatz gestoßen? Statt sich durch den Granit zu arbeiten, schlugen sie den weißeren Kalkstein um ihn herum fort. Etwa zwei Meter hinter diesem befand sich ein weiterer, ebenso fest eingekeilter Blockierstein; dahinter ein weiterer und dahinter ein weiterer ...

Schließlich, über 20 Blockiersteine später, stießen die Männer von al-Mamun auf weicheres Gestein. Jetzt konnten sie schneller graben und erreichten schon bald einen schmalen, absteigenden Korridor. Sie folgten ihm, bis sie über sich ein schwarzes Nichts und vor sich einen niedrigen horizontalen Gang erblickten, an dessen Ende sich ein großer Raum mit einem Giebeldach und einer leeren Nische in einer Wand befand. Da die Araber für Frauen giebelförmige und für Männer flache Gräber bauten, entschieden sie, dies müsse die Königinnenkammer sein. Sie hofften auch, die Nische könne zu einer zweiten Kammer führen, gaben den Versuch eines Durchbruchs jedoch auf, nachdem sie etwa einen Meter tief in das Mauerwerk eingedrungen waren.

Als sie in den aufsteigenden Gang zurückgekehrt waren, versuchten sie herauszufinden, was sich über ihnen befand, und leuchteten mit ihren Fackeln so hoch sie konnten. Sie entdeckten Halterungsnischen in den Seitenwänden und vermuteten richtig, dass der Boden der ansteigenden Kammer einst ununterbrochen nach oben verlaufen war und den Zugang zur Königinnenkammer versperrt hatte. Nachdem einige der Männer auf die Schultern der anderen geklettert waren, konnten sie schließlich sehen, dass sie sich jetzt am Fuß einer schmalen, aber imposanten Galerie aufhielten, die ins Dunkle aufstieg.

In der Mitte war die Galerie sehr glatt, aber seitlich befanden sich Rampen, die Halt boten. Sie kletterten mit hochgehaltenen Fackeln weitere 36 Meter über die Rampen nach oben, bis sie eine große steinerne Plattform erreichten. Diese führte in eine Vorkammer ...«

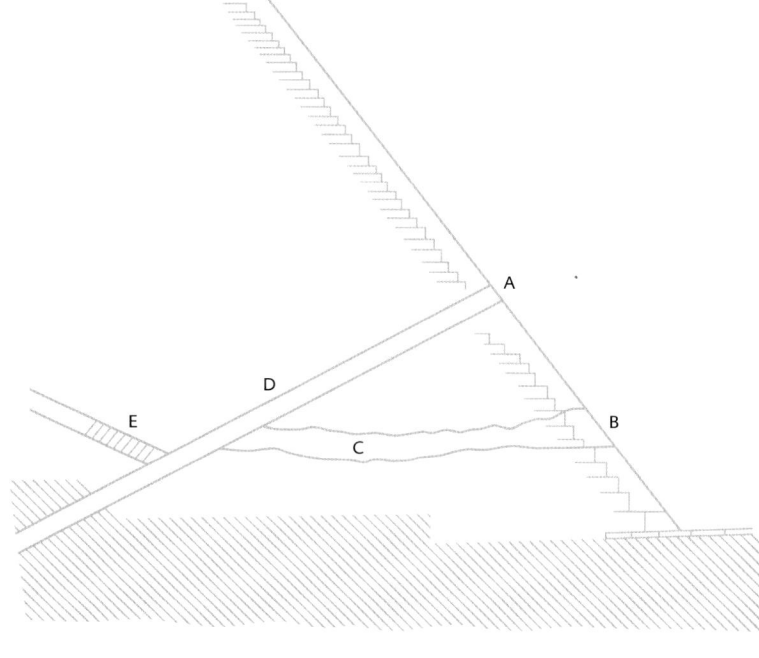

Querschnitt, der al-Mamuns
Weg in die Pyramide zeigt.

A Ursprünglicher Eingang

B Al-Mamuns Eingang

C Von al-Mamun angelegter Gang

D Absteigender Gang

E Granitriegel

Der Rest der Geschichte dürfte inzwischen bekannt sein. Die Königskammer war bis auf einen verlassenen Steinsarkophag leer. Bitter enttäuscht hackten die Araber in blinder Wut auf die Wände ein. Um sie zu besänftigen ließ al-Mamun angeblich von Dienern dort Gold deponieren, das seine Männer dann entdecken konnten. Die Araber zogen sich zurück, und in den nächsten drei bis vier Jahrhunderten sollte niemand mehr in die Pyramide eindringen.

Diese Geschichte ist zweifellos abenteuerlich, aber weder mit anderen historischen Quellen noch mit dem gesunden Menschenverstand zu vereinbaren. Wenn die Königskammer geplündert worden war, warum war dann das System der Granitblöcke noch immer vollkommen intakt? Wenn sie nicht geplündert worden war, warum hatten die Erbauer der Pyramide solche ungeheuren Anstrengungen und Gefahren auf sich genommen, um ein leeres Grab zu schützen? Dennoch behält die Geschichte ihren Wert: selbst wenn es nicht al-Mamun war, der die Königinnen- und die Königskammer als Erster entdeckte, mussten sich Dinge ereignet haben, die mit den von arabischen Chronisten beschriebenen in den meisten Details übereinstimmen – vermutlich (wie Petrie schätzte) irgendwann in der Antike. Die Tatsache, dass der gewissenhafte Strabo den aufsteigenden Gang nicht erwähnt hat, bedeutet entweder, dass er lange vor seinem Besuch wieder versiegelt worden war (und dies wird allgemein als die wahrscheinlichere Option betrachtet) oder dass der erste Einbruch zwischen der römischen und der arabischen Herrschaft stattfand.

LEGENDEN UND PLÜNDERER

Fairerweise sollte man al-Mamun einigermaßen lautere Motive für die »Grabplünderung« zugestehen, er ging die Aufgabe in einem wissenschaftlichen Geist an und sollte für sehr lange Zeit der Letzte sein.

Im 12. Jahrhundert besichtigte ein gelehrter Reisender aus Navarra, Rabbi Benjamin ben Jonah, die Bauwerke auf dem Giseh-Plateau und kam zu dem Schluss, dass sie durch Zauberei entstanden sein müssten. Im 13. Jahrhundert gestand der Historiker Abd-al-Latif, er sei vor abergläubischer Ehrfurcht so überwältigt gewesen, als er das Innere der Cheopspyramide betrat, dass er in Ohnmacht gefallen sei und heraus getragen werden musste.

In einem »Sir John Mandeville« zugeschriebenen Reisebuch aus dem 14. Jahrhundert wird berichtet, der Autor habe es nicht gewagt, die Pyramide zu betreten, weil es darin von unzähligen Schlangen wimmelte; aber da das gesamte

Buch ein amüsantes Paket von Klatschgeschich-
ten war, das ein Notar aus Lüttich zusammengestellt hatte, ist auch dies entweder blanker
Unsinn oder spiegelt eine allgemein verbreitete
Vorstellung wider. Vermutlich stimmt Letzteres, da Mandeville über die Pyramiden von
Giseh auch berichtete, dass »manche sagen, sie
seien Grabstätten großer Herren und einst, aber
das stimmt trotz aller dort nah und fern umge-
henden Gerüchte nicht, die Kornkammern
Josephs gewesen.«

Ein geplündertes Grab, 1923
in einer schwedischen Zeitschrift
dargestellt, als die Ägyptomanie
nach der Entdeckung von
Tutanchamuns Grab im Jahr
zuvor ihren Höhepunkt erreicht
hatte.

    Diese Geschichte war so verbreitet, dass sie
sogar in die Berichte von Reisenden Eingang fand, die die Pyramiden mit eigenen
Augen gesehen zu haben scheinen und daher den Unsinn dieser Interpretation
erkannt haben müssten – ein anschauliches Beispiel für den Triumph des Vorur-
teils über die Wahrnehmung. Dieser weit verbreitete Irrtum ist auch in einem
Mosaik aus dem 12. Jahrhundert verewigt, das heute noch im Markusdom von
Venedig besichtigt werden kann; es zeigt biblische Arbeiter, die Garben in einen
Kornspeicher stapeln. Vermutlich infolge künstlerischer Stilisierung und nicht
in Unkenntnis ihrer tatsächlichen Proportionen, sind die Pyramiden in diesem
Mosaik nur doppelt so groß wie ein Mensch abgebildet.

    Nicht jeder ließ sich von den unheimlichen Geschichten abschrecken, beson-
ders wenn er Legenden anderer Art gehört hatte, in denen von großen Schätzen
die Rede war. Angeblich galt Grabraub im 14. Jahrhundert in Kairo als durchaus
ehrbarer Beruf, und der aufstrebende Grabräuber konnte sogar Bücher darüber
kaufen, um sich zu informieren. Aber die wenigsten dieser Bücher waren besonders genau: Der arabische Text, der als *Das Buch der begrabenen Perlen – The Book
of Buried Pearls (... and of the precious Mystery, giving Indications regarding the
Hiding Place of Finds and Treasures*, so der volle Titel) bekannt war, erzählte dem
leichtgläubigen Käufer: »Beim Betreten der Pyramide wirst du rechts und links
viele Räume und vor dir eine große Halle sehen, in der sich der Leichnam eines
der ersten Könige Ägyptens befindet. Dieser König ist von weiteren Königen
und von seinem Sohn umgeben, die alle in goldbestickte, mit Edelsteinen besetzte Gewänder gehüllt sind. Dicht neben ihnen siehst du Berge von Silber,
Rubinen, feinen Perlen, goldene und silberne Statuen und Götzenbilder. In diesem großen Haufen musst du nach einer Nische mit kostbaren Holzintarsien
suchen, die eine Grotte umgibt. In dieser Grotte findest du einen großen Mono-

lithen, der, wenn du ihn zur Seite schiebst, einen Schacht öffnet, den die Heiden mit großen Mengen Silber gefüllt haben.

Nehmt soviel ihr wollt.

Gott ist weise.«

Im Jahr 1900 erklärte ein Konservator, dieses kleine Buch habe mehr antike Monumente zerstört, als alle ägyptischen Kriege zusammen.

DIE RÜCKKEHR DER EUROPÄER

Ein wichtiger Ansporn für das neu erwachte Interesse der Europäer an der Großen Pyramide waren die Kreuzzüge im 11. und 12. Jahrhundert. Soldaten, die aus dem heiligen Krieg zurückkehrten, beeindruckten ihre zu Hause gebliebenen Landsleute gerne mit Geschichten über die Wunder, die sie im Osten gesehen hatten. Aber schließlich brachte eine ernsthaftere und weitreichendere Form dieses Interesses an allem Östlichen in Italien einen neuen Typ des Denkers hervor. Schulkinder lernen meist, dass die Renaissance aus der Wiederentdeckung der Errungenschaften der griechischen und der römischen Antike entstand. Darüber hinaus erfahren sie jedoch nur selten, dass einige der Begründer der Renaissance eine ebenso große Bewunderung für Ägypten hegten, das allgemein als Ursprung allen Wissens und der Künste betrachtet wurde.

Zu einem entscheidenden Moment in dieser Entwicklung kam es 1460, als der Florentiner Staatsmann und Kunstmäzen Cosimo de' Medici den großen Gelehrten und Philosophen Marsilio Ficino mit der Übersetzung des *Corpus Hermeticum* von Hermes Trismegistos beauftragte. Die eigentliche Natur dieses merkwürdigen Werkes wird noch immer heftig diskutiert: Einige behaupten, es sei, wie man in der Renaissance glaubte, tatsächlich altägyptischen Ursprungs, und datieren es weit vor dem fünften Jahrhundert vor Christus; andere siedeln es nach Plato im dritten vorchristlichen Jahrhundert an, und wieder andere vertreten die Meinung, es sei erst im zweiten oder dritten Jahrhundert nach Christus verfasst worden. Die zutreffende Interpretation ist wohl die, dass es sich um eine Sammlung von Texten aus der Zeit zwischen dem sechsten Jahrhundert vor Christus und dem zweiten Jahrhundert nach Christus handelt.

Wie alt es auch sein mag, zwei Punkte sind zumindest klar: Erstens, dass jener »Hermes Trismegistos«, der dieses Werk verfasst haben soll, traditionell mit Thot, dem ägyptischen Gott der Weisheit identifiziert wurde – eine der wichtigsten Gottheiten im antiken Pantheon und, besonders in der ptolemäischen Periode, Objekt eines bedeutenden Kults. Zweitens hielten viele Denker der Renaissance dieses Werk für den Universalschlüssel zu verlorenem Wissen.

Unter dem Einfluss von Ficinos Übersetzung und späterer Beiträge des Mystikers Pico della Mirandola war zuerst in Italien und dann auch im restlichen Europa ein nahezu an Ehrfurcht grenzender Respekt vor dem Alten Ägypten zu beobachten. Zwischen dem 15. und dem 17. Jahrhundert wollten angeblich mehr Europäer nach Ägypten als nach Griechenland reisen. Einer glaubwürdigen Schätzung in Serge Saunerons *Collection des voyageurs occindentaux en Egypte* (1970) zufolge, wurden zwischen 1400 und 1700 über 250 Beschreibungen des Landes veröffentlicht. Aber die Reise dorthin konnte ein gefährliches Unterfangen sein. Im Jahre 1581 besuchte der französische Reisende Jean Palerme die Große Pyramide und berichtete, dass »ein Herr, der unbedingt den Aufstieg wagen wollte, auch wirklich den Gipfel erreichte, aber [...] einen Schwindelanfall erlitt, abstürzte und am Boden zerschmetterte. Die zermalmten Überreste sahen nicht mehr aus wie ein menschliches Wesen.«

In manchen Fällen verbarg sich hinter dieser Faszination von Ägypten noch immer der Glaube an ein verlorenes Wissen, aber in diesem Fall war die Suche eher praktischer als esoterischer Natur. Obwohl das Zeitalter der großen Entdeckungen zu intensiven Aktivitäten unter Astronomen und Geographen geführt hatte, waren noch immer viele Fragen ungeklärt. Konnten vielleicht die alten Ägypter weiterhelfen? Einige waren davon überzeugt: der Mailänder Wissenschaftler Girolamo Cardano, ein guter Freund von Leonardo da Vinci, postulierte, in Ägypten habe man Rechenmethoden gekannt, die von den Griechen nur unzureichend überliefert worden seien (Pythagoras selbst, so hieß es, hätte etwas in diesem Sinne gesagt.) Es schien plausibel, dass die Pyramiden von Giseh die genauen Dimensionen der Erde symbolisieren und auch eine exakte Maßeinheit darstellen sollten. Cardano führte dies nicht unbedingt auf ein mystisches oder okkultes Wissen der Ägypter zurück, sondern schrieb ihnen einfach eine höhere Begabung in der Mathematik zu.

Trotz dieses regen und vielfältigen Interesses begannen seriöse Expeditionen zu den Pyramiden erst im 17. Jahrhundert. Ein Reisender namens Jean de Thevenot (1633–1667) kam 1652 nach Ägypten, fuhr nach Giseh und vermaß die Große Pyramide innen wie außen recht genau. Leider scheint er mehr von müßiger Neugierde als von einem nobleren Ziel getrieben gewesen zu sein. Aber etwa zur gleichen Zeit, als Thevenot sich mit seinem Notizbuch beschäftigte, legte eine führende intellektuelle Figur in Europa die ersten wirklichen Grundsteine für eine neue geisteswissenschaftliche Disziplin.

ATHANASIUS KIRCHER – DER ERSTE ÄGYPTOLOGE

Der Jesuit und Universalgelehrte Athanasius Kircher (1602–1680) war zwar nie in Ägypten, gilt aber allgemein als der erste Ägyptologe. Auch wenn er von vielen späteren Kommentatoren nicht ernst genommen wird, sind seine Errungenschaften auf diesem wie auf vielen anderen Gebieten, mit denen sich sein scharfer Verstand beschäftigte – von Vulkanologie und Optik bis zu Musik und Magnetismus – wirklich bemerkenswert.

Er begeisterte sich bereits 1628 für Ägypten, als er ein Buch mit Illustrationen der Hieroglyphen fand, die zu dieser Zeit als rein dekorativ angesehen wurden. Kircher erkannte sofort, dass sich mehr hinter ihnen verbergen musste. Gelehrte halten *Oedipus Ægyptiacus* (1652–1654) für sein größtes Werk, dessen Titelbild einen unglaubwürdig jungen, athletischen und heroisch aussehenden Kircher in knielangen Hosen zeigt, wie er sich zu einer winzigen, fast niedlich anmutenden Sphinx wendet. Kircher vermutete richtig, dass es irgendeine Verbindung zwischen der koptischen Sprache und der des pharaonischen Ägypten geben musste, ging dieser brillanten Spur aber nicht nach, weil er die Hieroglyphen eher symbolisch und nicht linguistisch interpretierte. Wegen dieser Obsession wurde er von vielen verspottet, aber anders als Champollion, der schließlich »den Code knackte« (siehe S. 137–140), besaß er nur wenige Hinweise auf den Fehler in seinem Ansatz – mit Sicherheit keinen Stein von Rosette. Seine »Übersetzungen« der hieratischen Inschriften wurden in gutem Glauben angefertigt, sind aber reine Phantasie.

Kircher veröffentlichte zwei weitere ägyptologische Werke, *Obeliscus Ægypicanus* (1666) und *Sphinx Mystagoga* (1676), zu dem er durch die Mumienkisten inspiriert wurde, die nach Europa gebracht worden waren. Aber erst in seinem letzten großen Werk, *Turris Babel* (1679), widmet er sich ausführlich der Großen Pyramide selbst. Die Illustration, die nach seinen eigenen Angaben angefertigt wurde, ist merkwürdig (sie zeigt den Sphinx als weibliche Büste im griechischen Stil) und irreführend zugleich (sie zeigt Eingänge an der Basis zweier Pyramidenseiten sowie eine Treppe, die zu Grabkammern hinabführt). Dennoch vermittelt sein Werk sowohl die erstaunliche Größe als auch die Grundstruktur des Inneren der Pyramide.

Kirchers Vorstellung von der Pyramide basierte auf einem Bericht des aristokratischen Reisenden Prinz Radziwill; er schrieb ihren Bau »Chemis« zu. Chemis ist eine griechische Form des Namens »Cheops«, den er mit »Cham« oder Ham gleichsetzte – so hieß der rebellische Sohn Noahs. (Kircher war der Meinung, dass

Portrait von Kircher im Alter von 62 Jahren, 1664.

die Flut 2396 v. Chr. stattgefunden hatte, 1567 Jahre nach der Schöpfung. Nebenbei bemerkt ist 2396 keine schlechte Schätzung für den Bau der Pyramide.) Nachdem die Flut zurückgegangen war, hatte Ham die Aufgabe, Ägypten zu kolonisieren; der fromme Kircher schrieb alle nachfolgenden religiösen »Irrtümer« Ham und seinen Nachkommen zu, »von denen, wie aus einem trojanischen Pferd, alle antiken Philosophien über die Ewigkeit und Pluralität der Welten, das Leben und die Göttlichkeit der Sterne kamen, die absurden Dogmen der Metempsychose und der Seelenwanderung, die der Gottlosigkeit Tür und Tor geöffnet haben.«

Kircher glaubte, die Religion des Alten Ägypten sei die Quelle aller falschen Pfade der Spiritualität, vom pantheistischen Glauben der Griechen und Römer bis zu »heidnischen« Glaubensvorstellungen in Indien, China, Japan sowie Nord- und Südamerika. So gesehen hatte die Große Pyramide in der Tat eine enorme Bedeutung. Kircher glaubte auch, die pyramidale Gebäudeform, die von China bis Südamerika überall zu finden war (er hatte Cortés' Beschreibung der mexikanischen Pyramiden gelesen), sei ein weiterer Beweis dafür, dass die altägyptische Religion und die entsprechende religiöse Architektur in der gesamten nichtchristlichen Welt verbreitet gewesen waren.

Leider bewegte sich Kircher in seinem späteren Leben nie weit von Rom fort, er war ein ebenso scharfsichtiger wie brillanter Mann und hätte wesentlich mehr von dauerhaftem Wert zu der Disziplin beitragen können, die er gerade ins Leben gerufen hatte.

Oben links Titelbild von Kirchers *Oedipus Ægyptiacus* (1652–1654).

Oben rechts Illustration der Großen Pyramide aus Kirchers *Turris Babel* (1679).

JOHN GREAVES

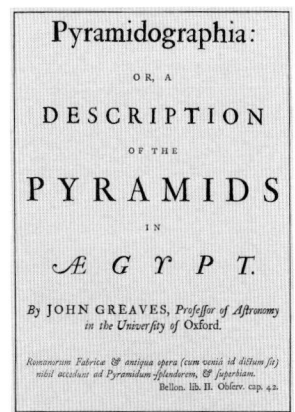

Oben Titelseite von John Greaves' *Pyramidographia* (London, 1646).

Unten John Greaves, der die Pyramiden von Giseh 1638 mit beispielloser Genauigkeit vermaß.

Im Jahr 1638 reiste der junge englische Mathematiker und Astronom John Greaves (1602–1652) nach Ägypten. Wie al-Mamun vor ihm, hoffte auch er, in der Großen Pyramide Hinweise auf die Dimensionen der Erde zu finden, besonders auf ihren Umfang. Mit keinem Geringeren als dem Erzbischof von Canterbury als seinem Förderer, kaufte Greaves Messinstrumente (darunter ein kunstvoll gearbeiteter, drei Meter langer Messstab, der in zehntausend Einheiten unterteilt war) und weitere Ausrüstungsgegenstände. Sein erstes Ziel war es, die alte Maßeinheit der Pyramidenbauer festzustellen – war es beispielsweise der römische Fuß, die Handbreit, der Schritt oder vielleicht die Elle?

Nachdem er an der Großen Pyramide angekommen war, entfernte Greaves einen 12 Meter hohen Schutthaufen und ließ sich voller Angst in den absteigenden Gang herab. Fast augenblicklich war er von einem dichten Schwarm Fledermäuse umgeben, die »ausgesprochen häßlich und über einen Meter lang« waren. Aber da er ein tapferer Mann und ein guter Gelehrter war, machte er weiter und verfolgte den Weg der früheren Entdecker zum aufsteigenden Gang, zur Königinnenkammer (die so penetrant nach Ungeziefer roch, dass er es nicht wagte, sie zu betreten), zur Großen Galerie und schließlich zur Königskammer. Hier notierte er, mithilfe seines Messstabes, die exakten Abmessungen von allem, was er finden konnte. Nachdem er das übel riechende Innere verlassen hatte, untersuchte er das Äußere der Pyramide mit der gleichen Sorgfalt; er leistete ausgezeichnete Arbeit und schätzte die ursprüngliche Höhe bis auf vier Meter richtig ab.

Greaves war auch der Erste, der den schmalen Schacht entdeckte, der vom Fuß der Großen Galerie bis hinunter ans Ende des absteigenden Ganges verläuft. Die Luft hier war so stickig und voller Fledermäuse, dass er die (vermutlich kluge) Entscheidung traf, keinen Abstieg zu versuchen; aber er warf eine brennende Fackel in den düsteren Schacht, deren Licht noch lange schwach weiter flackerte.

Bevor er Ägypten für immer verließ, vermachte Greaves seine Messinstrumente einem jungen venezianischen Edelmann namens Tito Livio Burattini, der von Kircher zu den Pyramiden gesandt worden war. Burattini verbrachte die nächsten vier Jahre in Ägypten, führte Messungen durch und schickte Berichte an Kircher in Rom.

Inzwischen war John Greaves nach England zurückgekehrt, wo er zum Professor der Astronomie in Oxford ernannt wurde und seine Ergebnisse aufschrieb, die er 1648 unter dem Titel *Pyramidographia: Or, a Description of the Pyramids in Ægypt* veröffentlichte. Als ein Werk der nüchternen historischen Forschung war dieses Buch bewundernswert. Greaves ignorierte alle Vermutungen, die Pyramiden von Giseh seien das Werk von Zahlen aus der Bibel oder aus Legenden, und wandte sich den verlässlicheren klassischen Quellen zu. So identifizierte er sie als das Werk von Cheops, Chephren und Mykerinos und schloss auch, dass sie als Einfriedung und zum Schutz toter Könige in dem Glauben gebaut worden waren, das Weiterleben der Seele damit zu garantieren.

Die Vermessungsergebnisse in Greaves' Werk waren fast ebenso bewundernswert: Er führte nicht nur Messungen von beispielloser Genauigkeit durch, sondern bemerkte auch das Basaltpflaster östlich der Großen Pyramide und brachte genug in Erfahrung, um es als Teil eines möglichen Totentempels zu identifizieren. Interessanterweise beschreibt er auch die Chephrenpyramide als glatt verkleidet, außer an der Südseite; heute ist nur noch die Verkleidung des oberen Drittels erhalten. Aber trotz all seines Talents, Muts und Fleißes waren Greaves' Ergebnisse fehlerhaft: Die Basis der Pyramide war so sehr von Schutt bedeckt, dass er ihre Länge um 21 Meter unterschätzte, eine Abweichung, die seine Berechnungen vollkommen durcheinander brachte.

In Unkenntnis dieses Fehlers griff Sir Isaac Newton die Zahlen von Greaves auf und kam zu dem Schluss, die Pyramide sei auf der Grundlage von zwei verschiedenen Maßeinheiten gebaut worden, der »profanen« (oder »Memphis«-) Elle von etwa 53 Zentimetern Länge und der »heiligen« Elle von etwa 63 Zentimetern Länge. Seine Studie hatte den umständlichen Titel: *A Dissertation upon the Sacred Cubit of the Jews and the Cubits of several Nations: in which from the dimensions of the Greatest Pyramid as taken by Mr. John Greaves, the ancient Cubit of Memphis is determined.*

Vermutlich waren sich nur wenige Leser dieses Traktats seiner größerer Bedeutung für Newtons intellektuelle Karriere bewusst: die noch nicht bekannt gegebene Gravitationstheorie hing von einer exakten Kenntnis des Umfangs der Erde ab. Wenn Newton die genau Länge der Elle herausfinden konnte, war es ihm möglich, das ägyptische *Stadium* zu ermitteln, das den klassischen Quellen zufolge in direktem Verhältnis zu einem geographischen Grad stand. Newtons Berechnungen waren selbstverständlich brillant, aber Greaves' Daten waren fehlerhaft und seine Arbeit daher vergebens. Newton ließ sein Werk über die Gravi-

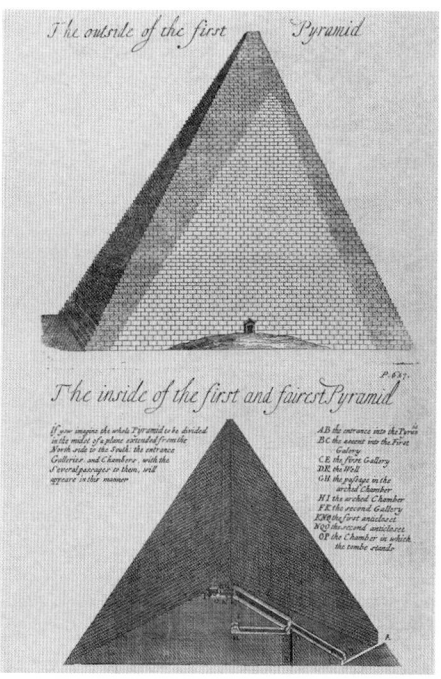

John Greaves' *Pyramidographia* enthielt den ersten maßstäblichen Querschnitt der Großen Pyramide.

Sir Isaac Newton (1642–1727) in einem Portrait von Sir Godfrey Kneller, 1702 (Ausschnitt).

tation noch mehrere Jahre unveröffentlicht, bis andere die Länge eines Grades mit astronomischen und geometrischen, statt mit archäologischen Mitteln berechnet hatten. Diese Leistung wird meist Jean Picard zugeschrieben, obwohl andere ihm vorgegriffen hatten.

Das Interesse an der Großen Pyramide und an der noch jungen Wissenschaft der Ägyptologie nahm im späten 17. und zu Beginn des 18. Jahrhunderts beständig zu. Wie ein Pariser Schriftsteller 1740 bemerkte: »Das einzige, worüber gesprochen wird, sind die antiken Städte Theben und Memphis, die libysche Wüste und die Höhlen der Thebais. Der Nil ist vielen Menschen so vertraut wie die Seine. Selbst Kindern dröhnen seine Katarakte und Schluchten in den Ohren.«

ANDERE ÄGYPTENLIEBHABER DES 18. JAHRHUNDERTS

So sehr die Ägyptomanie in Nordeuropa auch um sich griff, die harte Realität des Reisens im Land selbst, versetzte allen, außer den Mutigsten und Draufgängerischsten, einen Dämpfer. Nominell wurde Ägypten von den Osmanen regiert, aber in vielen Teilen des Landes wimmelte es von Banditen. Trotz der Gefahren, die bis zu Napoleons Feldzug überall lauerten, wurde die Große Pyramide noch immer erforscht und beschrieben.

Benoît de Maillet, von 1692 bis 1708 französischer Generalkonsul in Ägypten, war ein Vorläufer all der Politiker, Funktionäre und Bürokraten des 19. Jahrhunderts, die im Auftrag europäischer Sammler und Museen mehr oder weniger legal die Schätze des Altertums plünderten. Er besuchte die Cheopspyramide ungefähr 40 Mal und lieferte in seiner 1735 veröffentlichten *Beschreibung Ägyptens* nicht nur den umfangreichsten Bericht über das gesamte Land seit der römischen Eroberung, sondern auch eine äußerst genaue Schätzung der Abmessungen der Großen Pyramide. Sein einziger Fehler bestand darin, dass er das Bauwerk zu hoch und zu schmal darstellte.

Ein weiterer Jesuit, Pater Claude Sicard (1677–1726), trat in die Fußstapfen von Kircher und besuchte und erkundete zwischen 1707 und 1726 etwa 20 Pyramiden und andere antike Bauwerke in Ägypten. Er erstellte 1717 die erste moderne Karte von Ägypten, ein Aquarell, das alle bedeutenden Orte zwischen Assuan im Süden und dem Mittelmeer im Norden zeigte.

Nathaniel Davison, der später britischer Generalkonsul in Ägypten werden sollte, wird die Entdeckung eines bedeutenden Geheimnisses der inneren Struktur der Pyramide zugeschrieben; vielleicht waren es sogar zwei Geheimnisse. Zunächst war er mutig genug, um den Versuch zu wagen, vor dem Greaves zurückgeschreckt war, und ließ sich mit einem Seil um die Taille den Schaft hinab, der vertikal von der Großen Galerie nach unten verläuft. Nach etwa 60 Metern landete er mit den Füßen auf Sand und Schutt.

Aber Davison machte weiter oben in der Pyramide eine viel aufregendere Entdeckung. Nachdem er festgestellt hatte, dass seine Stimme von hoch über ihm auf seltsame Art widerhallte, wenn er in die Große Galerie hinein rief, schloss er, dass die Form der Galerie nicht für diesen Effekt verantwortlich war und suchte nach einer anderen Erklärung. Er befestigte eine Kerze an einem langen Stab und entdeckte schließlich ein sehr kleines, kaum 60 Zentimeter breites Loch am höchsten Punkt der Galerie, wo die Wand auf die Decke stößt.

Mit Hilfe einer Konstruktion aus sieben kurzen, zusammengebundenen Leitern wagte Davison den äußerst gefährlichen Aufstieg die rutschigen Wände der Galerie hinauf. Wäre er gestürzt, hätte er dies mit Sicherheit nicht überlebt. Als er am 8. Juli 1765 das Loch erreichte, musste er feststellen, dass es fast vollständig von einer 40 Zentimeter hohen, übel riechenden und zähen Schicht aus Fledermauskot blockiert war. Aber er ließ sich davon nicht abschrecken, band sich ein Taschentuch über Mund und Nase, bahnte sich einen Weg durch die stinkende Masse und kroch 7,6 Meter durch einen schmalen Schacht, bis er schließlich einen niedrigen Raum erreichte, in dem man zwar nicht aufrecht stehen konnte, der aber ansonsten exakt die gleichen Abmessungen wie die darunter liegende Königskammer hatte. Er hatte den ersten und niedrigsten der Hohlräume entdeckt, welche die Königskammer entlasten sollten. Sein Mut brachte ihm eine gewisse Unsterblichkeit ein, denn diese Entlastungskammer ist seitdem als Davisonkammer bekannt.

Noch einige andere Reisende aus der Zeit vor Napoleon verdienen es, kurz erwähnt zu werden: Der englische Antiquar Richard Pococke und sein dänisches Pedant Frederik Norden besuchten Ägypten im Jahr 1737. Pococke vertrat die Ansicht, die Pyramide sei um einen großen Felshügel herum gebaut worden, während Norden, der als Schiffsarchitekt ausgebildet war, die bis heute genauesten Messungen der Pyramide durchführte.

DIE VERBINDUNG ZU DEN FREIMAURERN

Am Ende des 18. Jahrhunderts wurde die bevorstehende Explosion der ägyptologischen Studien beschleunigt. Zunächst sei jedoch noch eine kuriose Episode erwähnt: der Aufstieg der Freimaurer als politische und kulturelle Kraft. Auch wenn ihre Geschichte von Verrückten und Besessenen überschattet wird, stehen einige Details zweifelsfrei fest. Wo auch immer ihre genauen Ursprünge liegen mögen, die Freimaurerei spielte zweifellos eine äußerst bedeutende Rolle für die wissenschaftlichen, politischen und kulturellen Fortschritte der Aufklärung des 18. Jahrhunderts sowie für die sozialen und nationalistischen Unruhen, die sie mit sich brachte. Die meisten bedeutenden Persönlichkeiten der Aufklärung waren entweder Freimaurer oder von der Freimaurerei beeinflusst; und alle Freimaurer waren ägyptophil, manche von ihnen behaupteten, ihre Traditionen gingen auf geheime altägyptische Texte zurück, andere waren sogar der Überzeugung, sie stammten in direkter Linie von ägyptischen Priestern ab.

Die Freimaurer betrachteten ihre Logenhäuser als ägyptische Tempel und dekorierten sie mit allen möglichen ägyptischen Symbolen, unter anderem mit den noch immer falsch verstandenen Hieroglyphen: daher, neben anderen Phänomenen, auch das Bild der Pyramide mit dem Auge, das sich auf der Rückseite des Großen Siegels der Vereinigten Staaten von Amerika und auf der Dollarnote befindet. Obwohl es noch immer nicht sicher ist, ob Napoleon selbst Freimaurer war, ist es eine belegte Tatsache und nicht das Ergebnis einer Verschwörungstheorie, dass er an bestimmten freimaurerischen Aktivitäten beteiligt war, dass einige seiner kaiserlichen Embleme freimaurerisch-ägyptisch waren und dass die Freimaurerei unter seiner Herrschaft florierte.

Oben Darstellung einer Pyramide auf einem französischen Freimaurerschurz aus dem frühen 19. Jahrhundert.

Unten Die Rückseite des Großen Siegels der Vereinigten Staaten von Amerika mit dem alles sehenden »dritten Auge« des Horus. Die lateinische Inschrift lautet *Annuit Cœptis* (»Er [Gott] unser Vorhaben unterstützt«) und *Novus Ordo Seclorum* (»Eine neue Zeitordnung«).

KAPITEL SIEBEN

DIE URSPRÜNGE
DER MODERNEN
ÄGYPTOLOGIE

NAPOLEONS INVASION ÄGYPTENS

DAS WICHTIGSTE DATUM in der modernen Geschichte der Großen Pyramide stellt der 19. Mai 1798 dar, der Tag, an dem Napoleon aus dem südfranzösischen Hafen Toulon zu seinem Feldzug in Ägypten auslief. Der erst 29 Jahre alte General befehligte eine Flotte von 328 Schiffen, die für seine Armee von 35 000 Soldaten jedoch kaum ausreichten. Natürlich verfolgte er hauptsächlich politische und militärische Ziele. Wenn er die herrschenden Mamelucken – die türkischen Militärbefehlshaber – stürzte und das Land besetzte, hätte er die wichtigsten Handelsrouten zwischen Großbritannien und Indien blockieren können. Zudem lockte ihn die Aussicht, weiter nach Osten vorzudringen und Indien zu erobern, womit ihm gelungen wäre, woran Alexander der Große gescheitert war.

Oben Napoleon Bonaparte. Ausschnitt aus einem Gemälde von Antoine Jean Gros, 1797.

Vorhergehende Seite Die Schlacht bei den Pyramiden, Gemälde von François Watteau.

Nachdem sie in Alexandria von Bord gegangen waren, marschierten Napoleons Truppen durch die Wüste auf Kairo zu. Inzwischen versammelte der Mameluckenführer Murad Bey eine Armee von 10 000 Reitern, um die Invasoren zurückzuschlagen. Die feindlichen Truppen trafen am 21. Juli 1798 westlich von Kairo, in Sichtweite des Giseh-Plateaus bei Imbaba aufeinander. Der Legende nach soll Napoleon sein Heer ermahnt haben: »Soldaten, von den Spitzen dieser Pyramiden schauen 4000 Jahre Geschichte auf euch herab!« Ob dies nun stimmt oder nicht, das Ergebnis, das inzwischen als »Die Schlacht bei den Pyramiden« in die Geschichte eingegangen ist, war ein Massaker. Die Mamelucken-Armee war machtlos gegen moderne Kanonen und Scharfschützen. Nach nur zwei Stunden lagen 2000 Mamelucken tot oder sterbend auf dem Schlachtfeld. Die Verluste der Franzosen betrugen nur etwas mehr als 40 Soldaten. Murads Männer flohen und verteilten sich in Oberägypten, wo einer von Napoleons Generälen sie viele Monate verfolgte. Kairo ergab sich kampflos den Franzosen, Napoleon war der Herrscher Ägyptens.

Aber die Briten bereiteten einen Gegenschlag vor. Im August griff die britische Kriegsflotte unter Admiral Nelson die französische Flotte in der Bucht von Abukir an und schlug sie vernichtend. Für die nächsten drei Jahre, bis zur endgültigen Niederlage im Jahr 1801, waren die Franzosen Gefangene in dem von ihnen eroberten Land. Diese drei Jahre sollten das Studium des Alten Ägypten revolutionieren.

Napoleons handschriftliche Notizen auf seiner Skizze der Pyramiden von Giseh.

DIE ARBEIT VON NAPOLEONS »SAVANTS«

Neben seinen Soldaten hatte Napoleon 175 Gelehrte, seine *savants*, mit nach Ägypten gebracht. In der erzwungenen Freizeit während ihres Aufenthalts in Ägypten bildeten diese Männer eine Kunst- und Wissenschaftskommission und vermaßen, zeichneten und erfassten jeden Aspekt des Landes, von seiner Tierwelt bis zu seinen Bewässerungssystemen. Natürlich war die Große Pyramide einer der Schwerpunkte ihrer Forschungen.

Die bedeutendsten Beiträge zur Vermessung des Giseh-Plateaus leisteten vier Männer: Der Architekt J. M. Le Père schloss sich Napoleons Stab unter der Leitung von Colonel Jean-Marie Joseph Coutelle an und vermaß das Innere der Pyramide, während der Landvermesser Edmé-François Jomard und der Künstler und Ingenieur Cécile sich mit ihren äußeren Abmessungen beschäftigten. Im Jahr 1801 begannen Le Père und Coutelle auch mit der Untersuchung der westlichsten der drei Königinnenpyramiden.

Alle diese Männer hinterließen anekdotische und wissenschaftliche Berichte über ihre Unternehmungen. Coutelle beispielsweise schilderte das unangenehme Erlebnis, als er von Schwärmen wütender Fledermäuse angegriffen wurde, »die [mich] mit ihren Krallen kratzten und mit dem beißenden Gestank ihrer Körper fast erstickten«. Jomard berichtete, er sei bis zur Spitze der Pyramide geklettert und habe versucht, einen Stein mit einer Schleuder über die Basis hinaus zu katapultieren, was ihm jedoch nicht gelang. Mit der Hilfe von 150 türkischen Arbeitern konnte er jedoch den Schutt an der nordöstlichen und nordwestlichen Ecke der Pyramide entfernen, die ursprünglichen Ecksteine freilegen und so die Basislänge der Pyramide exakter vermessen als jeder Forscher vor ihm.

Jomard suchte vor allem aber auch nach einer Bestätigung dafür, dass die alten Ägypter, wie es die Legende behauptete, wirklich den exakten Umfang der Erde gekannt hatten und die Abmessungen der Pyramide sowohl den Schlüssel zu dieser Zahl als auch spezifische Hinweise auf den Längengrad enthielten. Wie zu erwarten war, fand Jomard alle geologischen und geographischen Bestätigungen, die er suchte. Und er stieß auf einige Überraschungen. Napoleons Landvermesser hatten vom Scheitelpunkt der Pyramide aus eine Meridianlinie in Nordsüdrichtung ermittelt und festgestellt, dass diese Linie das Nildelta in zwei genau gleiche Hälften teilte; zudem ergab die Verlängerung der Diagonalen vom Scheitelpunkt zu den nordwestlichen und nordöstlichen Ecken der Pyramide ein Dreieck, welches das Nildelta exakt einschloss. Wie wir in Kapitel Neun noch sehen werden, haben weniger nüchtern denkende Schriftsteller darum viel Aufhebens gemacht.

Es gehört zu den Kuriositäten von Jomards Karriere, dass er seine Ergebnisse über 30 Jahre zurückhielt. Als er sie 1892 schließlich in zwei Büchern veröffentlichte – *Description générale de Memphis et ses pyramides* und *Remarques et recherches sur les pyramides d'Egypte* – waren die launischen intellektuellen Kreise in Europa von Ägypten bereits ein wenig gelangweilt und verherrlichten nun wieder Griechenland. Und die meisten, die Jomards erstaunliche Ergebnisse zur Kenntnis nahmen, vermuteten, er habe sich entweder geirrt oder sei ein Betrüger.

Als Napoleon seinen erzwungenen Aufenthalt in Ägypten zur Hälfte hinter sich gebracht hatte, zeigte sich auch er fasziniert von den Geheimnissen der Pyramide. Am 12. August 1799 (dem 25. Thermidor, nach dem Kalender der Französischen Revolution) besuchte er Giseh mit dem Imam Muhammed als seinem Führer und bat darum, man möge ihn eine Weile in der Königskammer alleine lassen. Erneut dachte er an Alexander den Großen, denn der frühere Eroberer Ägyptens hatte es angeblich genau so getan. Als er aus der Kammer herauskam, wirkte Napoleon ergriffen. Und er reagierte wütend, als seine Leutnants ihn scherzhaft fragten, ob er etwas Seltsames gesehen habe. Über sein Erlebnis schwieg er sich fortan aus. Erst viele Jahre später als Gefangener auf St. Helena war er kurz davor, sich zu offenbaren, brach jedoch plötzlich ab und sagte: »Nein, was hat es für einen Sinn? Man würde mir niemals glauben.«

Nachdem die Franzosen abgezogen waren – die siegreichen Briten gewährten den *savants*, die Napoleon dort zurückgelassen hatte, freien Abzug und behan-

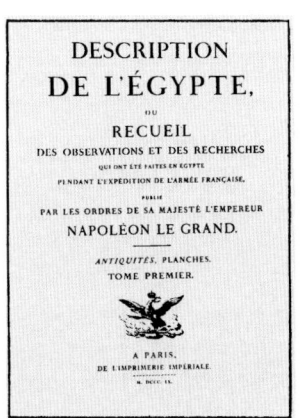

DESCRIPTION
DE L'ÉGYPTE,
OU
RECUEIL
DES OBSERVATIONS ET DES RECHERCHES
QUI ONT ÉTÉ FAITES EN ÉGYPTE,
PENDANT L'EXPÉDITION DE L'ARMÉE FRANÇAISE,
PUBLIÉ
PAR LES ORDRES DE SA MAJESTÉ L'EMPEREUR
NAPOLÉON LE GRAND.

ANTIQUITÉS, PLANCHES.
TOME PREMIER.

A PARIS,
DE L'IMPRIMERIE IMPÉRIALE.
M. DCCC. IX.

Titelseite von Jomards
Description de l'Egypte.

delten sie als Zivilisten – wurde die ägyptologische Arbeit mit Intensität fortgesetzt. Napoleon gab ein episches Werk über die gesammelten Ergebnisse seiner *savants* in Auftrag, das den langen Titel *Description de L'Egypte ou Recueil des observations et des recherches qui ont été faites en Egypte pendant l'expédition de l'armée française* trug. Dieses rundum imposante Werk wurde über einen Zeitraum von 13 Jahren veröffentlicht: Neun Folianten Text, elf Bände mit Bildtafeln, 3000 Illustrationen von 200 Künstlern – das fertige Produkt war so umfangreich, dass es in einer Holzkiste geliefert wurde.

ÄGYPTOMANIE ERFASST DIE FRANZOSEN

1802 hatte bereits ein wesentlich kleineres und preiswerteres Buch viel Aufsehen erregt: *Voyage dans la Basse et la Haute Egypte* von Baron Dominique Vivant Denon (1747–1825), der schon seinen Zeitgenossen als ein eher schillernder Charakter bekannt war. Dem ehemaligen Verfasser pornographischer Schriften und Günstling mächtiger Frauen – von Madame de Pompadour bis Katharina der Großen – war es irgendwie gelungen, der Schreckensherrschaft zu entkommen. Und mit seinem Charme hatte er Josephine dazu bewegt, ihm einen Platz auf Napoleons Invasionsflotte zu verschaffen, um in Ägypten seine eigenen Nachforschungen anstellen zu können.

Bei seiner Rückkehr nach Paris wurde Denon die Verantwortung für die französischen Museen übertragen. Er gründete auch das Musée Napoleon, den heutigen Louvre. Nicht zuletzt dank seines Talents als Illustrator war Denons schnell geschriebenes Buch ein großer Erfolg. Es erschien in nicht weniger als 40 Auflagen und wurde unmittelbar nach der Veröffentlichung ins Englische und Deutsche übersetzt. Durch Denons Buch wurde Ägypten, für das man sich in Europa schon seit Jahrzehnten interessierte, plötzlich zum Objekt einer beispiellosen Mode. Als dann die ersten Bände der *Description* erschienen, erreichte die Ägyptomanie epidemische Ausmaße.

Baron Dominique Vivant Denon, Portrait von Robert Lefevre, 1808 (Ausschnitt).

Bernardino Drovetti zeigt seinen
Assistenten, wie man mit Hilfe
eines Senkbleis diesen bei Theben
gefundenen Kolossalkopf vermisst.
Stich aus *Voyage dans le Levant*
(1819) von Compte de Forbin.

Einige Aspekte dieser Mode waren vollkommen harmlos, zum Beispiel der so genannte »ägyptische Stil«: Kein moderner französischer Haushalt, der nicht eingerichtet war mit Stühlen nach Art von Grabbeigaben, Tintenfässern in Form von Sphinxköpfen und Kerzenleuchtern, die mit (immer noch unverständlichen) Hieroglyphen verziert waren.

Andere Aspekte hingegen waren weniger harmlos, vor allem die Plünderungen durch Europäer – sowohl durch »Gelehrte« als auch durch erklärte Schatzjäger –, die inzwischen in Ägypten gang und gäbe waren und alle vorherigen Plünderungen in den Schatten stellten.

ÄGYPTISCHE BEUTE GEGEN EUROPÄISCHES KNOW-HOW

Schuld daran war nicht zuletzt Mohammed Ali (1769–1849), der 1805 zum türkischen Vizekönig von Ägypten ernannt wurde und groß angelegte Plünderungen nicht nur tolerierte, sondern sogar förderte. De jure unterstand er dem Sultan von Konstantinopel, de facto aber war er ein neuer Pharao. Von etwa 1810 bis 1850, unter Alis Laisser-faire-Regime, war die Jagd auf Antiquitäten für jeden, vom kleinen Ganoven bis zum großen Diplomaten, freigegeben. (Dies war nicht die einzige Schandtat von Mohammed Ali: 1811 veranstaltete er ein Massaker in der Zitadelle von Kairo, bei dem alle Mamelucken, die seine Herrschaft nicht anerkannten, getötet wurden.)

Alis Ziel war die Modernisierung des Landes. Und um die dafür notwendige industrielle Basis zu schaffen, zog er Spezialisten von oft zweifelhafter Qualifikation aus ganz Europa zu Rate. Auf Regierungsebene herrschte fortan ein System gegenseitiger Gefälligkeiten. Als Gegenleistung für die Hilfe beim Import von Maschinen und anderen wichtigen Lieferungen aus Europa gewährte Ali ausländischen Diplomaten einen *firman*, ein Dokument, das sie zur Anwerbung lokaler Arbeitskräfte berechtigte – günstig zu haben, wenn Ali zustimmte, und fast unmöglich zu bekommen, wenn er sich weigerte. Dieser Tauschhandel führte zu dem so genannten »Krieg der Konsuln«, an dem auch Männer wie Bernardino Drovetti, Jean-François Mimaut und Raymond Sabatier aus Frankreich sowie Henry Salt aus Großbritannien beteiligt waren.

Salt und Drovetti waren erbitterte Gegner. Der in Italien geborene Drovetti (1776–1852) hatte während des Ägyptenfeldzugs unter Napoleon gekämpft, und als Belohnung für seine Tapferkeit – er hatte das Leben von Napoleons zukünftigem Schwager gerettet – wurde ihm eine Laufbahn in der Diplomatie ermöglicht: 1803 wurde er zum französischen Vizekonsul und 1810 zum Generalkonsul ernannt. Als er 1814 bei der Thronbesteigung von Ludwig XVIII. kurzfristig in Ungnade fiel, arbeitete er als freier Antiquitätenhändler, bis er nach einer weiteren Änderung der politischen Verhältnisse von 1820 bis 1829 wieder sein Amt einnehmen konnte.

Drovettis Agenten durchkämmten Ägypten mit unersättlicher Gier. Im Laufe seiner Karriere erwarb und verkaufte er drei gigantische Sammlungen. Die erste, die 1824 vom sardischen König gekauft und dann dem Museum in Turin vermacht wurde, enthielt über 1000, teilweise prachtvolle Artefakte. Die zweite erwarb Karl X., französischer König von 1824 bis 1830. Sie bildete die Grundlage der ägyptologischen Sammlung des Louvre. Die dritte, kleinere, aber nicht weniger bemerkenswerte Kollektion ging an den König von Preußen.

Drovettis englischer Rivale Henry Salt war inzwischen nicht untätig geblieben. Der ausgebildete

Mohammed Ali (Stich von 1830) war von 1805 bis zu seinem Tod im Jahr 1849 türkischer Vizekönig von Ägypten und tolerierte die Plünderung vieler ägyptischer Schätze.

Kunstmaler wurde 1816 zum englischen Konsul in Ägypten ernannt und machte sich sofort ans Sammeln. Bis 1818 hatte er seine erste große Kollektion zusammengestellt und verkaufte sie – für lächerliche 2000 Pfund – an die missgünstigen Kuratoren des British Museum, die sich nicht nur als geizig, sondern auch als wenig sachkundig erwiesen, denn sie verschmähten seinen besten Fund, einen Alabastersarkophag von Sethos I. Der ging stattdessen an einen privaten Sammler, den romantischen Architekten und Kunstsammler Sir John Soane. Nach dieser unbefriedigenden Erfahrung mit dem British Museum war Salt seine Brieftasche verständlicherweise näher als sein Vaterland: Seine nächste Sammlung verkaufte er 1824 für die weitaus angemessenere Summe von 10 000 Pfund an Karl X. von Frankreich.

Oben **Henry Salt**, Portrait von John James Halls, 1815.

Unten **Giovanni Belzoni** in türkischem Habit.

Vor dem Hintergrund dieses seltsam anmutenden Handelskrieges betrat ein weiterer bemerkenswerter Italiener die Szene. Salts Hauptagent war ein gewisser Giovanni Battista Belzoni (1778–1823), ein zwei Meter großer und sehr muskulöser Mann, der als Student der Hydraulik, als Muskelprotz im Zirkus, als unabhängiger Reisender und als Klosterschüler eine bewegte Vergangenheit aufwies. Er kam 1814 mit seiner irischen Frau in der Hoffnung nach Ägypten, für Mohammed Ali arbeiten zu können, und verwendete über zwei Jahre sowie seine gesamten Ersparnisse darauf, ein neuartiges Wasserrad zu entwickeln, das die ägyptische Landwirtschaft revolutionieren sollte. Aber er hatte Feinde am Hof Alis und obwohl seine Erfindung ein technischer Triumph war, lehnte Ali es ab, sie zu kaufen. Belzoni war nun völlig mittellos. Erfindungsreich, wie er war, nahm er kurz darauf Kontakt mit Salt auf und bot ihm an, den Kopf der Kolossalstatue von Ramses zu beschaffen, die in Theben entdeckt worden war.

Keine leichte Aufgabe, aber ausgestattet mit einem *firman* erledigte Belzoni sie in großem Stil. Und jedes neue Hindernis (und davon gab es viele) gestaltete er zu einer erneuten Zurschaustellung seiner Genialität und Findigkeit. Die Beschaffung der Ramsesbüste war jedoch erst der Beginn einer Reihe von Heldentaten als Forscher und Ausgräber. Er führte eine der ersten Untersuchungen des Großen Tempels von Abu Simbel durch, der erst 1813 wieder entdeckt worden war, lokalisierte das Grab von Sethos I. im Tal der Könige und erforschte natürlich auch die Große Pyramide sowie andere Bauwerke auf dem Giseh-Plateau.

Als das Wettrennen zwischen jenen Kräften lief, die mit Frankreich auf der einen und England auf der anderen Seite verbündet waren, ging das Gerücht um,

Drovetti wolle die Große Pyramide mit Dynamit aufsprengen. Schließlich aber schlug der Italiener im Dienste Großbritanniens den Italiener im Dienste Frankreichs.

Henry Salt war professioneller Kunstmaler, bevor er zum britischen Generalkonsul in Ägypten ernannt wurde. Dieser Stich von Daniel Havell basiert auf Salts Gemälde *Pyramids at Cairo*.

ENTSCHLÜSSELUNG DER HIEROGLYPHEN

Auch wenn die Geschichte der Entschlüsselung der alten Sprache Ägyptens die Große Pyramide nicht unmittelbar betrifft, sollte der brillante Linguist Jean-François Champollion nicht unerwähnt bleiben. 1790 geboren war er ein frühreifes, aber eigensinniges Kind: Mit 13 weigerte er sich, Rechnen zu lernen und studierte stattdessen neben den obligatorischen Sprachen Griechisch und Latein auch noch Arabisch, Hebräisch, Syrisch und Chaldäisch (Aramäisch).

    Dieser Ehrgeiz hatte nur ein einziges Ziel: Ägyptisch zu verstehen. Mit 17 lernte er Persisch und Koptisch, denn er war überzeugt, dass das Koptische die alte ägyptische Sprache war, geschrieben mit griechischen Buchstaben. Mit 18 schrieb er seine Doktorarbeit, mit 19 wurde er zum Professor für die Geschichte des Altertums an der Universität von Grenoble ernannt. Aber sein steiler Aufstieg wurde von der Politik unterbrochen, denn nach Napoleons Flucht von Elba im Jahr 1815 erkannte Grenoble dessen Herrschaft an. Angeblich war es Champollion, der auf die örtliche Zitadelle kletterte, um die weiße Flagge des Bourbonenkönigs Ludwig XVIII. herunterzureißen, der Napoleon als Herrscher von

Frankreich abgelöst hatte. Als Napoleon im gleichen Jahr bei Waterloo besiegt worden war, wurde Champollion sofort aller Ämter enthoben und war gezwungen, sich als Privatlehrer über Wasser zu halten. Schließlich ging er nach Paris, wo er endlich Zugang zu jenen Dokumenten hatte, die ihn seinem großen Ziel näher bringen sollten.

Inzwischen wurde das Wettrennen um den Hieroglyphencode mit zunehmender Härte ausgetragen. Champollions größter Rivale war ein Engländer, Thomas Young (1773–1829), ein noch größeres Sprachwunder. Mit 14 beherrschte er neben allen Sprachen, die Champollion bis dahin gelernt hatte, auch noch Italienisch, Türkisch und sogar Äthiopisch. Young war jedoch nicht nur ein begabter Linguist, sondern vor allem ein hervorragender Naturwissenschaftler: Er studierte Medizin und Botanik und machte darüber hinaus auch einige berühmte Entdeckungen in der Physik. Vielleicht war es die Vielfältigkeit seiner Interessen, die ihn davon abhielt, sich ausschließlich mit der ägyptischen Frage zu beschäftigen.

Alle führenden Gelehrten, die darum wetteiferten, den Code zu knacken, stützten sich auf das einzige und letztlich entscheidende Beweisstück. Sie besaßen Abschriften des so genannten Steins von Rosette, dem Fragment einer schwarzen Basaltstele, die Napoleons *savants* 1799 bei Alexandria entdeckt hatten. Sie war unter den Bedingungen des Vertrages von 1801 den Engländern übergeben, nach England gebracht und 1802 im British Museum aufgestellt worden. Der verheißungsvolle Stein war in drei Teile gegliedert: Oben ein hieroglyphischer Text, in der Mitte ein Text in demotischer Schrift, die dem Arabischen ähnelte, und unten ein Text in griechischer Schrift. Es handelte sich offenbar um drei Versionen des gleichen Textes, eines Dekrets von Ptolemäus V. aus dem Jahr 196 v. Chr. Champollion hatte erstmals im Alter von zwölf Jahren einen Gipsabdruck des Steins gesehen und von diesem Augenblick an nur das eine Ziel gehabt, diesen Text zu verstehen.

Champollions brillante Leistung der Entschlüsselung des Hieroglyphencodes soll zwar keineswegs geschmälert werden, doch dahinter verbarg sich im Wesentlichen die Beantwortung einer einfachen Frage, über die Gelehrte endlos diskutiert hatten: Waren die Hieroglyphen ideographisch oder phonetisch zu verstehen, d.h. stellten diese seltsamen kleinen Bilder Dinge (oder die Vorstellungen von Dingen) dar, oder standen sie, ähnlich wie die Buchstaben eines

Jean-François Champollion wurde in Frankreich zum Nationalheld, als er 1822 mit Hilfe des Steins von Rosette den Hieroglyphencode knackte. Auf diesem Reklametäfelchen aus dem Jahr 1900 wird sein Bild benutzt, um Schokolade zu verkaufen.

Gegenüber
Der Stein von Rosette

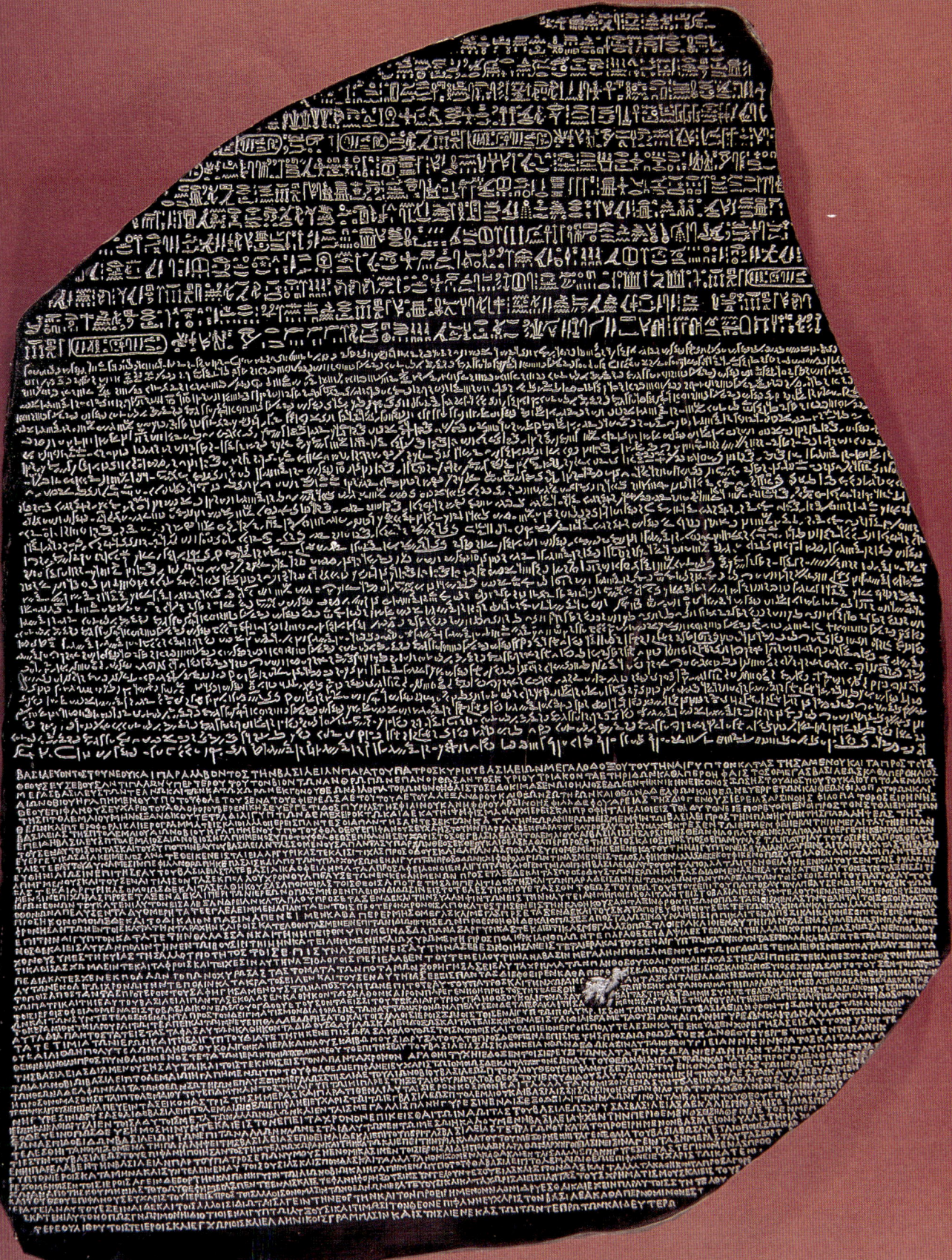

Alphabets, für Laute? Nach einem sorgfältigen Vergleich der verschiedenen Inschriften – der Name »Ptolemäus« (oder Ptolemaios in seiner griechischen Form) war ein wichtiger Schlüssel – wurde Champollion plötzlich klar, dass die ägyptischen Hieroglyphen sowohl phonetisch als auch ideographisch zu verstehen waren. Einige der Symbole bezeichneten Laute, während eine andere, heute meist als »Determinative« bekannte Symbolgruppe dem Leser anzeigte, welche Art von Phänomen diese Laute bezeichnen.

Champollion teilte seine Erkenntnis am 27. Dezember 1822 Monsieur Dacier von der fränzösischen Académie des Inscription et Belles-Lettres mit. Weitere Forschungen bestätigten bald, dass er Recht hatte. Sechs Jahre später erfüllte sich Champollion endlich seinen Lebenstraum und reiste nach Ägypten, wo er seit vielen Jahrhunderten der erste Mensch sein sollte, der in der Lage war, die Inschriften der zahlreichen großen Monumente zu lesen. Die Ergebnisse dieser Reise hielt er in dem Buch *Monuments de l'Egypte et de la Nubie* fest, das jedoch erst 1845, 13 Jahre nach Champollions Tod veröffentlicht wurde.

In Ägypten gingen die Aktivitäten rund um die Große Pyramide währenddessen unvermindert weiter.

Howard Vyse (1784–1853) sprengte 1837 mit Hilfe von Dynamit einen Eingang in die Große Pyramide frei.

COLONEL HOWARD VYSE

Colonel Richard William Howard Vyse, ehemaliger Leibdiener des Duke of Cumberland, gescheiterter Parlamentskandidat, Offizier in Wellingtons Armee, frommer Christ, kleiner Tyrann und ein Mann, von dem es hieß, er besitze weder Subtilität, Humor noch Charme, sah die Pyramiden von Giseh zum ersten Mal in einer mondhellen Nacht im November 1836 vom gegenüberliegenden Ufer des Nils aus und war überwältigt. Es war der Beginn einer Obsession, die ihn über 10 000 Pfund seines Erbes für Ausgrabungen verwenden ließ, bei denen er oft über 700 Arbeiter auf einmal beschäftigte. (Angetan von den Theorien von G. B. Caviglia über die mysteriöse Entstehung der Pyramiden, stellte Vyse den Italiener als Vormann bei den Grabungen an, bis sie sich zerstritten. Mehr dazu in Kapitel Neun.)

Im Jahr 1837 begann er gemeinsam mit dem Ingenieur John Shae Perring (1813–1869) das Giseh-Plateau zu erforschen. Sie richteten ihre Basis bei den Gräbern östlich des Geländes ein und rekrutierten unzählige lokale Arbeitskräfte, die Vyse ebenso hart antrieb, wie sich selbst. Vyse war wohl kein genialer

Archäologe, aber er verfügte über ein Werkzeug, das kein Ausgräber vor ihm eingesetzt hatte: Dynamit. An der Chephrenpyramide sprengte er damit den unteren Eingang frei.

Neben Dynamit setzte Vyse auch die modernsten Bohrer ein, und das mit einer Hemmungslosigkeit, die moderne Archäologen entsetzen würde. So bohrte er auch in einer der Königinnenpyramiden neben der Mykerinospyramide. Sein Vandalismus wurde in diesem Fall mit der Entdeckung des Skeletts einer jungen Frau in der Grabkammer und dem Namen Mykerinos belohnt, der an die Decke geschrieben war. Er drang auch tief in den Rücken des Sphinx ein, bis der Bohrer nach etwa 8,2 Meter stecken blieb und freigesprengt werden musste.

Dann widmete Vyse seine Aufmerksamkeit der Mykerinospyramide selbst. Er bohrte direkt in den Kern sowie nach unten zur Basis, wobei er mehrmals auch Dynamit einsetzte. Auch wenn er nicht wie erhofft neue Kammern fand, gelang es ihm, den ursprünglichen Eingang zu lokalisieren, ihn freizulegen und zusammen mit dem Künstler Edward Andrews in die Grabkammer vorzudringen, wo sie arabische Graffiti vorfanden, die darauf

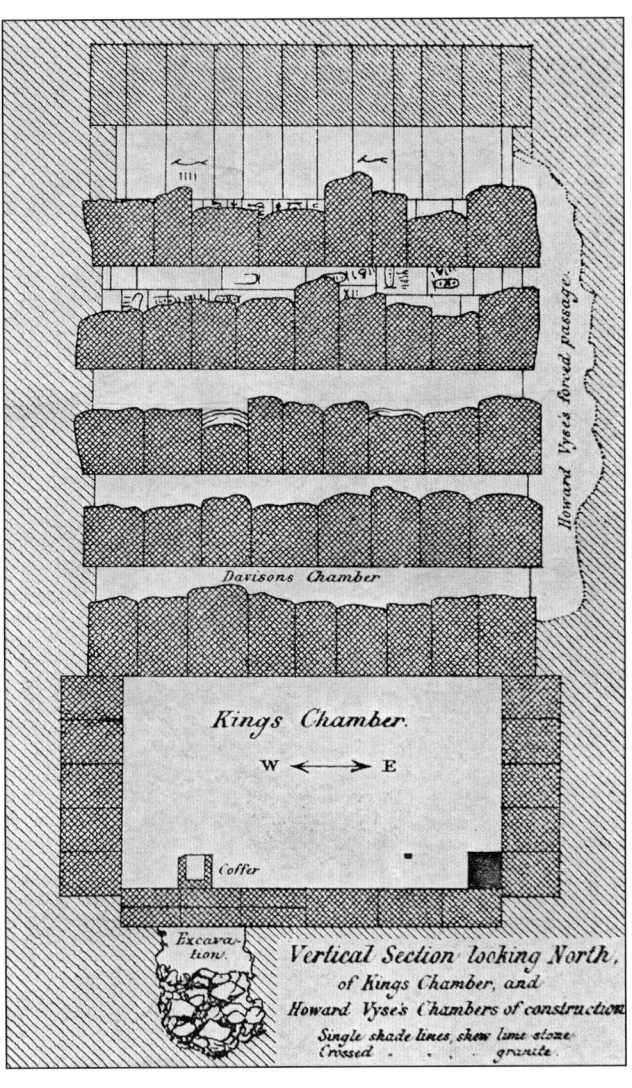

Querschnitt (nach Norden ausgerichtet), der die Konstruktion der Entlastungskammern über der Königskammer und den von Howard Vyse freigesprengten Gang zeigt. Cheops' Name wurde an der Decke der obersten Kammer gefunden.

hinwiesen, dass das Grab schon vor langer Zeit geplündert worden war. Der Sarkophag war allerdings leer.

In der Kammer befanden sich jedoch menschliche Knochen, die Überreste eines Sarges sowie eine Inschrift, die sie als Ruhestätte des Mykerinos auswies. (Diese Funde wiesen einige Anomalien auf, die darauf hindeuteten, dass der Leichnam von Mykerinos möglicherweise etwa 2000 Jahre nach seinem Tod umgebettet worden war – ein noch immer verwirrendes, komplexes und mysteriöses Thema.) Vyse befahl seinen Männern, den offenen Sarkophag zu entfernen, was ihnen unter großen Anstrengungen auch gelang. Das Schiff, auf dem er nach England gebracht werden sollte, sank jedoch bei einem Sturm im Mittelmeer.

Das Wahrzeichen des Giseh-Plateaus, die Cheopspyramide, nahm Vyse von der Südseite aus in Angriff. Bei dem Versuch, einen Eingang etwa auf der Höhe des nördlichen Eingangs freizusprengen, richtete er viel überflüssigen Schaden an und er gab das Vorhaben schließlich auf, als sich herausstellte, dass dort keine neuen Gänge zu finden waren.

Die entscheidende Entdeckung, die das brutale Eindringen von Vyse in das Monument – wenn überhaupt – rechtfertigte, machte er in seinem Inneren. Direkt über der Davisonkammer vermutete Vyse eine weitere Entlastungskammer, da er dort in der nordöstlichen Ecke des Dachs ein langes, dünnes Schilfrohr in einen Riss stecken konnte. Also ließ er sich Dynamit bringen und nahm eine weitere Sprengung vor.

Im Laufe der folgenden Monate drang Vyse nach und nach in alle übrigen vier leeren Kammern ein. Er war der Erste seit über 4000 Jahren, der die roten Markierungszeichen der Bauarbeiter und die Graffiti der Arbeitertrupps las, die den vollständigen Königsnamen »Chnum-chuf« und – an einer Stelle – den einfachen Namen »Chufu« enthielten: der schriftliche Beweis dafür, dass die Große Pyramide – wie alle Historiker berichteten – das Grabmal des Cheops war. Als eifriger Patriot benannte Vyse jede neue Kammer nach einem berühmten Briten: Wellington, nach seinem früheren General; Nelson, nach dem berühmten Admiral; Arbuthnot, als Hommage an Lady Ann, die Gemahlin von Sir Robert Arbuthnot, die die Ausgrabungen in Giseh kurz nach der Öffnung dieser Kammer mit ihrer Anwesenheit beehrt hatte, und Campbell, nach Colonel Campbell, dem britischen Konsul in Kairo. Auf einigen Zeichnungen tragen die Kammern noch heute diese Namen.

1840 kehrte Howard Vyse nach England zurück und veröffentlichte auf eigene Kosten sein zweibändiges Werk *Operations Carried on at the Pyramids of Giseh in 1837*, eine umfassende Anthologie der Schriften von mehr als Hundert Besuchern seit Herodot.

DIE GELEHRTEN

In den vier Jahrzehnten nach der Arbeit von Vyse und vor der von Flinders Petrie wurde die hemmungslose Plünderung endlich reguliert, und Gelehrte begannen, ihre Forschungen auf eine professionellere, weniger eigennützige Basis zu stellen. Auf der anderen Seite hatten die Pyramiden aber nicht mehr jene exotische Ausstrahlung, die sie einst hatten, da inzwischen immer mehr Menschen die Möglichkeit hatten, relativ sicher und komfortabel in Ägypten umherzureisen.

Drei Namen beherrschen diese Zeit: Wilkinson, Lepsius und Mariette. (Eine der anderen berühmten Personen dieser Periode, Charles Piazzi Smyth, soll im Kontext der »Pyramidologie« diskutiert werden, denn seine Ansichten wurden und werden noch immer als eher exzentrisch betrachtet. Vorläufig soll jedoch darauf hingewiesen werden, dass der Spott, mit dem man den viktorianischen Astronomen und Mathematikern begegnete, die von der formalen Eleganz der Pyramiden »verführt« wurden, hauptsächlich darauf zurückzuführen war, dass sie nicht nur gegen den professionellen Kanon anerkannter wissenschaftlicher Forschung verstießen, sondern auch gegen »vernünftige« orthodoxe Ansichten über die rassische Überlegenheit und den Fortschritt. Genauer gesagt, es wurde in vielen Kreisen für selbstverständlich gehalten, dass die Menschen der Antike, vor allem jene, deren Haut nicht weiß war, die intellektuelle Komplexität der höheren Geometrie unmöglich verstanden haben konnten.)

Sir John Gardner Wilkinson (1797–1875) führte bereits in jungen Jahren umfangreiche Ausgrabungen in Theben durch (1821–1833), hatte aber noch viele Jahrzehnte danach großen Einfluss auf die britische Ägyptologie. Sein größtes Werk, *The Manners and Customs of the Ancient Egyptians* (1837), mit Kopien vieler alter Texte und zahlreichen Illustrationen war das erste Buch, in dem das tägliche Leben der Bauern und Handwerker des pharaonischen Ägyptens beschrieben wurde.

Der deutsche Archäologe und hervorragende Linguist Karl Richard Lepsius (1810–1884) hatte die Hieroglyphenschrift anhand der Werke von Champollion erlernt. Während er an der Berliner Universität als Dozent für Philologie arbeitete, wurde er vom preußischen König Friedrich Wilhelm IV. mit einer Expedition nach Ägypten und Nubien beauftragt. Lepsius bereitete sich vier Jahre lang auf diese Aufgabe vor und studierte alle ägyptologischen Sammlungen in England, Italien und den Niederlanden, bevor er 1842 mit einem Stab von Gelehrten zu der dreijährigen Expedition aufbrach.

Die Ergebnisse seiner Arbeit hielt Lepsius in dem Werk *Denkmäler in Aegypten und Aethiopien* fest, das nach seinem Tod in zwölf Bänden zwischen 1897 und 1913 veröffentlicht wurde und 894 großformatige Farbtafeln enthielt.

Der Hauptbeitrag von Lepsius zum Studium der Pyramiden war seine so genannte »Akkreszenz-Theorie«. Demnach stand die Größe einer Pyramide in direktem Verhältnis zur Länge der Regierungszeit des Monarchen, der sie gebaut hatte – die gigantische Größe der Cheopspyramide würde also auf eine sehr lange Regierungszeit hinweisen. Auch wenn Cheops tatsächlich noch jung war, als er den Bau der Pyramide befahl, wird die Akkreszenz-Theorie heute jedoch meist als Irrtum angesehen.

Oben Sir John Gardner Wilkinsons Notizen und Zeichnungen sind von unschätzbarem Wert, berichten sie doch über die alten Stätten, bevor sie von Touristen und weniger gewissenhaften Archäologen beschädigt wurden.

Unten Karl Richard Lepsius hielt sich ab 1842 drei Jahre lang zu Studienzwecken in Ägypten und Nubien auf.

Auguste Mariette (links außen)
überwacht eine Ausgrabung
in Ägypten kurz vor seinem
Tod im Jahr 1878.

Nach all den Berichten über die Plünderung Ägyptens aus Gewinnstreben, im Namen des nationalen Prestiges oder der Wissenschaft ist es erfreulich, sich der Karriere von Auguste Mariette (1821–1881) zuzuwenden, des Mannes, der mehr als jeder andere dazu beitrug, dem Plündern und Sprengen ein Ende zu setzen. Im Jahr 1858 waren die Pläne für den Bau des Suezkanals unter französischer Schirmherrschaft fertiggestellt worden. Ferdinand de Lesseps, der Leiter des Projekts, überzeugte den damaligen ägyptischen Vizekönig Said Pascha, alle erhaltenen Altertümer Mariette zu überantworten und ihn zum ersten Direktor der Ägyptischen Antikenverwaltung zu ernennen.

Bis dahin war Mariette ein bescheidener, zeitweise mittelloser Privatgelehrter gewesen. Im Alter von 21 Jahren arbeitete er als Lehrer in Boulogne, als man ihn bat, die Papiere seines verstorbenen Cousins Nestor L'Hôte zu ordnen – eine schicksalhafte Aufgabe. L'Hôte hatte als Zeichner für Champollion in Ägypten gearbeitet, und als Mariette seine faszinierenden Illustrationen sah, war er begeistert.

Schon bald hatte Mariette sich ein derart umfangreiches Wissen über seine neue Leidenschaft angeeignet, dass er Champollions Nachfolger am Collège de France mit der Bandbreite seiner Kenntnisse beeindruckte. Er gab seine Stelle als Lehrer auf und ging nach Paris, wo er einen bescheidenen Posten im Louvre annahm und begann, Koptisch zu lernen. 1850 beherrschte er die Sprache so gut, dass er mit der Mission beauftragt wurde, nach Ägypten zu reisen, um koptische Manuskripte zu kaufen. Aber die Mönche, mit denen er verhandeln sollte, waren kurz zuvor von zwei skrupellosen Engländern betrogen worden, die ihnen zahlreiche Manuskripte abgeschwatzt hatten. Mariette scheiterte mit seiner Mission, aber er ließ sich nicht entmutigen und benutzte das für die Manuskripte vorgesehene Geld, um Ausgrabungen in Sakkara durchzuführen.

Er erwies sich als ein inspirierter und sehr erfolgreicher Archäologe, denn am 27. Oktober des Jahres entdeckte er einen vom Sand begrabenen Sphinx. Mariette erinnerte sich an einen Bericht von Strabo und vermutete, auf einen entscheidenden Hinweis auf das seit langem verschwundene Serapeum von Memphis gestoßen zu sein. Am 1. Dezember rief er seine Arbeiter zusammen und wies sie an, das freizulegen, was er für die einstige dazugehörige Prachtstraße hielt. Aber die Grabungen dauerten länger als erwartet und erschöpften fast seine gesamten Geldvorräte. Am 11. Februar 1851 war Mariette ebenso begeistert wie verzweifelt: Endlich hatte er die nähere Umgebung des Serapeums erreicht, war aber nahezu bankrott. Bis dahin hatte er noch nichts über seine Entdeckung bekannt gegeben, nun aber war er gezwungen, sie offiziell zu melden und um finanzielle Unterstützung zu bitten. Zu seiner Überraschung bewilligte das französische Parlament ihm die mehr als großzügige Summe von 30 000 Francs.

In nur wenigen Monaten wurde Mariette weltberühmt, denn es war klar, dass er etwas Großem auf der Spur war. Als seine Ausgrabungen abgeschlossen waren, hatte er einen der drei oder vier größten Coups in der Geschichte der Ägyptologie gelandet: die Entdeckung unterirdischer Katakomben und Grabkammern, die zur Nekropole der mumifizierten heiligen Apisstiere gehörten. Sie lagen in spiegelblank polierten, aus einem einzigen Granitblock gehauenen Sarkophagen.

Mariettes Ernennung zum Direktor der Ägyptischen Antikenverwaltung verschaffte ihm einerseits große Freiheiten, bedeutete aber auch große Verantwortung. Jetzt hatte er die Mittel, die Arbeitskräfte sowie die offizielle Erlaubnis, überall in Ägypten zu graben und zu sammeln, wo er wollte. Die neue Vereinbarung sah vor, dass alles, was er sammelte, fortan in das von ihm gegründete Ägyptische Museum in Kairo gebracht wurde, um die wertvollen Altertümer vor

»der Habsucht der Bauern und der Gier der Europäer zu schützen«. Aber nicht einmal der energische und findige Mariette konnte ein so lukratives und weit verbreitetes Geschäft wie den Antiquitätenhandel vollkommen unterbinden. Eine unvorhergesehene und unglückselige Konsequenz seines Handelns bestand darin, dass viele Einheimische nun auf den Wert all der Dinge aufmerksam wurden, die buchstäblich um sie herum im Sand lagen.

Mariette machte weitere bemerkenswerte Entdeckungen in Sakkara, die Aufschluss über die historische Entwicklung der Pyramiden gaben. In Theben fand er die Mumie von Königin Ahhotep aus der 17. Dynastie. In Giseh legte er den Taltempel der Chephrenpyramide frei und fand eine Statue, die heute als eines der größten Meisterwerke der ägyptischen Kunst gilt – eine Dioritfigur des Pharaos Chephren. Im letzten Lebensjahr gelang es einem seiner Vorarbeiter, die Pyramide von Pepi I. in Sakkara zu öffnen und damit die unschätzbar wertvollen Pyramidentexte zu finden (siehe Kapitel Vier). Das alles waren bemerkenswerte Leistungen, die Mariette verdientermaßen Ruhm einbrachten, aber sie markierten eher das Anfangsstadium der Ägyptologie als deren Hochzeit, die erst mit Petrie begann.

Bevor wir uns dieser Phase zuwenden, wollen wir jedoch noch einen Blick auf ein anderes Phänomen werfen, das bis auf den heutigen Tag aktuell ist: den Tourismus.

DIE TOURISTEN

Anfang des 19. Jahrhunderts war über einen Zeitraum von etwa 700 Jahren die Popularität von Giseh als Ziel für unerschrockene Reisende beständig gewachsen. Aber die meisten dieser Gisehtouristen waren Plünderer, Gelehrte, Soldaten oder Visionäre gewesen, keine Müßiggänger auf der Suche nach einem amüsanten Zeitvertreib oder einem ungewöhnlichen Urlaubsort. All das änderte sich nun rapide. Zum Glück für die Nachwelt war ein Vertreter dieser neuen Generation von Müßiggängern gleichzeitig einer der ersten großen Schriftsteller des Westens – der französische Romancier Gustave Flaubert (1821–1880).

Flaubert reiste 1849 als noch nahezu unbekannter Schriftsteller kurz vor seinem 28. Geburtstag nach Ägypten. Die Literaturgeschichte kennt ihn als Vertreter des Realismus. Als junger Mann aber war Flaubert alles andere als ein nüchterner Realist. Er stand noch immer im Bann der Romantik und erging sich in Fantasien über den »Orient«, den er aus *Tausendundeiner Nacht* und den Werken moderner Dichter wie Byron kennen gelernt hatte.

Zu Flauberts großen Themen gehörten Illusion und Desillusionierung. Und der Kontrast zwischen seinen jugendlichen Fantasien über die Große Pyramide und die Realität, die er in seinen Reisetagebüchern festhielt, ist für sich bereits eine kleine, stille Komödie über das Ende der Unschuld durch die Erfahrung. Vier Jahre bevor er nach Ägypten aufbrach, hatte sich Flaubert in einem fantasievollen Aufsatz vorgestellt, wie es wohl sein müsste, die Pyramide zu erklimmen – ein merkwürdiger, hochtrabender Erguss, der folgendermaßen endete:

»Schau! Hör zu, lausche und schaue, O Reisender! O Denker! Und dein Durst wird gestillt, dein ganzes Leben wird wie ein Traum vergangen sein, denn deine Seele wird zum Licht streben und ins Unendliche schweben ...« So viel zu dem exotischen Traum. Nun zur Realität: »Diese Unzahl überall hingeschriebener Namen von Dummköpfen verärgert einen: Oben auf der Großen Pyramide steht in schwarzen Lettern ein gewisser Buffard, 79, Rue Saint-Martin, Tapetenfabrikant. Ein Fan von Jenny Lind hat ihren Namen hingeschrieben; dann ist da eine Birne, die [den ehemaligen französischen König] Louis-Philippe darstellen soll ...«

Jener Flaubert, der sich über all jene ärgert, die ihren Namen überall einritzen, der in Fledermauskot ausrutscht, den absteigenden Gang mit einem Abwasserkanal vergleicht, und der nur äußerst knapp ein paar Engländer grüßt, die aus dem Gang herauskriechen, als er hineinkriecht, dieser Flaubert ist nicht nur ein anderer Mann als jener Jüngling, der sich in Träumereien ergangen hatte. Dieser Flaubert war auch eine neue Art von Besucher des Cheopsgrabs. Reisen ist eine der ältesten aller menschlichen Beschäftigungen, aber der demokratische Massentourismus, den wir heute kennen, ist ein sehr junges Phänomen. Flaubert berichtete nicht nur über die ersten Anzeichen des modernen Tourismus (und dessen unvermeidliche Tendenz, das Geheimnisvolle zu zerstören), sondern auch über den gleichermaßen modernen Snobismus, mit dem man auf diesen Tourismus verächtlich herabsieht.

Ein weiterer Besucher der Pyramiden schrieb noch verächtlicher über die barbarischen Sitten des modernen Tourismus – die »rauchenden, nach Tabak stinkenden Herren und ein paar Damen von irgendeinem vulgären Dampfer«, die sich überall herumtrieben und alberne »Tänze auf dem Grabstein von König Cheops [sic] aufführen und dabei unwissentlich seinen alten Namen verfluchen«. Er schrieb auch über »das schmerzhafte Donnern der Truhe [des Sarkophags], auf die ihre arabischen Gehilfen mit einem großen Stein einschlugen, bis sie fast zerbrach«. Ein weiterer beliebter Zeitvertreib solch rüpelhafter Besucher bestand darin, zur Spitze zu klettern, Steine zu lösen und sie krachend hinunter zu werfen, wo sie auf den angesammelten Schutt an der Basis der Pyramide fielen.

Oben Gustave Flaubert
(Fotografie, 1870).

Unten Samuel Langhorne
Clemens alias Mark Twain
(Fotografie, 1900).

Flaubert konnte sich wenigstens damit trösten, dass er als wohlhabender junger Mann noch immer ein unabhängiger Reisender war. Denn schon bald hatten Reisegesellschaften erkannt, wie viel Geld sie damit machen konnten, Menschen in großen Gruppen durch fremde Länder zu führen. Die Pauschalreise war geboren. Einer der nächsten großen Schriftsteller, die nach Giseh pilgerten, kam als ein Mitglied der ersten organisierten Tour zu den Pyramiden. Man schrieb das Jahr 1867, und der Schriftsteller hieß Samuel Langhorne Clemens (1835–1910), der sich jedoch bereits unter dem Pseudonym »Mark Twain« einen Namen gemacht hatte. Er hielt seine Erlebnisse bei den Pyramiden in dem amüsanten Buch *Die Arglosen im Ausland* (1869) fest: »Ein beschwerlicher Weg in der glühenden Sonne brachte uns zum Fuß der großen Pyramide des Cheops. Sie bot keinen märchenhaften Anblick mehr. Es war ein zerfurchter, unansehnlicher Steinberg. Jede ihrer monströsen Seiten war eine breite Treppe, die Stufe für Stufe nach oben führte und dabei immer schmaler wurde, bis sie an einem Punkt hoch oben in der Luft auslief ...«

Twain beschwert sich heftig über den lärmenden Mob aufdringlicher Einheimischer, Führer und selbsternannter Experten, die die Touristen gnadenlos belagerten und ihnen lauthals versicherten, nicht an Bakschisch interessiert zu sein, bis sich ihre Opfer hoch oben an der Flanke der Pyramide befanden. Hier wiesen die Führer dann darauf hin, wie tief es hinabgehe und wie schrecklich es doch wäre, wenn einer der Amerikaner zufällig ausrutschen würde. Er regte sich auf über die Torturen, die weniger gelenkige Zeitgenossen auf sich nahmen, um Blöcke zu erklimmen, die höher als ein Esstisch waren, und über die Unmöglichkeit, den Männern, die einen hastig zur Spitze schoben und zogen, klarzumachen, dass man nicht die Absicht habe, ein Wettrennen zu gewinnen und ein langsamer Aufstieg vollauf genüge: »Wer sagt, es sei kein belebender, erfrischender, aufreibender, Muskel stählender und absolut qualvoller Zeitvertreib, die Pyramiden zu erklimmen?« Als er endlich die Spitze erreichte, versuchte er sich mit dem Gedanken zu trösten, dass seine »mohammedanischen« Führer als Heiden ihre Quittung im nächsten Leben bekommen würden.

Die Ära der Romantik war endgültig vorbei und damit auch die Zeit der bisweilen rücksichtslosen Ausgrabungen und Forschungen. Fünf Jahre nach dem Erscheinen von Mark Twains Buch kam ein junger Engländer nach Giseh und begann mit der Arbeit, die die Ägyptologie für immer verändern sollte.

KAPITEL ACHT

DIE ÄGYPTOLOGIE WIRD ERWACHSEN

VON DER SCHATZSUCHE ZUR WISSENSCHAFT

Sir William Flinders Petrie (1853–1942) wird häufig als der Vater der modernen Ägyptologie bezeichnet. Einer seiner Schüler schrieb einmal: »Als Petrie seine Karriere begann, war Herodot unser einziger Führer durch die Geschichte Ägyptens; als er diese Karriere beendete, war die gesamte ägyptische Frühgeschichte und Geschichte erfasst und geklärt.« Dies mag vielleicht eine Übertreibung sein, aber sie ist durchaus verständlich. Dank der Sorgfalt und der Strenge seiner Methoden, seiner Genialität im Umgang mit großen wie kleinen Problemen, und vielleicht vor allem dank seiner unglaublichen Energie, brachte Flinders Petrie Ordnung ins Chaos; selbst wenn einige seiner Methoden später verbessert wurden, veränderte er die Methoden der Archäologie maßgeblich.

Petrie schrieb über 100 Bücher und mehr als 1000 Artikel; er führte Ausgrabungen und Vermessungen an mehr als 50 Stätten, nicht nur in Ägypten, Palästina und dem Sinai durch, sondern auch zu Hause in Großbritannien. Er war der Erste, der die Notwendigkeit betonte, jeden Fund akribisch genau zu erfassen, egal wie unbedeutend er zunächst scheinen mochte. Er zeigte auf, wie wichtig das Sammeln, Klassifizieren und Verzeichnen von Keramiken und anderen scheinbar unwichtigen Objekten ist. Er war sehr offen für junge Talente und bildete seine Nachfolger in diesen, seinen Methoden aus; Jahre später lobten ihn alle als großen Lehrer. Um ein anderes Urteil über seine Karriere zu zitieren: »Er fand die Archäologie in Ägypten als Schatzsuche vor und hinterließ sie als Wissenschaft.«

DER EINFLUSS VON PIAZZI SMYTH

Es ist ein kurioser Zufall der Geschichte, dass das Buch, das den wissenschaftlich interessierten jungen Petrie in seiner gewählten Berufung als erstes inspirierte, zu den Texten gehörte, die von Archäologen am meisten verspottet und von Mystikern am meisten bewundert wurden: *Our Inheritance in the Great Pyramid* von dem schottischen Astronomen Charles Piazzi Smyth (siehe S. 166). Petrie las es im Alter von 13 Jahren und war fasziniert von der darin angedeuteten Möglichkeit, das Wesen des antiken Maßsystems könne aus dem genauen Studium der überdauernden Monumente abgeleitet werden. Also beschloss er, zur Großen Pyramide zu reisen und sie selbst zu vermessen. Der junge Petrie hatte das Buch von seinem Vater, William Petrie Senior. Dieser glaubte, in Smyths Schriften das gefunden zu haben, was viele besorgte Christen in dieser Generation

Vorhergehende Seite
Flinders Petrie, mit 69 Jahren noch immer sehr rüstig, schreitet durch die Wüste bei Abydos (1922).

suchten: Eine Möglichkeit, die Heilige Schrift mit den beängstigenden Theorien von Darwin und den Geologen zu vereinbaren. Petries Vater war von dem Buch über die Pyramide so inspiriert, dass er eine Reihe von Theodoliten, Sextanten und Verniers für die große Reise nach Ägypten baute, um Piazzi Smyths Überzeugungen zu beweisen. Aber aus irgendeinem Grund schaffte er es nie, England zu verlassen. Zum Teil von Ungeduld und zum Teil von seiner eigenen Leidenschaft getrieben, sollte der jüngere Petrie die Mission seines Vaters ausführen, die dieser scheinbar auf immer verschoben hatte.

Flinders Petrie verbrachte eine ungewöhnliche Kindheit und erhielt mit Ausnahme eines kurzen Abendkurses in Algebra und Trigonometrie, den er mit 24 besuchte, keinerlei geregelte Ausbildung. Sein Vater erzog ihn nach seinem eigenen strengen Glauben. Petrie war ein kränkliches Kind und durfte nicht draußen spielen, sodass er die meiste Zeit im Haus in Gesellschaft von Erwachsenen verbrachte. Aber er besaß einen lebhaften und neugierigen Geist, und obwohl er sich eher für Naturwissenschaften als für Sprachen interessierte – nur so zum Spaß brachte er sich die Geometrie mittels der Werke Euklids bei –, war er begeistert, als er eine Ausgabe von Spinetos *Lectures on Hieroglyphics* fand und verbrachte viele spannende Stunden damit, die Schriftzeichen zu kopieren. Er war sechs Jahre alt.

Schon bald erweiterte der Junge die Liste seiner Interessensgebiete um Geologie, Magnetismus (worüber er eine kleine Abhandlung schrieb), Astronomie, Numismatik, Chemie und Geodäsie. Vater und Sohn arbeiteten einträchtig zusammen und kartographierten Erdwälle und Steinkreise aus der Vorzeit, darunter 1874 auch Stonehenge, die größte aller britischen Ruinen. Bis 1880 hatte Petrie zehn ähnliche Expeditionen alleine unternommen, viele verschiedene Stätten in Südengland kartographisch erfasst und die unvollendeten Untersuchungen in Stonehenge abgeschlossen. 1877 war das Royal Archaeological Institute auf seine Aktivitäten aufmerksam geworden, und man erlaubte ihm, die verschiedenen Sammlungen des British Museum zu studieren. Das Ergebnis dieser Studien war eine erstaunlich fundierte Abhandlung mit dem Titel *Inductive Metrology, or the Recovery of Ancient Measurements from the Monuments* (1877) – ein überaus origineller Text, der bald zum Standardwerk wurde.

Während dieser vielen anstrengenden Aktivitäten wurde Petrie zu einem immer leidenschaftlicheren und lauteren Verfechter von Piazzi Smyths Überzeugungen, schloss sich den biblischen Fundamentalisten an und nannte die Große Pyramide »die größte Schrift der Erde«. Sein erstes richtiges Buch, das 1874 veröffentlicht wurde, trug den Titel *Researches on the Great Pyramid*. Es war eine glühende Verteidigung Piazzis gegen die Spötter, obwohl er sich in so vielen Schlüs-

Flinders Petrie, der Vater der
modernen Ägyptologie.

selfragen von dem Astronomen unterschied, dass
er als eine Art Häretiker betrachtet werden konnte.

PETRIE BEGINNT
SEINE ARBEIT IN GISEH

Petrie beschloss, es sei nun Zeit für unabhängiges
Handeln und bereitete seine Reise nach Ägypten
vor. Er nahm sich währenddessen nur frei, um Beiträge für das entstehende *Oxford English Dicitio-
nary* zu schreiben, bevor er mit der *SS Nephthys* im
November 1880 in Liverpool ablegte. In Giseh
richtete er sich in einem verlassenen Grabmal ein.
Er plante, während der Wintermonate ununterbrochen zu arbeiten und im Frühjahr fertig zu sein,
bevor die ersten Horden von Touristen einfielen.
Petrie, der an ein spartanisches Leben gewöhnt
war, fand schon bald Gefallen an seiner primitiven
Unterkunft, trotz der vielen kleinen ungebetenen
Gäste: »Bekam keinen Schlaf bis elf oder zwölf, dann wach geworden durch (1.)
Zuschnappen der Falle, große Ratte; getötet; Falle wieder gespannt; (2.) Maus, die
lange um die Falle herum schleicht, obwohl der Köder gefressen sein muss; stehe
auf, um nachzusehen; (3.) Flöhe; (4.) Maus lässt Falle zuschnappen, ohne hinein-
zugehen; stehe auf, spanne sie wieder; (5.) Maus ist in Falle gegangen, aufgestan-
den und sie getötet, Falle wieder gespannt; (6.) Flöhe; (7.) Hund unterhält sich
lange bellend mit anderem Hund in der Nähe [...]«

Derartige Unannehmlichkeiten konnten seinen Enthusiasmus kaum dämp-
fen. Er genoss die fehlenden Konventionen auf dem Plateau, kleidete sich nachlässig und ließ Bart und Haare einfach wachsen, schlief, wenn ihm danach war,
und ernährte sich von Reis, Tomaten, Eiern und gelegentlich Ölsardinen sowie
frischen Orangen aus Kairo, um Skorbut vorzubeugen. Er litt unter Halsentzün-
dungen und anderen vorübergehenden Krankheiten, war aber in anderer Hinsicht gesünder als jemals zuvor – nicht mehr der kränkelnde Junge, sondern ein
robuster und unermüdlicher junger Entdecker.

Zuerst wollte er eine genaue Triangulation des gesamten Giseh-Plateaus mit
Hilfe eines 25 Zentimeter großen Theodoliten und eines 35fach vergrößernden

Teleskops vornehmen. Er arbeitete äußerst sorgfältig und überprüfte jeden Winkel 14 Mal von etwa 50 verschiedenen Messpunkten aus, während sein Assistent Ali Gabri einen Sonnenschirm über den Theodoliten hielt, um zu verhindern, dass dieser sich durch die Hitze ausdehnte. Am Ende des Tages zog Petrie sich in »sein« Grab zurück, um die Messergebnisse aufzuschreiben.

Er war von seinen Ergebnissen begeistert. Er schätzte, dass seine Messungen eine Abweichung von höchstens 6 Millimetern und manchmal sogar von höchstens 2,5 Millimetern aufwiesen, und war von der Genauigkeit des Baus der Pyramide so beeindruckt, dass er sie einen »Triumph der menschlichen Fähigkeit [nannte]. Die geringfügigen Abweichungen in Längen und Winkelmaßen könnte man mit einem Daumen zudecken.«

Als er einsehen musste, dass seine Arbeit vor dem Eintreffen der Touristen nicht erledigt sein würde, änderte er seine Taktik und erweiterte den Umfang seiner Ausgrabungen. Im Juni 1881 fuhr er nach England, kehrte im Oktober zurück und setzte die Arbeiten bis zum Frühsommer des Jahres 1882 fort. Jetzt richtete er seine Aufmerksamkeit auf das Innere der Pyramide und wies seine Männer an, die Basis des absteigenden Gangs von allem Schutt und Unrat zu befreien; sie bildeten eine Kette, reichten volle Eimer nach oben und leere nach unten. Inzwischen tat Petrie sein Bestes, um so viele Touristen wie möglich abzuschrecken: er lief nur mit seiner leuchtend rosafarbenen Unterwäsche bekleidet herum.

Bei Sonnenuntergang ging Petrie wieder in die Pyramide zurück und erstickte fast an dem aufgewirbelten Staub, der ihm furchtbare Kopfschmerzen bereitete. Hier arbeitete er an seinen Messungen bis tief in die Nacht, manchmal bis zum Morgengrauen. Mit Hilfe seiner Spezialketten und anderer Instrumente, von denen ihm einige eine Messgenauigkeit bis auf 0,0254 Zentimeter (1/100 Inch), manche sogar bis auf 0,00 254 Zentimeter (1/1000 Inch) ermöglichten, stellte Petrie die bis heute genaueste Schätzung der inneren Struktur der Pyramide auf. So fand er unter anderem heraus, dass die durchschnittliche Abweichung des Mauerwerks über eine Länge von 45 Metern nur 0,051 Zentimeter (1/50 Inch) betrug; er bestätigte, dass die Königskammer ein Triumph der Geometrie sei und dass das Verhältnis ihrer Länge zum Umfang ihrer Seitenwände gleich dem Verhältnis von Eins zu Pi ist (Pi ist etwa gleich 22/7 oder 3,14 285 ...) und dass das Äußere der Pyramide nach dem gleichen »Pi-Verhältnis« gebaut worden sei. An manchen Stellen entdeckte er auch überraschend grobe Arbeiten und stellte fest, dass der Granit in der Vorkammer nicht nur unbearbeitet, sondern teilweise mangelhaft war.

Von seinen Entdeckungen in Hochstimmung versetzt, wandte sich Petrie erneut dem Äußeren der Pyramide zu und versuchte, weitere Verkleidungssteine der Art zu finden, die durch die Sprengungen von Colonel Vyse freigelegt worden waren. Die Aufgabe war mühsam und gefährlich – sehr oft rutschte der Schutt sofort wieder in die Gruben zurück, die seine Arbeiter ausgehoben hatten, und einmal wäre er dabei fast ums Leben gekommen. Aber sein Mut und seine Ausdauer zahlten sich aus: Schon bald hatte er nicht nur weitere der 15 Tonnen schweren Verkleidungssteine ausgegraben, sondern auch genügend von der Basis der Pyramide freigelegt, um Messungen durchführen zu können. Wieder einmal war er zutiefst beeindruckt von der Genauigkeit der ägyptischen Steinmetze. Die Steine waren so präzise behauen und so exakt eingepasst, dass die dünne Mörtelschicht zwischen ihnen im Durchschnitt nur so dick wie ein Fingernagel war. Er stellte auch fest, dass die durchschnittliche Abweichung der Verkleidungssteine von einer perfekten geraden Linie auf eine Strecke von 1,9 Metern nur 0,0254 Zentimeter (1/100 Inch) betrug. »Allein solche Steine passgenau zu verlegen, erfordert sorgsame Arbeit, diese aber mit Zement in den Fugen zu versehen, erscheint fast unmöglich: Es ist vergleichbar mit der Feinarbeit eines Optikers auf einer Fläche von mehreren Hektar.«

Die vermutlich bedeutendste von Petries Entdeckungen bei dieser beispiellos genauen Ausgrabung, war eine Beobachtung, die ungeheure Konsequenzen für Piazzi Smyths These hatte. Da er seinen Instrumenten mehr traute als der Autorität von Piazzi Smyth, war Petrie zu der Schlussfolgerung gezwungen, dass die tatsächliche Basislänge der Pyramide nicht von den vier Ecksteinen berechnet werden dürfe, sondern von den Kanten ihrer etwa 50 cm höher gelegenen Umfassung. Statt 232,15 Meter, wie Smyth behauptet hatte, betrug die Länge der Basislinie nur 230,35 Meter.

Diese Abweichung machte alle Berechnungen von Smyth hinfällig – beispielsweise seine Schätzung, dass die Pyramide die 365 Tage des Jahres symbolisierte: Mit Petries neuen Ergebnissen lautete diese Summe nun 362,76 – eine bei weitem nicht so beeindruckende Übereinstimmung.

Die Royal Society gewährte Petrie 100 Pfund, um seine Ergebnisse 1883 in dem Buch *The Pyramids and Temples of Giseh* zu veröffentlichen. Es war ein Triumph, den er mit einer gewissen Wehmut betrachtete, denn als er Smyths inspirierendes Buch als Junge gelesen hatte, ahnte er nicht, dass er es sein würde, der »die hässliche kleine Tatsache herausfinden würde, welche die ganze schöne Theorie zunichte machen sollte.« Die Fortsetzung, *The Great Pyramid*, erschien zehn Jahre später.

Mit seiner Untersuchung der Großen Pyramide leistete er bereits weit mehr als ein normales Lebenswerk, aber sie war erst der Beginn einer Karriere, die noch weitere sechzig Jahre andauern sollte. Im Jahr 1892 erhielt er den ersten Lehrstuhl für Ägyptologie am University College in London, den er bis 1933 innehatte.

Sein Einfluss auf nachfolgende Generationen war unermesslich – einer seiner Schüler war zufällig ein junger Altphilologe namens T. E. Lawrence, der später als »Lawrence von Arabien« bekannt werden sollte. Lawrence schrieb in Briefen nach Hause einen lebendigen, humorvollen Bericht über seine Zeit mit Petrie (»[...] Nieren aus der Dose gemischt mit Mumien und Amulette in der Suppe: mein Bett ist voll von einzigartigen prähistorischen Alabastergefäßen – und Nachts halte ich mit meinen Füßen die Ratten vom Brotkasten fern [...]«). Er betonte die Energie seines Mentors, seine ungeheure Sprechgeschwindigkeit und seinen durch viel Humor gemäßigten Dogmatismus.

T. E. Lawrence – »Lawrence von Arabien« – war einer von Petries Schülern.

Mit Petries Karriere ist die Geschichte der Reisenden nach Giseh im Wesentlichen vollständig. Nach Petrie und ungeachtet der besten Bemühungen der »Pyramidioten« wurde das Zeitalter der schillernden Gauner, Freibeuter, Soldaten, Monomanen und Poeten von einem prosaischeren Zeitalter abgelöst, das von Wissenschaftlern auf der einen und respektvollen Touristen auf der anderen Seite beherrscht wurde. Den Wissenschaftlern ist es zu verdanken, dass heute mehr über die Pyramide bekannt ist, als es zu Petries Zeiten möglich war. Dennoch muss man sagen, dass alle nachfolgenden Forscher des 20. und 21. Jahrhunderts in seiner Schuld stehen und – mit Hilfe neuer Technologien – vor allem Petries großes Ideal, die Genauigkeit, anstreben.

NACH PETRIE

Die wichtigsten Fortschritte seit Flinders Petrie lassen sich in zwei Hauptphasen einteilen. Die erste dauerte etwa von 1902, als Gaston Maspero, der Nachfolger von Auguste Mariette, die Ausgrabungstätigkeiten auf dem Giseh-Plateau auf eine rechtliche Grundlage stellte, bis in die 1930er Jahre, als die Expeditionen aufgrund der politischen Situation in Europa allmählich nachließen. Der Zweite Weltkrieg setzte dann all diesen Aktivitäten für mehrere Jahre ein Ende.

Einer der ersten Nachfolger Petries war gleichzeitig auch einer der bedeutendsten: der amerikanische Ägyptologe George Andrew Reisner (1867–1942). Er arbeitete langsam und akribisch, sodass viele seiner Forschungsergebnisse zu seinen Lebzeiten unveröffentlicht blieben, entdeckte aber vieles, was für die Erforschung der Pyramiden von Bedeutung war! Der bemerkenswerteste Fund wurde im Rahmen seiner Ausgrabungen in Giseh gemacht. Reisner arbeitete am Taltempel des Mykerinos, als er am 2. Februar 1925 – mehr oder weniger zufällig – das Grab von Königin Hetepheres, der Mutter von Cheops entdeckte (siehe Kapitel Vier). Ebenfalls im Jahr 1925, nahm der Ingenieur J. H. Cole eine Vermessung der Großen Pyramide vor, deren Genauigkeit sogar Petries brillante Arbeit übertraf.

Nach dem Zweiten Weltkrieg kam es zu einer neuen Forschungswelle, die bis zum heutigen Tag andauert. Zwischen 1963 und 1975 führten zwei italienische Archäologen, Vito Maragioglio und Celeste Rinaldi, die erste vollständige Vermessung sämtlicher erhaltener Pyramiden des Alten und des Mittleren Reichs durch und veröffentlichten ihre Ergebnisse in acht umfangreichen Bänden. Zum ersten Mal wurde die Radiokarbonmethode zur Datierung an den Grabungsstätten angewendet und führte in manchen Fällen dazu, dass die Chronologien um knapp vierhundert Jahre abgeändert werden mussten. 1986 wurde die Große Pyramide einer mikrogravimetrischen Untersuchung unterzogen, um ihre exakte Dichte in verschiedenen Höhen zu ermitteln. Diese Untersuchung führte zu Spekulationen über eine mögliche »versteckte Kammer« in der Nähe der Königinnenkammer. Die festgestellte Unregelmäßigkeit ist allerdings vermutlich eher auf Schichten aus weniger dichtem Gestein rund um das Kernmauerwerk zurückzuführen.

Die berühmteste der zahlreichen späteren Expeditionen, von denen eine auch der Messung der Luftverschmutzung diente, ist zweifellos die 1992 von Rudolf Gantenbrink durchgeführte: Er schickte kleine Roboter mit befestigten Kameras in die Schächte der Königskammer und der Königinnenkammer. Er ent-

deckte einen Kalksteinriegel mit eingelassenen Kupferstiften, der in der Literatur häufig als »Tür« bezeichnet wird. Im September 2002 wurde dieser Riegel von einem Roboter angebohrt. Das Ergebnis war jedoch enttäuschend: Lediglich ein bisher unbekannter Hohlraum wurde gesichtet.

Ein amerikanisches Transportflugzeug mit Lieferungen für die alliierten Truppen in Nordafrika fliegt 1943 über die Pyramiden von Giseh. Alle Ausgrabungen auf dem Plateau wurden während des Zweiten Weltkriegs eingestellt.

DIE THESE VOM »SCHWARZEN ÄGYPTEN«

Nach der heute gängigen Meinung, ist die Geschichte des Alten Ägypten zugleich die Geschichte der weißen Europäer und Amerikaner. Eine afroamerikanische »Gegenbewegung« sieht die alten Ägypter jedoch als Vorfahren von Menschen mit schwarzer Hautfarbe.

Dieses heikle Thema kann man nicht vorsichtig genug behandeln. Zweifellos ist ein großer Teil der Literatur in diesem Bereich nachlässig geschrieben und erfüllt nicht die Maßgaben einer gängigen akademischen Argumentation, da es sich oft um selbst veröffentlichte Pamphlete und Manifeste handelt, die von Hand zu Hand weitergereicht werden. Aber sind sie daher ohne seriösen Inhalt? Die berühmteste (und mehr oder weniger wissenschaftliche) Studie, die diese Argumentation nicht mitleidig belächelt, sondern ihr absolut zustimmt, ist Mar-

Ein spanischer Stich aus dem Jahr 1862, der schwarze Afrikaner beim Bau der ägyptischen Pyramiden zeigt.

tin Bernals viel diskutiertes Buch *Schwarze Athene* (Band I, 1987). Dieses interessante und leidenschaftliche Werk wird zwar von vielen Experten verspottet, hatte aber den begrüßenswerten Effekt, dass viele Leser ihre Annahmen überprüften und manchmal ungerechtfertigte Überzeugungen bei sich entdeckten, derer sie sich vorher kaum bewusst waren.

Bernal ist ein scharfer Beobachter und deckt auf, welche Theorien jenseits der Grenzen des intellektuell Erlaubten sind. Er berichtet, welche Schwierigkeiten er hatte, die Bibliothek seiner Universität davon zu überzeugen, eine Ausgabe eines der anerkanntesten Werke auf diesem Gebiet anzuschaffen; G. G. M. James' *Stolen Legacy* (mit dem Untertitel: *The Greeks were not the authors of Greek Philosophy, but the people of North Africa, commonly called the Egyptians*), so sehr wehrten sich die Bibliothekare dagegen, es als ein richtiges Buch zu betrachten.

Als hoch geachteter Wissenschaftler und gleichzeitig unwillkommener Eindringling in die Fachgebiete anderer, hat sich Bernal nicht nur intensiv mit der These vom »Schwarzen Ägypten« beschäftigt, sondern auch mit der Soziologie des Wissens – damit »was eine fruchtbare radikale Innovation von unfruchtbarer Spinnerei unterscheidet.« Seiner Überzeugung nach kann man einen großen Teil der afroamerikanischen revisionistischen Arbeit, so unkonventionell sie auch präsentiert sein mag, nicht einfach als Spinnerei abtun, da sie nicht zu den typischen Verirrungen von Spinnern gehört, die dazu neigen, »neue unbekannte und unbegreifliche Faktoren in ihre Theorien einzubringen: verlorene Kontinente, Außerirdische, Planetenkollisionen etc.« Solche mystischen Spinnereien sind das Thema das nächsten Kapitels.

KAPITEL NEUN

PYRAMIDOLOGIE, MYSTIKER UND SPINNER

NIEMAND WIRD BESTREITEN KÖNNEN, dass das Alte Ägypten in den vergangenen Jahrhunderten nicht nur bemerkenswerte, unvoreingenommene und scharfe Geister beschäftigt hat, sondern auch schon immer ein Magnet für alle möglichen Scharlatane, Okkultisten und Spinner gewesen ist. Studierte Ägyptologen nennen solche Typen abfällig »Pyramidioten«. Man kann ihre Aufregung verstehen, wenn man sieht, wie die in zahllosen Stunden und mit enormem Aufwand ermittelten Forschungsergebnisse von visionären Schwärmern in den Wind geschlagen werden, die behaupten, im Traum erfahren zu haben, die Pyramiden seien von den Bewohnern der Venus erbaut worden.

Gleichwohl: Wenn man auf die lange und vielfältige Geschichte der Wiederentdeckung des Alten Ägypten zurückblickt, sind die Grenzen zwischen Vernunft und Verrücktheit verschwommener, als man vermuten möchte. Zumindest zwei der größten Gelehrten der Ägyptologie (darunter auch ihr moderner Paterfamilias Flinders Petrie) hatten auch mit okkulten Theorien zu tun, und bis weit ins 17. Jahrhundert lässt sich nur schwer eine Grenze zwischen gesicherten Erkenntnissen und Aberglauben, zwischen Wissenschaft und Magie ziehen. Man denke nur an den Fall von Sir Isaac Newton: Vermutlich der größte aller Wissenschaftler, nach den Maßstäben des 21. Jahrhunderts allerdings eindeutig ein Opfer der »Pyramidiotie«.

Viele Jahrhunderte teilten hochintelligente Gelehrte und solche, die schon fast mit einem Bein im Irrenhaus standen, den Glauben an ein verlorenes Wissen. Demnach besaßen die Ägypter alle möglichen geheimen Einsichten und Techniken, die ihre Eroberer und Nachfolger auf der Weltbühne (Griechen und Römer) der Nachwelt, wenn überhaupt, nur in verstümmelten Fragmenten hinterlassen hatten. Es galt also, dieses verlorene Wissen wiederzufinden. Und damals wie heute konnten nur wenige jener Versuchung widerstehen, die von jenem geheimnisvollen Objekt und seinen beiden jüngeren Geschwistern auf dem Giseh-Plateau ausgeht.

In diesem Kapitel wollen wir einen kurzen Blick auf einige der wilderen Theorien der pyramidologischen Studien des 19. und 20. Jahrhunderts werfen. Nicht jeder, der erwähnt wird, verdient es, als Dummkopf oder Scharlatan abgetan zu werden (obwohl es davon recht viele gibt), aber der Leser sollte sich hüten, irgendeine ihrer Behauptungen ernst zu nehmen, ohne die orthodoxe wissenschaftliche Meinung und die gesicherten Erkenntnisse zu den betreffenden Fragen zu kennen. Derart gewappnet, können wir nun das Karussell besteigen und mit einem durchaus schillernden, aber sehr aufrichtigen und interessanten Charakter beginnen.

G. B. CAVIGLIA

Giovanni Battista Caviglia (1770–1845) war sowohl in der orthodoxen als auch in der unorthodoxen wissenschaftlichen Forschung zu Hause. Er lieferte durchaus einige ernstzunehmende Beiträge zum Verständnis der Cheopspyramide. Andererseits behauptete er wie viele andere, seine Forschungen hätten ihn mit großen, dunklen »Geheimnissen« in Verbindung gebracht. Alexander William Crawford (1812–1880, später Lord Lindsay), ein englischer Gentleman, der Caviglia in Kairo traf, war von der authentischen Frömmigkeit des Italieners beeindruckt, aber befremdet von dessen Andeutungen über die übernatürlichen Erfahrungen, die er angeblich gemacht hatte. Crawford schrieb in einem Brief nach England:

»Caviglia erzählte mir, er habe seine Studien in Magie, animalischem Magnetismus etc. so weit getrieben, dass es ihn beinahe getötet habe ... bis zum Rand dessen, so sagte er, was dem Menschen verboten ist zu wissen, und nur die Reinheit seiner Absichten habe ihn gerettet.« Schon möglich, obwohl man nicht sagen kann, dass »Reinheit« auch in anderen Beziehungen ein Merkmal Caviglias war.

Bis er dem »Geheimnis« der Großen Pyramide auf den Grund zu gehen gedachte, war der aus Genua stammende Caviglia bei der Handelsmarine gewesen. Als Kapitän eines Malteser Segelschiffes unter britischer Flagge kam er nach Ägypten und richtete sich dort direkt in der Davisonkammer ein, nachdem er sie von ihrer dicken, schleimigen Schicht aus Fledermauskot befreit hatte. In einem Bericht über sein neues Heim schrieb er, er habe es in ein »Wohnapartment« verwandelt – eine geschönte Umschreibung für eine Behausung mit nur einem Meter Deckenhöhe. Anschließend machte sich Caviglia daran, die Umgebung seines neuen Zuhause zu erforschen. Er finanzierte sein Vorhaben, indem er anderen Europäern dabei half, alles zu plündern, was ihnen vom Rest der Nekropole in Giseh gefiel.

Caviglia war überzeugt, dass es weitere geheime Kammern zu entdecken gab und richtete in der Umgebung der Davisonkammer viel Schaden an, bevor er die Suche aufgab. Dann unternahm er von der Großen Galerie aus den gefährlichen Abstieg in den »Brunnenschacht«, musste aber wie Davison vor ihm feststellen, dass die Basis mit Sand und Steinen zugeschüttet war. Er überzeugte seine widerstrebenden Arbeiter davon, ebenfalls hinunterzusteigen und den Schutt zu beseitigen, doch nach einer Weile – die Lungen voll Staub und aufgewirbeltem Fledermauskot – rebellierten seine Männer, und die Arbeiten wurde eingestellt.

Caviglia wollte nun den unteren Teil des absteigenden Gangs freiräumen.

Tapfer kroch er etwa 46 Meter weit, bis die Luft so staubig und die Hitze so unerträglich wurde, dass er Blut spuckte. Trotzdem drang er noch weitere 15 Meter vor, bis er schließlich auf etwas stieß, das aussah wie der Eingang zu einem Loch. Nachdem er seine Männer motiviert hatte, weiterzuarbeiten, hackten sie die Wand auf, bis plötzlich ein kühler Luftzug zu spüren war. Als sich der Staub gelegt hatte, erblickten sie ihre eigenen Seile und Eimer – sie hatten die blockierte Verbindung zwischen dem absteigenden Gang und dem vom aufsteigenden Gang steil hinabfallenden Verbindungsschacht, dem so genannten »Brunnenschacht« gefunden.

Zu diesem Zeitpunkt gesellte sich unerwartet ein wesentlich wohlhabenderer Entdecker zu Caviglia: Colonel Howard Vyse. Der Colonel war so beeindruckt von dem, was dieser seltsame Italiener ihm über die okkulten Zwecke der Pyramide erzählte, dass er sein nicht unbeträchtliches Vermögen in deren Erforschung steckte und Caviglia als Vormann bei den Ausgrabungen anstellte. Alles lief wie geschmiert, bis Vyse feststellte, dass Caviglia die neu rekrutierten Arbeiter hauptsächlich für seine eigenen Zwecke einsetzte, um aus den nahegelegenen Gräbern alles zu plündern, was er finden konnte – von Skarabäusringen bis zu Mumien.

(Das Pulver zerriebener Mumien war in einigen medizinischen Kreisen in Europa noch immer sehr gefragt und galt als Heilmittel bei Brüchen und anderen Krankheiten.)

Die beiden trennten sich im Streit, und Caviglia reiste nach Paris, wo es ihm nach einer Weile gelang, einen anderen berühmten britischen Antiquitätenjäger als Förderer zu gewinnen: Lord Elgin. Welche »Geheimnisse« der ebenso gutgläubige wie mutige Caviglia neben seinen echten archäologischen Funden auch entdeckt haben mochte, sie hatten ihm jedenfalls keine weltlichen Reichtümer eingebracht. Nicht minder gutgläubig waren auch die Männer, die bald nach ihm das Wissen der alten Ägypter zu enthüllen suchten.

JOHN TAYLOR

Fast alle »alternativen« (oder »verrückten«) Theorien über die Große Pyramide zeichnen sich durch die Überzeugung aus, dass deren innere und äußere Abmessungen irgendeine Form höheren geometrischen, astronomischen oder geographischen Wissens verkörpern. Gerüchte und Legenden darüber gab es schon seit dem Altertum. Die moderne Leidenschaft für solche Spekulationen

Gegenüber
Satellitenaufnahme des Giseh-Plateaus. Die Cheopspyramide befindet sich am linken unteren Bildrand.

begann mit einem englischen Literaten der Neuzeit, der selbst nie nach Giseh gereist war.

John Taylor (1781–1864), Dichter, Essayist und eine Zeitlang Herausgeber des *London Observer*, war bereits über 50, als ihn das Pyramidenfieber packte.

Und er sollte die nächsten 30 Jahre seines Lebens damit verbringen, Informationen daüber zu sammeln und zu vergleichen. Seine Thesen fasste er in dem Buch *The Great Pyramid: Why Was It Built & Who Built It?* (1859) zusammen.

Taylor war scharfsichtig genug, um zu bemerken, wie widersprüchlich die Zahlen waren, die seit Greaves in Europa bekannt geworden waren, und er besaß genügend Vorstellungskraft, um zu erkennen, dass die zunehmende Länge der Basis in diesen Berichten auf das kontinuierliche Entfernen des Schutts und die Freilegung noch tieferer Mauerschichten zurückzuführen war. Ausgehend von den Zahlen von Howard Vyse (die exaktesten, die damals verfügbar waren), machte er sich daran, diese zu interpretieren.

Einem Hinweis von Herodot folgend, stellte er sich die Frage, warum die Erbauer für die Seiten der Pyramide einen Winkel von ungefähr 51° gewählt hatten und nicht, wie bei einem gleichseitigen Dreieck,

John Taylor mit einem Modell der Großen Pyramide

von 60°. Einer plötzlichen Eingebung folgend, teilte er den Umfang der Basislinie der Pyramide durch eine Zahl, die ihrer doppelten Höhe entsprach. Das Ergebnis: 3,144 – verlockend ähnlich, wenn auch nicht gleich der Zahl *Pi*: 3,14159 … Da er der Überzeugung war, dass dies kein Zufall sein konnte, suchte Taylor nach anderen Hinweisen und kam schließlich auf die Idee, dass der Umfang der Pyramidenbasis den Umfang der Erde am Äquator und ihre Höhe den Abstand des Erdmittelpunkts zum Pol darstellen sollte. Wenn dies zutraf, so würde es Jomards Behauptung stützen, dass die Ägypter in der Lage gewesen waren, ein geographisches Grad genau zu berechnen: Sie hatten es mit 360 multipliziert, um den Umfang der Erde zu ermitteln, und die Zahl *Pi* zugrunde gelegt, um ihren Radius zu berechnen. Taylor glaubte, dass die Ägypter »wussten, dass die Erde eine Kugel war. Indem sie die Bewegung der Himmelskörper über der Erdoberfläche beobachteten, hatten sie ihren Umfang ermittelt, und sie wollten ein Dokument des Umfangs hinterlassen, das so genau und unvergänglich war wie möglich«.

Taylors nächste selbst gestellte Aufgabe bestand darin, Greaves und Isaac Newton zu übertreffen, indem er die von den Ägyptern verwendete Maßeinheit ermittelte. Dabei ging er davon aus, dass ein Teil des *Pi*-Verhältnisses sehr wahrscheinlich als ganze Zahl und nicht als Bruchteil ausgedrückt worden war. Durch Ausprobieren gelangte er zu dem Verhältnis 366 zu 116,5. Das kam ihm bekannt vor: 366 entspricht fast der Anzahl der Tage des Sonnenjahres. Er spielte mit dieser Zahl und fand heraus, dass der Umfang, wenn er einfache britische Zoll als Maßeinheit verwendete, den nicht ganz perfekten, aber zufriedenstellenden Annäherungswert von 366 x 100 ergab.

Zufällig hatte der große englische Astronom Sir John Frederick Willliam Herschel kurz zuvor eine Einheit vorgeschlagen, die sich nur einen Bruchteil vom britischen Zoll unterschied und am besten die tatsächlichen Dimensionen der Erde reflektierte. Das britische Landesvermessungsamt hatte die Achse der Erde von Pol zu Pol auf 7898,78 Meilen oder fast 500 500 000 Zoll festgelegt. Wenn man die Länge eines Zolls einfach um eine Haaresbreite veränderte, erhielt man exakt 500 Millionen Zoll. 50 dieser Einheiten ergaben einen Yard, die Hälfte dieser Zahl eine Elle.

Taylor war von der Übereinstimmung von Herschels Kalkulation mit seinen eigenen Pyramiden-Berechnungen begeistert. Ebenso erfreut war er über eine andere Reihe von Daten, die darauf hindeutete, dass Newtons Postulat einer »sakralen« Elle von etwa 25 Zoll (63,5 cm) korrekt war und zeigte, dass der gute alte britische Zoll älter war, als viele annahmen: Er war das Relikt einer alten Maßeinheit, basierend auf den tatsächlichen Abmessungen der Erde. Und er musste auch den Ägyptern bekannt gewesen sein.

Aber an diesem Punkt kollidierte Taylors Glaube an Geometrie und Geschichte mit seinem religiösen Glauben. Wie viele fromme Menschen der damaligen Zeit war auch er von der Wahrheit des Alten Testaments überzeugt und glaubte, dass das Universum etwa 4000 Jahre früher entstanden und die Welt um 2400 v. Chr. in einer großen Sintflut untergegangen war. Zu diesem Zeitpunkt, Mitte des 19. Jahrhunderts, ging man davon aus, dass die Cheopspyramide um 2100 v. Chr. erbaut worden sei. Taylor quälte nun die Frage, wie sich die Menschheit in nur 300 Jahren so schnell wieder erholt haben konnte. Taylor stützte sich auf den einzigen ihm zur Verfügung stehenden Kompromiss: Der Bau der Pyramide war von Gott inspiriert.

Einige menschliche Wesen in der Frühzeit könnten vom Schöpfer mit einem Maß an Intelligenz ausgestattet gewesen sein, das sie weit über die nachfolgenden Erdbewohner erhob. Er ging sogar noch weiter. Da der ehrwürdige britische

Zoll fast genau mit dem »Pyramidenzoll« übereinstimmte, konnte man vermuten, dass es sich um ein und dieselbe Maßeinheit handelte, die im Laufe von Generationen nur leicht verändert worden war.

Standen die Briten also mit den verlorenen Stämmen Israels in Verbindung? Zu seiner großen Enttäuschung wurden Taylors wunderbare Entdeckungen von den meisten seiner Zeitgenossen kaum gewürdigt. Die Royal Society, zu deren Mitgliedern die berühmtesten Männer der Wissenschaft gehörten, wies sein Angebot, sie zum Thema der Pyramide zu konsultieren, höflich zurück. Doch kurz vor Taylors Tod nahm sich ein Mann seiner Sache an, der zu berühmt war, als dass man ihn hätte ignorieren können.

Charles Piazzi Smyth war königlich schottischer Astronom und glaubte an die »sakrale Elle«.

CHARLES PIAZZI SMYTH

Die letzten Wochen seines Lebens wurden durch eine intensive Korrespondenz mit dem schottischen Wissenschaftler Charles Piazzi Smyth (1819–1900) versüßt. Smyth, wegen seiner Leistungen auf dem Gebiet der Spektroskopie und als königlich schottischer Astronom anerkannt, war wie Taylor davon überzeugt, dass die Briten den »Pyramidenzoll« oder »sakralen Zoll«, der 1/25 einer »sakralen Elle« entsprach, geerbt hatten – das Urmaß, das Noah für den Bau seiner Arche, Moses für sein Tabernakel und die Ägypter für die Pyramide zugrunde gelegt hatten.

Nach Taylors Tod beschloss Piazzi Smyth, selbst nach Ägypten zu reisen und dessen Thesen entweder ein für alle Mal zu bestätigen oder zu widerlegen. Zusammen mit seiner Frau machte er sich im Dezember 1864 auf den Weg und gelangte trotz widriger Umstände – knapp bemessene finanzielle Mittel, Chaos und galoppierende Inflation in Ägypten – schließlich nach Kairo. Vom Vizekönig Ismael Pascha wurden sie zwar willkommen geheißen, allerdings zeigte dieser sich nicht so großzügig, der Bitte des Engländers um volle Unterstützung bei den Ausgrabungen nachzukommen, was kaum überraschte, wollte Piazzi Smyth doch die gesamte Basis der Pyramid von Schutt befreien und allerlei Löcher bohren. Stattdessen stellte ihm der Vizekönig lediglich 24 Arbeiter und die Transportmittel zum Ausgrabungsort zur Verfügung. Ende Januar 1865 hatte Piazzi Smyths Team die Innenräume und Gänge der Cheopspyramide freigeräumt, die von Touristen verschmutzt oder von Führern wieder versperrt worden waren, weil sie wie im Falle des Brunnenschachts keine Lust hatten, den anstrengenden Abstieg auf sich zu nehmen. Dann machte er sich mit einer Reihe von Messinstrumenten an die Arbeit, darunter auch eine 2,67 Meter lange Messlatte, die an beiden Enden mit einem Thermometer ausgestattet war, um jede Temperaturveränderung zu registrieren, die eine Ausdehnung verursachen konnte. Er brachte auch eine Kamera zum Einsatz und belichtete etwa 80 Platten mit Hilfe eines selbst entwickelten Magnesiumblitzes.

Für die äußeren Vermessungen verwendete er Schnüre sowie die neuesten Sextanten, Theodoliten und Teleskope. Um den Längengrad zu ermitteln, kletterte er mit einem Senkblei auf die Spitze der Pyramide, wo er zusammen mit seiner Frau mehrere Nächte verbrachte und mit einem Teleskop die Sterne beobachtete. Zwei schottische Landsmänner, rechtschaffene Ingenieure, die zufällig vorbeikamen, bat er, ihm zu helfen, die Ecken der Pyramidenbasis freizulegen, die seit der französischen Expedition wieder mit Sand, Steinen und Schutt zugedeckt waren. Zu seinem Verdruss musste er die beiden Männer diese Arbeit alleine verrichten lassen, da die bereits lange vorher gebuchte Rückreise der Smyhts anstand.

Zu Hause in Schottland wertete er seine Messungen aus und ergänzte sie um jene Zahlen, die ihm seine neuen Freunde schickten. Diese schätzten die Basislänge jedoch auf 231,4 Meter, eine viel kleinere Zahl als die, die Taylor zugrunde gelegt hatte. Piazzi Smyths Schlussfolgerungen waren komplex, aber nur wenige waren wirklich herausragend. So behauptete er, dass die zeremonielle Vollendung der Pyramide um Mitternacht zur Tagundnachtgleiche im Herbst des Jahres 2170 v. Chr. stattgefunden haben musste.

Piazzi Smyth bestätigte auch, dass der durchschnittliche Neigungswinkel der Pyramidenseiten etwas über 51° 51' betrug. Er wiederholte zudem Taylors frühere Berechnungen und ermittelte die Zahl 3,141259 ..., eine erstaunliche Annäherung an *Pi*, weitaus beeindruckender als Taylors 3,144. Und so weiter. Piazzi Smyth fühlte sich bestätigt: Die Pyramide enthielt tatsächlich ein Größenmodell der Erde, ihr Basisumfang stimmte tatsächlich mit der Anzahl der Tage des Sonnenjahres überein, und sie war tatsächlich mit einem höheren geometrischen Wissen gebaut worden.

Natürlich war Piazzi Smyth mit seinen Ergebnissen mehr als zufrieden, ebenso wie anfänglich auch seine Förderer: Die Edinburgh Royal Society verlieh ihm eine Goldmedaille für seine Arbeit. Aber schon bald wurden Zweifel laut, und als er seine Ergebnisse schließlich in dem dreibändigen Werk *Life and Work at the Great Pyramid of Jeezah during the Months of January, February, March and April, A. D. 1865* zusammenfasste, wurden sie nicht unbedingt mit Begeisterung

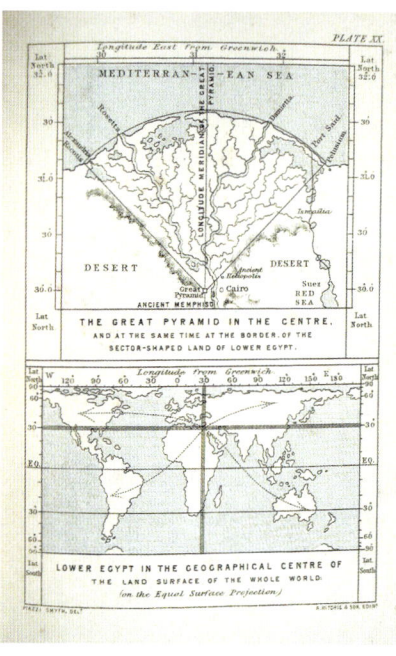

Zwei Illustrationen aus Piazzi Smyths Buch *Our Inheritance in the Great Pyramid*, die (oben links) Querschnitte der Großen Galerie und (oben rechts) die Große Pyramide im »geographischen Zentrum der Landmasse der Erde« zeigen.

aufgenommen. Im Gegenteil, man begegnete ihnen mit Gleichgültigkeit oder gar unverhohlenem Spott.

Für die meisten von Piazzi Smyths Lesern war das Problem weder die Genauigkeit seiner Messungen, noch die Richtigkeit seiner Berechnungen, sondern der Zweck, für die er sie einsetzte. Noch immer wütete die Kontroverse um Charles Darwins 1859 veröffentlichtes Buch *Die Entstehung der Arten*, in dem behauptet wurde, die Menschheit stamme nicht von einem biblischen Adam ab, sondern habe sich durch einen Prozess der natürlichen Auslese entwickelt. Ebenso wie Darwins Gegner waren auch Piazzi Smyth und Taylor sehr nüchterne und bibeltreue Christen. Mit dem gleichen intellektuellen Dilemma wie Taylor konfrontiert, war Piazzi Smyth zu der gleichen Erklärung gelangt: Die Pyramide war von Gott inspiriert. Die Skeptiker rieben sich die Hände. Ein vermeintlicher Befürworter von Piazzi Smyth, ein gewisser Robert Menzies, behauptete zu guter Letzt auch noch, die Pyramide sei nicht nur von Gott inspiriert, sondern enthalte auch eine Prophezeiung in Stein, jeder »Pyramidenzoll« ihres inneren Gangsystems entspreche einem Jahr in der Weltgeschichte, von der Schöpfung bis zur Apokalypse.

Scheinbar immun auch gegen den schlimmsten Spott, setzte Piazzi Smyth seine Kalkulationen und Spekulationen fort und gelangte zu noch erstaunlicheren Ergebnissen. So ermittelte er beispielsweise, dass die Pyramide von der Basis im Verhältnis von zehn Höheneinheiten zu neun Breiteneinheiten anstieg. Dann multiplizierte er die Höhe der Pyramide mit zehn hoch neun und erhielt die (angeglichene) Zahl von 91 840 000 Meilen – annähernd die durchschnittliche Entfernung von der Erde zur Sonne. Diese Berechnung ist noch immer Grundbestandteil in den Annalen der Pyramidologie.

Wunderbare Ergebnisse, aber das Problem war, dass selbst Piazzi Smyths sorgfältig ermittelte Zahlen nicht besser waren als eine gute Schätzung der äußeren Abmessungen der Pyramide. Und solange diese Berechnungen noch um ein paar Zoll zu ungenau waren, würden die »Beweise« von Taylor und Piazzi Smyth nicht mehr als eine Ansammlung charmanter Hypothesen sein. Die Ironie der Geschichte bestand darin, dass der gute Christ und aufrichtige Bewunderer von Piazzi Smyth, Flinders Petrie, mit seiner Arbeit schließlich den »Pyramidenzoll« und alle damit zusammenhängenden Theorien und Überlegungen widerlegen sollte. Der nächste unserer Pyramidologen vertrat jedoch eine Überzeugung ganz anderer Art.

DAVID DAVIDSON

Als der Bauingenieur aus Leeds Menzies »prophetische« Argumente vernahm, zeigte er sich darüber verärgert. Als überzeugter Agnostiker begann er Daten zusammenzutragen, die Menzies Argumente über den Haufen werfen sollten. Aber je mehr sich David Davidson mit der Pyramidenliteratur beschäftigte, desto mehr war er davon überzeugt, dass nicht Menzies, sondern er selbst auf der falschen Spur war. Mit dem Eifer des neu Bekehrten erklärte er der Welt – bzw. dem Teil der Welt, der zuhörte –, dass die Pyramide all das und noch mehr war, was Taylor, Piazzi Smyth und Menzies von ihr behauptet hatten. Er war der festen Überzeugung, sie sei ein steinerner Beweis dafür, dass die Bibel wirklich das Werk Gottes war.

Ein großer Teil der Schriften von Davidson war lediglich eine Wiederholung der früheren Behauptungen, dass die Abmessungen der Pyramide sich auf das Wissen um die Dimensionen der Erde und ihre Kreisbahn um die Sonne gründeten und dieses Wissen symbolisierten. Der neue Aspekt seiner Arbeit bezog sich auf ein Phänomen, das Petrie zwar bemerkt, aber nicht als Grundlage für eine Theorie verwendet hatte: die Tatsache, dass jede Seite der Pyramide leicht konkav ist. Dieser Effekt ist mit bloßem Auge nicht zu erkennen, wurde aber später durch Luftaufnahmen deutlich. Davidson zog dieses interessante Detail als Basis für einige geniale Berechnungen heran, mit denen er zu beweisen hoffte, dass die

Pyramide tatsächlich die drei verschiedenen Methoden zur Messung der jährlichen Drehung der Erde um die Sonne (die solare, die siderische und die anomalistische) verkörperte.

Darauf gründete Davidson seine These, dass die Ägypter »offensichtlich« nicht nur die exakte Länge des Sternenjahres und die Entfernung von der Erde zur Sonne gekannt, sondern möglicherweise auch Zugang zu einem Wissen gehabt hatten, das von der spezifischen Erdanziehung bis zur Lichtgeschwindigkeit reichte. Mit anderen Worten, das Wissen, zu dem sie Zugang hatten, war nicht nur so komplex wie das des 19. Jahrhunderts – in etwa die Position von Taylor und Piazzi Smyth –, sondern wesentlich umfassender. »Der Mensch hat Tausende von Jahren gebraucht«, so Davidson, »um durch Experimente herauszufinden, was er ursprünglich durch eine genauere und einfachere Methode wusste.«

Madame Helena Blavatsky gehörte zu den Begründern der Theosophischen Gesellschaft, fotografiert in London 1889.

Und weiter: »Das bedeutet, dass die gesamte empirische Basis der modernen Zivilisation, verglichen mit der naturgesetzlichen Basis dieser vergangenen Zivilisation, eine behelfsmäßige Sammlung von Hypothesen ist.« Für Davidson gab es auf die uralte Frage, warum die Pyramiden gebaut worden waren, eine einfache Antwort: Sie waren gebaut worden, um eine fortgeschrittene Form der Naturwissenschaft über ein bevorstehendes dunkles Zeitalter hinaus zu bewahren, bis die Menschen wieder fortgeschritten genug sein würden, um ihre Lehren zu entschlüsseln und erneut über das gesamte Wissen verfügen zu können, das sie einst gehabt hatten.

Ob die Pyramide nun prophetische Wahrheiten symbolisierte oder nicht, es bedurfte keiner großen prophetischen Gaben, um vorauszusagen, was als nächstes kam: So sehr die Mathematiker, Astronomen, Archäologen und Ägyptologen sich auch gegen seine wilden Mutmaßungen zu wehren versuchten, Davidson hatte mit seinen Thesen eine Lawine der »Pyramidiotie« losgetreten, eine Lawine, die bis heute nicht zum Stillstand gekommen ist.

Es wäre eine lange und ermüdende Aufgabe, die Details all der verrückten, mathematisch begründeten Theorien zu beschreiben, die seit Davidson (sowie seit Menzies, Piazzi Smyth und Taylor) entstanden sind. Aber man sollte wenigstens auf Morton Edgar verweisen, der in der Pyramide die Prophezeiung »las«, dass die Menschheit im Jahr 2914, am Ende des tausendjährigen »Jüngsten

Gerichts«, den gesamten Nutzen des Opfers Christi erfahren und die perfekte menschliche Natur wiedererlangt haben würde, die Adam durch seinen Ungehorsam vor 7040 Jahren verloren hatte. Auch die Schule der »pyramidalen Mathematik« ist alles andere als tot. Ein herausragendes Beispiel aus jüngerer Zeit ist Peter Lemesuriers Buch *The Great Pyramid Decoded* (1977 und 1997), das so vollgestopft ist mit Berechnungen, dass es selbst die hartnäckigsten Wahrheitssuchenden abschreckt.

Es ist an der Zeit, stattdessen einige Randerscheinungen anderer Art zu betrachten. Eine umfassende Untersuchung aller merkwürdigen (nicht mathematischen und nicht prophetischen) Behauptungen, die über die Große Pyramide bisher aufgestellt wurden, wäre allerdings ebenso ermüdend. Daher wollen wir die Vertreter von drei Haupttendenzen etwas genauer unter die Lupe nehmen: die Okkultisten, die Atlanter und die Außerirdischen.

DIE OKKULTISTEN

Seit Beginn des 18. Jahrhunderts griffen alle möglichen Arten von Geheimgesellschaften und Kulten, von den Rosenkreuzern bis zu den Freimaurern, begierig die (oft kaum verstandenen) Merkmale der altägyptischen Kultur und Religion auf. Ihren seltsamen Praktiken fügten sie entweder irgend etwas unmittelbar Antikes hinzu, in extremeren Fällen beriefen sie sich direkt auf die ägyptischen Priester. Diesen Gruppierungen diente die Große Pyramide häufig als ein mythischer Ort der Initiation.

Die Kulte, die im späten 19. und frühen 20. Jahrhundert folgten, verfuhren meist nicht viel anders, allen voran die Vertreter der Theosophischen Gesellschaft. Eine der Begründerinnen der Bewegung, Helena Petrovna (Madame) Blavatsky (1831–1891), war geradezu besessen von Ägypten, wenngleich sie ihre Begeisterung später auf Tibet konzentrierte. Ihre Jünger belehrte sie in Büchern wie *The Secret Doctrine* (1888) und *Isis Unveiled* (1877) darüber, dass die Pyramide »der immerwährende Bericht und das unzerstörbare Symbol der Geheimnisse und Initiationen auf der Erde« sei, »ein Tempel der Initiation, in dem Menschen zu den Göttern hinauf und die Götter zu den Menschen hinabstiegen«. Sie

P. D. Ouspensky, fotografiert 1935, ein Jahr nach der Veröffentlichung eines Berichts über seine Erlebnisse in der Großen Pyramide am Vorabend des Ersten Weltkriegs.

glaubte, dass der Sarkophag in der Königskammer eine Art Taufbecken sei, und dass die zu initiierende Person in einem Ritual dort hineingelegt wurde, um Erfahrungen der Transformation zu durchleben.

Angesichts solch beeindruckender Zeugnisse war es nicht überraschend, dass ein Besuch der Großen Pyramide für die meisten Hexenmeister und Magier des späten 19. und frühen 20. Jahrhunderts für ein erfülltes Leben unerlässlich war. Manche reisten natürlich nur auf der astralen Ebene und verzichteten auf die Dienste von Reiseunternehmen. Doch die Liste derer, die persönlich dort hinfuhren, ist lang genug.

Peter Demianowitsch Ouspensky (1878–1947), Mathematiker, Philosoph, ehemaliger Schüler des seltsamen und (in mancher Hinsicht) beeindruckenden armenischen Mystikers Gurdjieff, und später selbst Kultführer, reiste kurz vor Ausbruch des Ersten Weltkriegs zur Pyramide nach Ägypten. In *A New Model of the Universe* (1934) schrieb er über seine geheimnisvollen Erfahrungen, die die Grenzen des Wahrscheinlichen allerdings nicht sonderlich strapazierten: »Die unbegreifliche Vergangenheit wurde zur Gegenwart und war mir sehr nah, als könne ich meine Hand danach ausstrecken, und unsere Gegenwart verschwand und wurde seltsam, fremd und fern ...«

Einen lebhafteren Bericht über einen solchen Ausflug findet man in den *Confessions* von Aleister Crowley (1875–1947), dem selbst ernannten »Großen Tier 666«. Die britische Yellowpress bezeichnete ihn als den »schlechtesten Menschen auf Erden«, und man kann ihn zweifellos als einen großen Schwindler und den berüchtigtsten aller Anhänger der Magie (bzw. »Magick«, wie er es buchstabierte) des 20. Jahrhunderts betrachten. Crowleys Name wird noch immer sehr häufig mit satanischen Kreisen in Verbindung gebracht, aber dieser teuflische Ruf sollte nicht über die Tatsache hinwegtäuschen, dass er eigentlich ein unverbesserlicher Schelm war, der einfach viele Märchen erzählte.

Crowley behauptete, er habe während seiner Flitterwochen eine Nacht in der Königskammer der Cheopspyramide verbracht und beim Licht einer Kerze seltsame magische Zauberformeln vorgelesen. Dabei habe er bemerkt, wie die Wände immer mehr in einem überirdischen Licht erstrahlten, und schon bald sei die ganze Kammer so hell erleuchtet gewesen, dass er ohne die Kerze hätte lesen können. Ein paar Tage später scheint seine Frau auch noch eine mystische Begegnung mit einer ägyptischen Gottheit gehabt zu haben, aber das ist eine andere Geschichte.

Den detailliertesten und schillerndsten Beitrag zum Thema »Meine Nacht in der Pyramide« findet man in einem Buch, das seinerzeit ein wahrer Bestseller

war: *A Search in Secret Egypt* (1935) von
»Dr.« Paul Brunton. Anders als Crowley
war Brunton jedoch kein Schwindler. Er
wollte ernst genommen werden, was häufig der Fall war. Später hatte er viele
Anhänger, die ihn finanziell unterstützten
und seinen Rat in allen Angelegenheiten
befolgten, vom Geschlechtsverkehr (übe
Enthaltsamkeit) bis zum Immobilienkauf
(kaufe, soviel du kannst, in Südamerika,
um vor dem Atomkrieg Mitte der 1970er
Jahre sicher zu sein). Ein unterhaltsamer
und bewegender Bericht über Bruntons
spätere Abenteuer findet man in einem
Buch von Jeffrey Masson mit dem auf-
schlussreichen Titel *My Father's Guru*
(1993).

Masson zufolge war Brunton kein
Zyniker und auch kein Ausbeuter. Er
liebte es aber, seinem Auftreten durch rätselhafte Andeutungen etwas Geheimnisvolles zu geben. So vermittelte er beispielsweise gerne den Eindruck, er sei ein
Besucher von einem anderen Planeten und
er fahre deshalb nicht Auto, weil es auf der
Venus keine Autos gebe.

Aleister Crowley, der sich selbst
»Das Große Tier 666« nannte,
behauptete, er habe während
seiner Flitterwochen eine Nacht
in der Königskammer verbracht.

Als Masson älter und zunehmend skeptischer wurde, fragte er Brunton nach
dem Doktortitel, mit dem dieser sich schmückte. Brunton erzählte ihm schließlich, er habe an der Roosevelt University in Chicago promoviert – wo man jedoch
keine Aufzeichnungen über ihn besaß. Bei anderen Gelegenheiten behauptete er,
seine wahre höhere Bildung an der Sternenuniversität irgendwo in den Weiten
des Kosmos erworben zu haben.

Seine berühmte Nacht in der Pyramide hatte sich etwa folgendermaßen abge-
spielt: Zunächst eine spürbare Kälte, gefolgt von dem übersinnlichen Eindruck,
dass die Kammer »von unsichtbaren Wesen bevölkert« war. Dann Angst: »Da
draußen war etwas, von dem ich spürte, dass es böse und gefährlich war. Ein
namenloses Grauen schlich sich in mein Herz ...« Dann nackte Panik: »Monströse

Urwesen, grauenhafte Schrecken aus der Unterwelt, grotesk, verrückt, wild und teuflisch aussehende Gestalten versammelten sich um mich und verursachten in mir einen unvorstellbaren Widerwillen.« Dann hatte er eine angenehmere Erscheinung. Zwei große, weise Figuren, die der belesene Brunton an den »unverwechselbaren Regalien« als ägyptische Hohepriester erkannte, wandten sich ihm zu und fragten ihn: »Warum kommst du an diesen Ort und willst geheime Mächte beschwören? Sind dir die Wege der Sterblichen nicht genug?«

Schließlich versuchten die Erscheinungen, Brunton loszuwerden. Der aber blieb hartnäckig. Als nächstes packte ihn einer der beiden Priester (»Ich wagte nicht zu schätzen, wie alt er wohl war.«), steckte ihn in den Sarkophag und versetzte ihn in einen tranceähnlichen Zustand. Kenner solcher Geschichten können sich denken, dass Brunton hier ein außerkörperliches Erlebnis hatte, gefolgt von Begegnungen mit Verstorbenen. Schließlich kehrte der Priester zurück, erzählte dem guten Brunton etwas über das Universum und wies ihn an: »Nimm die Warnung mit, dass die Menschen, wenn sie ihrem Schöpfer abschwören und ihren Artgenossen mit Hass begegnen, wie es die Prinzen von Atlantis taten, in deren Zeit diese Pyramide erbaut wurde, von der Last ihrer Missetat zerstört werden, wie auch die Menschen von Atlantis zerstört wurden ...« Nach dieser düsteren Drohung ereigneten sich noch einige andere Wunderlichkeiten, darunter auch ein rätselhafter Hinweis auf geheime Kammern (»Das Geheimnis der Großen Pyramide ist das Geheimnis deiner selbst. Die geheimen Kammern und alten Aufzeichnungen sind alle in deiner eigenen Natur enthalten ...«) Dann wachte er auf. Erstaunlicherweise zeigte ihm seine Uhr, dass es »exakt die melodramatische Mitternachtsstunde war. Beide Zeiger zeigten genau auf zwölf!«

DIE ATLANTER

Die Geschichte des sagenhaften Kontinents Atlantis ist viele Male erzählt worden, besonders seit Plato seine Version in den zwei Dialogen *Timaeus* und *Critias* niederschrieb. Wie Dr. Bruntons Priesterfreund behauptete auch er, die Insel sei als Folge der Dekadenz ihrer Bewohner in den Wellen untergegangen. Die moderne Version des Atlantis-Glaubens ist jedoch nicht auf Plato, sondern auf den vergessenen amerikanischen Autor Ignatius Donnelly (1831–1901) zurückzuführen, dessen Bestseller *Atlantis* (1882) die Fantasie der Leser zu beiden Seiten des Atlantiks anregte. Dazu gehörten auch so berühmte Persönlichkeiten wie der damalige britische Premierminister W. E. Gladstone, der ernsthaft erwog, eine Expedition zu entsenden, um die versunkenen Überreste zu suchen, die Donnelly mitten im Atlantik vermutete.

Donnelly ist es zu verdanken, dass Atlantis seitdem in der Fantasie der Menschen fest verankert ist. Einige seiner weniger bedeutenden Behauptungen haben sich als nicht minder hartnäckig erwiesen, beispielsweise die Überzeugung, die Götter fast aller bekannten Zivilisationen, von Griechenland bis Indien, seien in Wirklichkeit in Vergessenheit geratene Könige und Königinnen von Atlantis gewesen, und die Atlanter hätten so entlegene Länder wie Skandinavien, Südamerika und – Ägypten kolonisiert. Große Teile von Donnellys Werk findet man (ohne Quellenangabe) in Madame Blavatskys *Secret Doctrine*. Und vielleicht gibt es eine Verbindung von Donnelly zu Blavatsky, von Blavatsky zu Brunton, von Brunton zu …

Edgar Cayce glaubte, die Atlanter hätten die Pyramide erbaut und eine »Kammer des Wissens« voller Geheimnisse hinterlassen.

Dies wäre zumindest eine der Möglichkeiten, wie sich Ägypten und Atlantis in moderne Mythen eingeschlichen haben. Eine andere kann bis auf einen Mann zurückverfolgt werden, der außerhalb okkultistischer Kreise kaum bekannt ist: Edgar Cayce (1877–1945). Von 1901 bis zu seinem Tod begab sich Cayce regelmäßig in Trancezustände, in denen er seinen aufmerksamen Zuhörern meist medizinische Dinge mitteilte.

Etwa ab 1923 begann er seinen Zuhörern aber auch häufig mitzuteilen, dass sie schon einmal gelebt hatten – natürlich in Atlantis. Er selbst schien in seinem vorherigen Leben ein atlantischer Priester gewesen zu sein, der den Namen Ra-Ta trug. In etwa 20 Prozent der 14 246 so genannten Readings ging es um Atlantis.

Gegenüber, oben
Ignatius Donnellys *Atlantis*,
erschienen 1882.

Gegenüber, unten
Die 1969 erschienene englische Übersetzung des Bestsellers *Erinnerungen an die Zukunft* von Erich von Däniken.

Besonders nachhaltig wirkte seine Geschichte, dass die aufgeklärteren Bewohner von Atlantis der drohenden Flut entkommen waren und sich um 10 500 v. Chr. in Ägypten niedergelassen hatten. Was auch immer die Archäologen sagen mochten, Cayce behauptete, die Große Pyramide sei um 10 400 v. Chr. gebaut oder zumindest entworfen und geplant worden. Außerdem hätten die Atlanter, möglicherweise in der Pyramide selbst oder ganz in der Nähe, eine »Kammer des Wissens« hinterlassen, randvoll mit Aufzeichnungen und den wunderbarsten Geheimnissen, die in den letzten 20 Jahren des Jahrtausends entdeckt werden würde.

Überraschend viele ansonsten vernünftige Menschen nehmen Cayce und seine Prophezeiungen ernst und lassen sich auch von der ernüchternden Tatsache nicht entmutigen, dass seine Readings über Atlantis erst begannen, nachdem er Arthur Lammers begegnet war, einem wohlhabenden Liebhaber theosophischer Texte, zu denen auch die von Madame Blavatsky gehörten.

DIE AUSSERIRDISCHEN

Der Ruf und die Hauptthese des Schweizers Erich von Däniken (geboren 1935), des ehemaligen Hoteliers, der zum Radikal-Archäologen wurde, sind weithin bekannt. Sein Buch *Erinnerungen an die Zukunft* (1968) wird noch heute aufgelegt. Es ist so populär, dass seine Kernthesen selbst jenen bekannt sind, die nie ein Wort der höchst eigenartigen Prosa des Autors gelesen haben. Im Wesentlichen hat von Däniken die aus dem 19. Jahrhundert stammende Vorstellung übernommen, dass einst eine höhere Zivilisation die Welt bevölkert hat, dass ihre Aufzeichnungen in den ältesten Monumenten der Welt enthalten sind, und dass unsere kollektiven Mythologien ein Bericht über tatsächliche Ereignisse sind, in denen Figuren aus Atlantis als Götter gelten. Von Däniken schrieb die alte Geschichte lediglich für das Weltraumzeitalter, das in den 1960er Jahren anbrach, in geeigneter Weise um: Für Atlanter setzte er Besucher von anderen Planeten und Galaxien ein.

Es macht wenig Sinn, sich mit von Dänikens Argumenten zu beschäftigen. (Obwohl man seine interessante Schätzung erwähnen sollte, dass der Bau der Pyramide mit der Technologie, die im Alten Reich zur Verfügung stand, mindestens 664 Jahre hätte dauern müssen.) Er scheint der Überzeugung zu sein, dass die mit Hilfe von Laserstrahlen und Hubschraubern gebaute Große Pyramide eine Art Kühlkammer war, in der die Toten konserviert werden konnten, bis Ra –

ein außerirdischer Astronaut – vom Himmel herabkam, um sie wiederzubeleben. Von Däniken hat sehr viel Geld mit seinen Büchern gemacht. Und andere sind seinem Beispiel gefolgt.

PYRAMIDEN-POWER

In den 1960er und frühen 1970er Jahren gab es für kurze Zeit eine Mode, die nicht nur der Cheopspyramide wundersame Kräfte zuschrieb, sondern auch allem, was eine ähnliche Form hatte, egal, wie groß es war und aus welchem Material es bestand. Diese Spinnerei scheint ihren Ursprung in den 1920er Jahren zu haben, als der Franzose Antoine Bovis die Große Pyramide besuchte und dort Mülltonnen in der Königskammer vorfand (Wie waren die wohl dorthin gekommen?), in denen sich tote Katzen befanden (Wie waren die wohl dorthin gekommen?), die, statt in der feuchten Luft zu verrotten, mumifiziert waren. Er fuhr nach Hause, baute ein maßstabgetreues, ein Meter hohes Holzmodell von der Pyramide und legte eine tote Katze darunter. Sie mumifizierte ebenso wie anderes organisches Material, das er darunter legte.

In den 1960er Jahren las der tschechische Rundfunktechniker Karel Drbal Berichte über diese Mätzchen und begann selbst zu experimentieren. Er legte eine stumpfe Rasierklinge unter eine nur 15 Zentimeter große Pyramide aus Pappe, und behauptete, sie sei daraufhin wieder scharf geworden. Etwa 200 Mal habe er sich damit rasieren können, ohne sich zu schneiden. Hoch erfreut über seine Entdeckung, ließ er seinen »Cheopspyramidenrasierklingenschärfer« patentieren, den er zuerst aus Pappe und dann aus Styropor baute. Anderswo in Europa tauchten Berichte über kleine Pyramiden auf, mit denen man Joghurt und Milch angeblich ohne Kühlung frisch halten konnte.

Karel Drbals »Cheopspyramidenrasierklingenschärfer«.

NEUERE PYRAMIDOLOGIE

Abschließend soll noch auf einige andere Autoren eingegangen werden, die in den vergangenen Jahrzehnten Bestseller über die Pyramiden geschrieben haben. Der Autor Zecharia Sitchin behandelt das Thema Außerirdische in einer Reihe von populären Büchern wie *The Twelfth Planet* (1976), *The Stairway to Heaven* (1980) und *The Wars of Gods and Men* (1985) u. a ... Sitchin stützt sich auf alte mesopotamische Texte und behauptet, die menschliche Rasse sei mit Hilfe der Gentechnik als das geistige Produkt der Anunnaki entstanden, den Bewohnern eines unentdeckten Planeten in unserem Sonnensystem. Sitchin ist der Meinung, die Große Pyramide sei ein wichtiger Bestandteil der Start- und Landebahn eines großen Raumfahrtzentrums der Anunnaki, die scheinbar Baalbek im Libanon als Landestation bevorzugen.

In einer weiteren Variante des ET-Themas geht es nicht um einen unbekannten Planeten, sondern um unseren vertrauten Nachbarn, den Mars. Die amerikanische Raumsonde Viking II fotografierte 1976 eine Gestalt, von der manche meinen, sie sehe aus wie ein menschliches Gesicht, während andere darin nur willkürliche Schatten auf Felsen sehen. Verschiedene elektronische Spielereien mit den Bildern des so genannten »Marsgesichts« betonen dessen Ähnlichkeiten mit dem Gesicht des Sphinx und haben manche Interpreten zu der nicht unbe-

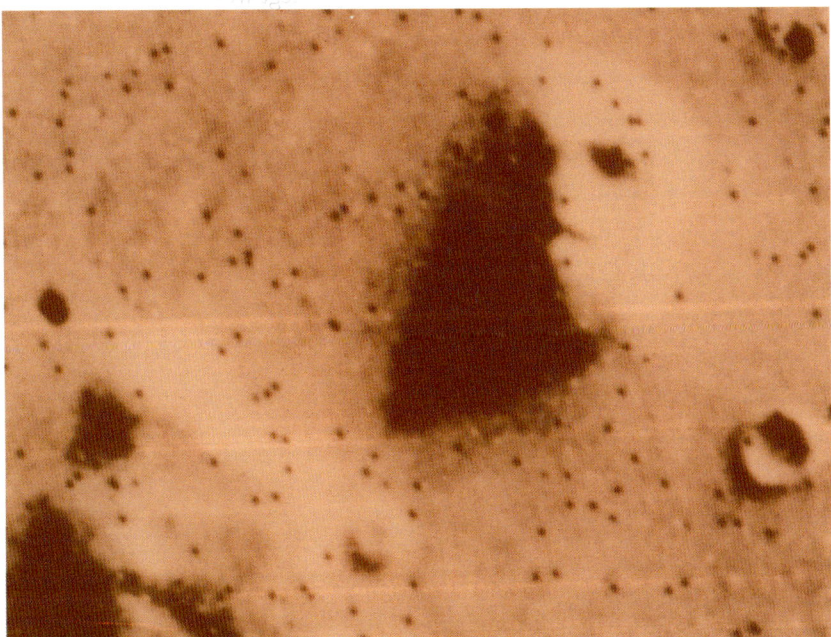

Das so genannte »Marsgesicht«, eine Felsformation, die 1976 von der amerikanischen Raumsonde Viking II fotografiert wurde. Manche sehen darin das Gesicht des Sphinx von Giseh.

dingt selbstverständlichen Schlussfolgerung veranlasst, dass der Sphinx von emigrierten Marsianern gemeißelt wurde, die vor etwa 12 000 Jahren vor einem Kometeneinschlag geflohen waren. Einer der Hauptvertreter dieser These ist Richard Hoagland, ein ehemaliger NASA-Berater.

Man sollte auch die Verbreitung solcher ET-Themen in populären Romanen und Filmen nicht übersehen. Sehr erfolgreiche Filme wie *Stargate* und *Das Fünfte Element* gehen ganz selbstverständlich von einem diffusen modernen Volksglauben aus, der das alte Ägypten mit den Weiten des Weltalls in Verbindung bringt.

Zum Thema »altes Wissen« haben sich in letzter Zeit ein paar interessante Variationen entwickelt. Alan Alford greift in seinen Büchern *Gods of the New Millenium* (1997) und *The Phoenix Solution* (1998) Ideen aus New Age- und Sciencefiction-Literatur auf und behauptet, die Große Pyramide habe unter anderem die Funktion eines riesigen Kraftwerks gehabt. Ähnliche Argumente findet man auch in Christopher Dunns *The Giza Power Plant* (1998). Andrew Collins – der Autor von *From the Ashes of Angels* (1997) und *Gods of Eden* (1998) – und andere vermuten, die Ägypter hätten möglicherweise große Steinblöcke mit Hilfe von Tönen schweben lassen können. Von dieser »Tontheorie« wird man wahrscheinlich noch sehr viel hören.

Andere Autoren wenden sich wieder dem Thema des astronomischen Wissens zu. In *The Orion Mystery* (1995) behaupten Robert Bauval und Adrian Gilbert, die drei Pyramiden von Giseh seien so angelegt worden, dass sie die drei Hauptsterne des »Gürtels« der Konstellation Orion reflektieren. Gemessen an anderen grenzwissenschaftlichen Theorien kommt diese Behauptung relativ zurückhaltend daher, waren die Autoren doch vorsichtig genug, keine ihrer Beobachtungen auf Magie oder Außerirdische zurückzuführen. (Doch man muss wissen, dass ein anderes Buch von Gilbert den Titel *The Cosmic Wisdom Beyond Astrology* trägt, und dass er der Gründer des Verlages Solo Press ist, der auf »christliche Mystik, Gnostik und die magische Tradition Ägyptens« spezialisiert ist. Außerdem zählt zu den anerkannten Autoritäten in seinen Büchern ein gewisser Erich von Däniken.)

Der Hunger nach grenzwissenschaftlichen Theorien über die Pyramiden scheint unersättlich. An dieser Stelle sollen jedoch auch Autoren berücksichtigt werden, die nicht so einfach abgetan werden können wie Erich von Däniken, deren Arbeit gleichwohl eine seltsame Position weit jenseits akademischer Standards einnimmt.

Dazu gehört beispielsweise das umfangreiche Werk von Schwaller de Lubicz, einem außerordentlich belesenen, wenn auch sehr einzelgängerischen Gelehrten.

Seine Bücher greifen die inzwischen vertraute These wieder auf, dass, wie sein Anhänger John West es formuliert, »die ägyptische Wissenschaft, Medizin, Mathematik und Astronomie wesentlich weiter entwickelt und differenzierter war, als moderne Gelehrte zugeben wollen«.

Noch zwei weitere beachtenswerte Abtrünnige von der akademischen Welt sollen nicht unerwähnt bleiben: Livio Catullo Stecchini und Giorgio de Santillana. Letzerer ist ein anerkannter Historiker und Renaissance-Experte, der zwei Bücher über Galileo geschrieben hat. Trotz seiner Autorität konnte de Santillana jedoch keinen wissenschaftlichen Verlag für sein Buch *Hamlet's Mill: An Essay in Myth and the Frame of Time* (1969) finden, das er zusammen mit H. von Dechend schrieb. Das akademische Urteil über solche Bücher ist entweder vernichtend oder zeichnet sich durch herablassende Gleichgültigkeit aus. Doch es ist davon auszugehen, dass solche Bücher noch lange die wilderen und unprofessionellen Randgebiete der Ägyptologie beeinflussen werden.

Nachdem wir uns so intensiv mit den Mystikern, Okkultisten, Propheten und mit den Kennern des außerirdischen Lebens beschäftigt haben, wollen wir das abschließende Urteil über die Pyramidologie dem Vater der modernen Ägyptologie, Flinders Petrie, überlassen, der in seinen Memoiren *Seventy Years in Archaeology* schrieb:

»Es ist zwecklos, die wirkliche Wahrheit der Angelegenheit darzulegen, da sie keine Auswirkung auf jene hat, die zu dieser Art von Halluzination neigen. Man kann sie denen zuordnen, die glauben, die Erde sei eine Scheibe, oder solchen, denen eine Theorie mehr am Herzen liegt als eine Tatsache.«

Gegenüber
In *The Orion Mystery* (1995) behaupten Robert Bauval und Adrian Gilbert, dass die Anordnung der Pyramiden von Giseh den »Gürtel« des Sternbilds Orion reflektieren sollte, was auch fast der Fall ist. Die Sterne von oben nach unten: *Mintaka* (Mykerinospyramide), *Al Nilam* (Chephrenpyramide) und *Al Nitak* (Cheopspyramide).

GLOSSAR

Ach Übernatürlicher Seinszustand, manchmal mit »Lebenskraft« oder »Der Verklärte« übersetzt. Sobald der *Ka* und der *Ba* eines Verstorbenen wieder vereinigt waren, konnte sein Geist seinen Platz im Himmel in der göttlichen Form des *Ach* einnehmen. Siehe auch *Ba, Ka* und Seite 104–106.

Achet Altägyptische Jahreszeit von Mitte Juli bis Mitte November; »Überschwemmungszeit«. Die heißeste Zeit des Jahres, wenn es regnete und der Nil über die Ufer trat.

Altes Reich Periode von der 3. bis zur 6. Dynastie (2686–2181 v. Chr.).

Anubis Ägyptische Gottheit. Schakalköpfiger Gott der Einbalsamierung, »Wieger des Herzens« und Herrscher über das Reich der Toten westlich des Nil.

Aroura Ägyptisches Flächenmaß; ein Aroura entspricht etwa 40 Quadratmetern.

Atum Ägyptische Gottheit. Der Schöpfer des Raums und der Zeit, aus dessen Tränen die Menschen und Götter entstanden. Ebenfalls als die abendliche Manifestation des Sonnengottes verehrt.

Ba Übernatürliches Element der altägyptischen Jenseitsexistenz. Der *Ba* wird manchmal als großer Vogel mit Menschenkopf dargestellt und hat die Aufgabe, den entwichenen *Ka* zu suchen. Siehe *Ach, Ka* und Seite 104–106.

Bai An einem Ende V-förmig eingekerbte Palmrispe, die am Tag als Sonnenuhr und in der Nacht als Sternenuhr benutzt werden konnte. Manchmal zusammen mit einem *Merchet* bei Ausrichtungszeremonien verwendet.

Bes Zwergengestaltige Gottheit. Schutzgott der Gebärenden und der Kinder; wehrt Krankheiten, Gefahren und Dämonen ab.

Cheops (auch als Chufu bekannt, 2551–2528 v. Chr.) Zweiter König der 4. Dynastie, für den die Große Pyramide in Giseh gebaut wurde.

Chephren (2520–2494 v. Chr.) Sohn des Cheops, für den die zweite Pyramide auf dem Giseh-Plateau gebaut wurde.

Chepri Der kosmische Skarabäus, von dem man glaubte, er schiebe im Morgengrauen die Sonne über den Horizont.

Dekade (auch Dekan) Die altägyptische Zehntagewoche: Neun Tage Arbeit und ein Ruhetag.

Djedefre (2528–2520 v. Chr.) Cheops' Sohn und Nachfolger.

Djoser (2630–2611 v. Chr.) König der 3. Dynastie, unter dessen Herrschaft die erste Stufenpyramide gebaut wurde.

Elle Längenmaß, das etwa 53 Zentimetern entsprach und in sieben Hände zu je vier Fingern eingeteilt war. Basierend auf der Länge des Unterarms vom Ellbogen bis zur Spitze des Mittelfingers.

Fayence Glasierter Ton oder Steatit, mit buntem Glas überzogen.

Geb Ägyptische Gottheit. Gott der Erde, Sohn von Schu und Tefnut und Bruder der Nut.

Hathor Ägyptische Gottheit. Schutzgöttin der Liebe und Mutterschaft, der Geburt und Erneuerung. Dargestellt als Kuh oder in menschlicher Form mit einer Sonnenscheibe und Kuhhörnern auf dem Kopf. Gemahlin des Horus.

Hemiunu hatte unter Cheops die Aufsicht über den Bau der Großen Pyramide.

Her-Mejedu Cheops' Horusname.

Hetepheres Mutter des Cheops.

Hieroglyphen Ideographische und phonetische Schriftzeichen der altägyptischen Sprache (siehe S. 137–140).

Horus Name zur Bezeichnung einer Reihe von ägyptischen Göttern und Königen, welche die Form eines Falken hatten. In der osirischen Theologie der Sohn von Isis und Osiris.

Ibu en Waab Reinigungszelt, in dem der tote Körper gewaschen wurde, bevor man ihn in das Grabmal brachte.

Imhotep Djosers Kanzler und Hohepriester des Sonnengottes Re, verantwortlich für Planung und Bau der ersten Stufenpyramide.

Isis Ägyptische Gottheit. Höchste aller Göttinnen, Frau des Osiris, Mutter des Horus und Totengöttin. Verehrt als eine Mutter, wird sie meist in menschlicher Form dargestellt, gekrönt von einem Thron (der Hieroglyphe für ihren Namen) oder – später verschmelzend mit Hathor – mit den Hörnern einer Kuh und einer Sonnenscheibe auf dem Kopf.

Ka Übernatürliches Element der altägyptischen Jenseitsexistenz. Häufig als »Seele«, »Geist« oder »Lebenskraft« übersetzter Begriff. Im Augenblick des Todes entweicht der *Ka* aus dem Körper; er wurde manchmal durch ausgestreckte, an den Ellbogen nach oben abgewinkelte Arme auf einem Paar laufender Beine dargestellt. Siehe *Ach, Ba* und Seite 104–106.

Ka-Diener: Priesterkaste, die von einer Person zu Lebzeiten vertraglich damit beauftragt wurde, nach deren Tod für die regelmäßige und korrekte Ausführung der Tempelrituale zu sorgen.

Kanopen Versiegelte Gefäße zur Aufbewahrung der einbalsamierten, bei der Mumifizierung entfernten Eingeweide eines Verstorbenen, die zur Wiederverwendung im Leben nach dem Tod mit ihm zusammen bestattet wurden.

Ka-Statue Zusammen mit dem Verstorbenen bestattete Statue, die diesen im Jenseits ersetzen konnte, sollte dem mumifizierten Körper etwas zustoßen. Die Statue zeigte den Verstorbenen in seiner Jugend und trug das *Ka*-Symbol (siehe *Ka*) auf dem Kopf.

Kohl Schwarzes, aus Galena (Eisenerz) gewonnenes Pulver, das als Eyeliner benutzt wurde.

Krähentor Tor im Krähenwall; Eingang zur Arbeiterstadt auf dem Giseh-Plateau.

Maat Komplexer Begriff, der individuelle Moral und Kreativität, gesellschaftliche Kultur und Gerechtigkeit, die physikalische Struktur des Universums sowie die Logik und das Gleichgewicht umfasste. Die alten Ägypter glaubten, dass das Verhalten einer Person im diesseitigen Leben – die Befolgung der *Maat* – ihr Wohlergehen im jenseitigen Leben beeinflusste. Personifiziert als Göttin *Maat*.

Mastaba Rechteckiges Grabmal aus Schlammziegeln oder Steinen mit schräg abfallenden Seiten, meist über einer unterirdischen Kammer gebaut.

Merchet Wörtlich »Instrument des Wissens«. An einem abgewinkelten Holzstab befestigtes Senkblei, das bei der Zeremonie der Grundsteinlegung verwendet wurde.

Mittleres Reich Periode von der 11. bis zur 13. Dynastie (2040–1640 v. Chr.).

Mundöffnung Magisches Bestattungsritual, bei dem Zauberformeln gesprochen wurden, um den Toten in die Lage zu versetzen, im nächsten Leben atmen, essen und sprechen zu können.

Mykerinos (auch als Menkaure bekannt; 2490–2472 v. Chr.) Enkel von Cheops, für den die dritte Pyramide auf dem Giseh-Plateau gebaut wurde.

Natron Natürlich vorkommende Substanz, die Natriumkarbonat und Natriumbikarbonat enthält. Es wurde in Unterägypten abgebaut und während der Mumifizierung zum Trocknen des Leichnams verwendet.

Nephthys Ägyptische Gottheit. Schwester von Osiris, Seth und Isis. Zusammen mit Isis schützte sie die Toten und erweckte sie wieder zum Leben.

Neues Reich Periode von der 18. bis zur 20. Dynastie (1550–1070 v. Chr.).

Nut Ägyptische Gottheit. Die Himmelsgöttin, die über das Reich der Sterne herrscht.

Osiris Ägyptische Gottheit. Richter der Toten in Form einer Mumie, der mit Ordnung und Harmonie assoziiert wurde. Er wurde von Seth getötet und von Isis und Nephthys im Jenseits wieder zum Leben erweckt. Sein Nachfolger Horus kämpfte im Diesseits weiter mit Seth.

Peret Altägyptische Jahreszeit von Mitte November bis Mitte März – »Zeit der Aussaat«. Zeit, in der die Überschwemmung zurückging und das Land wieder bearbeitet werden konnte.

Phyle Wörtlich »Stamm« – die griechische Übersetzung von *Zaa*, einer Mannschaft aus zweihundert Arbeitern. Man schätzt, dass zehn

Gegenüber
Eine frühe Fotografie (1850) von arabischen »Fremdenführern« die Touristen helfen, die Große Pyramide zu besteigen.

solcher Mannschaften die Arbeiterschaft für die Große Pyramide bildeten.

Ptah Ägyptische Gottheit. Schöpfergott von Memphis.

Pyramidion Der Abschlussstein an der Spitze einer Pyramide.

Re Ägyptische Gottheit. Falkenköpfiger Sonnengott, zu dem die Herrscher ab der 4. Dynastie angeblich eine besondere Beziehung als »Söhne des Re« hatten.

Sarkophag Äußerer Behälter, in den der Sarg mit der Mumie gelegt wurde.

Schu Ägyptische Gottheit. Gott der Luft, der den Raum zwischen Himmel und Erde bewohnt. Sohn von Atum und Bruder von Tefnut.

Serdab Kammer in einem Grabmal, in der der Leichnam und die Ka-Statue des Verstorbenen aufbewahrt wurden.

Seschet Ägyptische Gottheit. Weibliches Gegenstück zu Toth.

Seth Ägyptische Gottheit. Der wilde und chaotische Wüstengott, der mit dem Bösen, mit Stürmen und schlechtem Wetter assoziiert wurde. Mörder von Osiris und Feind seines Nachfolgers Horus.

Shemu Altägyptische Jahreszeit von Mitte März bis Mitte Juli; »Erntezeit«. Zeit, in der der Nil seinen niedrigsten Pegel erreichte und das Land vollkommen austrocknete.

Snofru (2575–2551 v. Chr.). Erster König der 4. Dynastie und Vater von Cheops.

Taweret Ägyptische Gottheit. Göttin der Fruchtbarkeit.

Tefnut Ägyptische Gottheit. Göttin der Feuchtigkeit. Tochter von Atum, Schwester von Schu und Mutter von Geb und Nut.

Thot Ägyptische Gottheit. Ibisköpfiger oder paviangestaltiger Gott der Schrift und der Maße, der die Urteile des Osiris protokollierte.

Usech Kragen aus mehreren Reihen blauer und grüner zylindrischer Fayenceperlen. Besondere Mode im Alten Reich.

Uschebti Kleine Arbeiterfiguren, die im Mittleren Reich zusammen mit den Toten begraben wurden, um ihnen im Jenseits die Arbeit abzunehmen, welche die Götter von ihnen verlangten.

Vorlesepriester Priester, der bei der Bestattung magische Beschwörungsformeln vorlas und damit die Aufgabe hatte, den Verstorbenen spirituell in ein *Ach* zu verwandeln.

Wabet Wörtlich »rein«, aber meist als »Totenwerkstatt« übersetzt; ein Gebäude, in dem Totenrituale wie die teilweise Sezierung des Leichnams stattfanden.

Weihe Anführerin eines Begräbniszuges – entweder die Witwe des Verstorbenen oder ein professionelles Klageweib.

Wet Wörtlich der »Einwickler« – der oberste Einbalsamierer, auch als Siegelbewahrer Gottes bekannt, der für die Verwandlung der sterblichen Überreste in eine Mumie verantwortlich war.

Zaa Mannschaft von zweihundert Arbeitern (siehe *Phyle*).

Zwischenzeiten Die drei relativ kurzen Perioden in der ägyptischen Geschichte, als das Land geteilt war und gleichzeitig von mehreren Königen beherrscht wurde. Die erste Zwischenzeit dauerte vom Beginn der 7. bis zum Ende der 10. Dynastie (2181–2040 v. Chr.); die zweite vom Beginn der 14. bis zum Ende der 17. Dynastie (1640–1550 v. Chr.) und die dritte vom Beginn der 21. bis zum Ende der 24. Dynastie (1070–712 v. Chr.).(Daten teilweise ungewiss)

BIBLIOGRAPHIE

DIE ZWEI UNENTBEHRLICHEN ARBEITEN über ägyptische Pyramiden sind Mark Lehner's *Geheimnis der Pyramiden* (RM Buch und Medien Vertrieb GmbH, 1999) und *The Pyramids of Egypt* (Penguin, überarbeitete Ausgabe 1993) von I. E. S. Edwards. Zur Zeit sind dies die maßgebenden Studien für den interessierten Leser. Folgende Bücher über das Alte Ägypten können wir weiterhin empfehlen: Cyril Aldred, *The Egyptians* (Thames & Hudson, 3. Auflage, 1998); Guilemette Andreu, *Egypt in the Age of the Pyramids* (John Murray, 1997); J. Baines und J. Malek, *Weltatlas der alten Kulturen. Ägypten. Geschichte, Kunst, Lebensformen.* (Christian Vlg., 1993); A. H. Gardiner, *Geschichte des alten Ägypten* (Kröner, 1984); T. G.H. James, *An Introduction to Ancient Egypt* (British Museum, 1979); Manfred Lurker, *Lexikon der Götter und Symbole der alten Ägypter. Sonderausgabe. Handbuch der mystischen und magischen Welt Ägyptens* (Scherz, 1998); Margaret A. Murray, *The Splendour that was Egypt* (Sidgwick & Jackson, 1963); Boris de Rachelwitz, *Das Auge des Pharao* (Rowohlt Tb-V., 1996); W. Stevenson Smith, *The Art and Architecture of Ancient Egypt* (Penguin, überarbeitete Ausgabe 1965). Für diejenigen, die sich wünschen, die Mysterien der ägyptischen Sprache zu erforschen, ist der beste Leitfaden: *Hieroglyphen. Entziffern, lesen, verstehen* von Mark Collier und Bill Manley (Droemersche Verlagsanstalt Th. Knaur Nachf., 2001). Die Menge an Literatur der europäischen Wiederentdeckung Ägyptens ist enorm. Ein guter Ausgangspunkt ist Herodot: *Die Welt Herodots*, übersetzt von Aubrey de Selincourt (F. A. Brockhaus, 1994). Prägnante Überblicke bieten L. Greener's *The Discovery of Egypt* (Hippocrene Books, 1966), T. G.H. James's *Excavating in Egypt* (British Museum, 1982) und, mit ein wenig französischem Einschlag, Jean Vercoutter's *Abenteuer Geschichte. Ägypten. Entdeckung einer alten Welt.* (Ravensb. Buchvlg., 1995). Flaubert's Abenteuer sind unterhaltsam aufgearbeitet in *Flaubert in Ägypten*, übersetzt und herausgegeben von Francis Steegmuller (Penguin, 1996). Eine Neuauflage von Sir Flinders Petrie's *The Pyramids and Temples of Gizeh* (Original veröffentlicht 1883) ist von Kegan Paul International für 2002 versprochen und gute Buchhandlungen werden frühere Ausgaben, seine Autobiographie und andere populäre Titel über Ägyptens Archäologie auf

Lager haben. Obwohl von orthodoxen Gelehrten verlacht, ist die erste Ausgabe von Martin Bernal's *Black Athena: The Afroasiatic Roots of Classical Civilization* (Free Association, 1987) eine leidenschaftliche und faszinierende Arbeit, lesenswert allein der Auseinandersetzungen wegen, die es provoziert. Schließlich – und mit offensichtlicher Distanz zum Thema Pyramiden – enthält Christopher Frayling's *The Face of Tutankhamun* (Faber, 1992) einige erfreulich skeptische Gedanken zu verschiedenen Ereignissen des 20. Jahrhunderts, genauso wie Peter Green's amüsantes Essay *The Treasures of Egypt.* Einen bemerkenswerten Überblick über Pyramidenforschung und angrenzende Theorien vom 17. Jahrhundert bis zu den 1960er Jahren gibt Peter Tomkins mit *Secrets of the Great Pyramid* (Penguin, 1973). Ein aktuellerer Titel, *Giza: The Truth*, von Ian Lawton und Chris Ogilvie-Herald (Virgin Books, 2000), stellt die heutigen vergleichsweise ruhigen Theorien, Fantasien und Leidenschaften, mit teilweisem Bezug auf Bestseller von Robert Bauval, Graham Hancock und anderen dar. Diejenigen mit einem ungezügeltem Appetit auf religiöse Geheimnisse mögen bei Madame Blavatsky's *Isis entschleiert* (Vlg. Esot. Phil., 2000), nach ihrem Geschmack fündig werden. Andere mystische Kommentare und Wortgefechte beinhalten John Michell's *The View Over Atlantis* (Sago Press, 1969) und *City of Revelation* (Garnstone, 1972), Paul Brunton's *Geheimnisvolles Ägypten* (Lübbe, 1998), R. A. Schwaller de Lubicz's *The Temple of Man* (aus dem Französischen übersetzt von Deborah Lawlor, Inner Traditions International, 1999) und Peter Lemesurier's *Geheimcode Cheops. Ein Weltwunder wird enträtselt.* (Herm. Bauer, 1994).

REGISTER

Die kursiven Seitenzahlen verweisen auf die Abbildungen

Abd-al-Latif 118
Abschlussstein (Pyramidion) 69, 69 f.
Abu Abdallah Mohammed ben Abdurakin al-Kaisi 116
Abu Roasch 16, 24
Abu Simbel, großer Tempel von 136
Abukir 130
Abusir 18, 24, 47, 97
Abydos 15 f., 18, 47, 150
Ach 99, 104 f., *106*, 107
Achet 34
Adel 45
Ægyptiaca, Geschichte Ägyptens (Manetho) 111
Africanus 111
Ägypten
    als römische Provinz 113
    ägyptische Gesellschaft 46, 94
    ägyptisches Gesellschaftssystem 32
    Häuser 41 f., 44
    ägyptisches Landleben 33
Ägyptologie 13, 126, 129, 145, 148 f.
Ägyptomanie 119, 126, 133
Alabastersarkophag von Sethos I. 136
Alexander der Große 9, 110, 130, 132
Alexandria 18, 130, 138
    Bibliothek von Alexandria 111
Alford, Alan 177
Ali, Mohammed 134–136, *135*
Al-Mamun, Kalif Abdullah, Sohn von Harun al-Raschid 115 f., 118, 124
Al-Raschid, Kalif Harun 115
Altes Reich 15, 24, 27 f., 35, 40, 42, 44, 81, 94, 96, 99, 156
Amenophis III. 89
Andrews, Edward 141
Antike 8 f., 111, 117 f., 120, 123, 143
Antipater v. Sidon 8
Arbeiterstadt 48
Aristoteles 115
Asklepios 19
Assuan 18, 47, 63 f., 126
Astronomie 30, 64, 115, 122, 124
Atlantis 173 ff.
Die Arglosen im Ausland (Mark Twain) 148
Ausrichtung der Pyramide 25, 64
    Horizont-Theorie 29
    Solartheorie 29
    geographische Nordrichtung 11, 13, 24, 28 f., 158
Außerirdische Wesen 63, 158

Ba *91*, 92, 104–107
Bai 26
Baumethoden 63 f.
Bauval, Adrian 178, 180
Beamte 35, 43, 46 f., 59, 88, 98
Belzoni, Giovanni Battista *136*, 136, 142
Benetnasch 25
Bes 38
Beschreibung Ägyptens (de Maillet) 126
Bestattung 91, 96 f., 105, 107
    Bestattungskult 39, 92, 98 f., 103, 107
    Bestattungsrituale 98, 105
        Anrufungsopfer 103
        Mundöffnung 102 f.
        symbolisches Fegen 103
        Trankopfer 103
Bey, Murad 130
Bier 40, 58, 62
Blavatsky, Helena 170 ff.
Bootsgruben 83
Bovis, Antoine 176
British Museum 136, 138, 151
Brugsch, Emil und Heinrich 98
Brunton, Dr. Paul 173 ff.
Burattini, Tito Livio 124
Bürgerkriege (2 150–2040 v. Chr.) 110

Cardano, Girolamo, 122
Carter, Howard 16
Caviglia, Giovanni Battista 140, 161 ff.
Cayce, Edgar 174 f.
Champollion, Jean-Francois 115, 124, 137, 140, 144
Cheops *14*, 15 f., 19, 23 ff., 28 f., 33, 38, 45, 48, 50 f., 63, 70, 74, 77 f., 80, 82, 86 f., 89, 92 f., *93*, 96, 98–104, 107 f., 110, 112, 122, 125, 143, 148,
Cheopspyramide *7*, 8, 10, *13*, 13, 15, *17*, 20 f., 27, 30, 32, 51, 68, 72 f., *73*, 78, *84–85*, 110–113, 118, 126, 140, 143, *157*, 160
    Abbau der Steine 54
    Abmessungen der Pyramide 11
    absteigender Gang 80, 103, 112 f., 116, 124
    Achet 105
    Achet Chufu 16
    aufsteigender Gang 116, 117 f., 124
    Ausrichtung 26, 64
    Ausrichtungzeremonie 25, 26
    Basis 13, 27, 29, 82, 125, 147

Bauzeit 54, 57
Blockierstein 80, 97
Davisonkammer 142, 161
Entlastungskammern 78, 128, *141*, 141 f.
Fallsteinsystem 72, 80, 97, 103
Felsenkammer 72, *74*, 74, 114
Fundamentplatte 27 ff.
Grabkammer 80 f., 103, 110
Große Galerie 62, 72, *76*, 76, *80*, 80, 97, 103, 124, 127, 161
Königinnenkammer 72, 75, 79, 84–87, 117, 124, 131, 156 f.
Königskammer 62, 66, 72, 76–81, 97 f., 103, 107, 118, 124, 127, 132, 141
Nivellierungsarbeiten 25, 27
nördlicher Schacht 79
Standort (Wahl) 18, 23 f.
Statistik (Daten, Abmessungen) d. Pyramide 12–15
Verkleidung der Pyramide 51, 82
Versiegelung der Pyramide 80–82
Vorkammer 77 f., 80, 105, 117
Cheopssteinbruch 50 f., *52–53*, 64, 65 f.
Chephren 15, 24, 51, 87, 89, 125, 146
Chephrenpyramide 27, 69, 89, 125, 141
Chepri – Scarabäus/Sonnengott 106 f.
Cheti 35
Chnum-chuf s. Cheops 15
Chnum-Chufu s. Cheops 79
Chufu s. Cheops 15
Clemens, Samuel Langhorne (»Mark Twain«) *148*, 148
Cole, J.H., Ingenieur, 156
Collections des voyageurs occidentaux en Egypte (Saunerons) 122
Corpus Hermeticum (Hermes Trismegistos) 121
Coutelle, Colonel Jean-Marie Joseph 131
Crawford, Alexander William 161
Crowley, Aleister 171 ff.

Da Vinci, Leonardo 121
Dahschur 18 f., 22 ff., 47, 70, 74, 76, 113
Dämonen 44
Däniken, Erich von 175 ff.
Dantes *Inferno* 107
Darwin, Charles 151, 167
Das Buch der begrabenen Perlen (Book of Buried Pearls) 120

Davidson, David 78, 169 ff.
Davison, Nathaniel, britischer Generalkonsul in Ägypten 127
de Lesseps, Ferdinand 144
de Maillet, Benoît 126
de Thevenot, Jean 121
de' Medici, Cosimo 120
della Mirandola, Pico 121
Denkmäler in Aegypten und Aethiopien (Lepsius) 143
Denon, Baron Dominique Vivant *133*, 133
Descriptions de l'Egypte (Jomard) *132*, 132
Descriptions de L'Egypte ou Recueil des observations et des recherches qui ont été faites en Egypte pendant l'expedition de l'armée francaise (Napoleon) 133
Diagonale Schächte 79
    Sternbild Orion 79, 107
    Zirkumpolarsterne 79, 107
Diodor 90
Diodorus Siculus 9, 113
Djedefre 87, 89
Djoser (Pharao) 15, *19*, 19–21, 24, 83
    Stufenpyramide 19–22, 24, 76, 83
Donnelly, Ignatius 174 f.
Drbal, Karel 176
Drovetti, Bernardino 134 f., 137
Dunns, Christopher 178
Dynastien 15, 98, 110 f.

Ehe 39
Einbalsamieren 94, 100, 102
Einbalsamierer 99, 102
    Wet (»Einwickler«) 100 f.
El-Sebai, Youssef, Kultusminister Ägypten 80
El-Mallakh, Kamal, Archäologe 83
Erste Zwischenzeit 16
Euklid 115
Eusebius 111
Ewigkeit 41, 81, 103

Ficino, Marsilio 120
Flaubert, Gustave 146 f., *148*
Flussfahrt 99 f.
Freimaurer 128
Frondienst 32 f.

Gantenbrink, Rudolf 79, 156
Geographie (Strabo) 113

Geschichte des Verfalls und Untergangs des Römischen Reiches (Gibbon) 115
Gilbert, Adrian 178, 180
Giseh 8, 15, 18, 20, 24 f., 27, 47 f., 51, 55, 62 f., 100 ff., 113, 115, 125, 132, 142, 146 f., 152, 155 f.
Giseh-Plateau *10*, 13, 48, 50, 62, 68, 72, 89, 92, 110, 114, 118, 130, 136, 142, 152, 156, 160
Gnomon (Ausrichtung) 29, 64
Götter 8, 16, 34 f., 38, 44, 46, 70, 92, 102, 104, 108
    Atum, Sonnengott 90, 106 ff.
    Anubis 50, 70
    Horus 34, 48, 92, 102, 108
    Isis 34, 88, 99, 108
    Nephthys 34, 99, 108
    Nut 105
    Osiris 34, 48, 70
    Ptah 19, 70
    Re 19, 106
    Seth 34
    Seschet 25
    Thot 25 f., 46, 107, 121
Grabbeigaben 98, 102 f., 134
Grabkammern 16, 22 f., 103, 124
    Grabplünderung 118
    Grabräuber 74, 119
Greaves, John 76, 124, 126, 164
Griechen 19, 110, 121, 123
Griechenland 109 ff., 121, 132
Große Pyramide – s. Cheopspyramide

Haag, Carl *111*
Häretiker 152
Hawass, Zahi 83
Hebräer 111
Heliopolis 90
Hemiunu 50
Henutsen 87
Hermes Trismegistos 11
Herodot 32 f., 42, 51, 54, 74, 87 f., 90, *111*, 111 ff., 114, 142, 150, 164
    Beschreibung der Bauweise Cheopspyramide 112
Hetepheres, Königin 44, 87
Hierarchie 46, 93
    Gesellschaft 42, 45
Hieroglyphen 114, 122, 128, 134, 137 f.,
    Hieroglyphencode 138
    Hieroglyphenschrift 143
Historien (Herodot) 111

Historische Kommentare (Strabo) 113
Hor, König 97
Horusnamen 15, 87
    Her-Mejedu (Cheops' Horusname) 16, 87
    Neb-Maat (»Herr der Wahrheit«; Snofrus Horusname) 87

Imhotep 19–21, 24
Inductive Metrology, or the Recovery of ancient Measurements from the Monuments (Petrie) 151
Invasion, französische 111

Jenseits 71, 94, 96, 98, 102, 107
    Jenseitsexistenz 39, 91, 106
Jomard, Edmé-Francois 72, 131 f.
Josephus 111

Ka 104–107
Kairo 18, 107, 119, 130, 135, 152
Kanopen 62, 94, *96*, 96, 102
Karnak 18, 48, 56
Kawab 87
Kircher, Athanasius *122*, 122–126, 128
Klageweiber 99
Klassische Autoren 117
Klassische Periode 110, 114
Knickpyramide 19, *22*, 22 f., 82, 113
Kolossalstatue von Ramses 136
Königinnenpyramiden *86*, 86
Konstaninopel 134
Konstantin, Kaiser 114
Koptisch 137, 145
    Christen 114
    Sprache 122

Lammers, Arthur 175
Lawrence, T. E., Lawrence von Arabien *155*, 155
Le Père, J. M. 131
Lectures on Hieroglyphics (Spineto) 151
Lehner, Dr. Mark 54
Lepsius, Karl Richard *143*, 143 ff.
Luxor/ Theben 18, 47

Maat 64, 93, 108
Magie 63
Maragioglio, Vito 156
Mariette, Auguste 72, 79, 113, *144*, 144 f., 156
Maspero, Gaston 156

Massentourismus 147
Mastaba 3, 20, 24, 37, 87f., 94
    Friedhöfe 84f., 88
Medizin 59, 138
Meidum 16, 18–24, 39, 45, 47, 73, 76
Meidumpyramide 82
Memphis 16, 18f., 24, 46f., 50, 126
Merchet *25*, 25f., 28, 30, 64
Meresanch III., Königin 99
Meritetis, Königin 87
Mimaut, Jean-Francois 135
Mittleres Reich 16, 35, 41, 96, 156
Monuments de l'Egypte et de la Nubie
    (Champollion)140
Mumifizierung 62, 94, 99, 105
Museum in Giseh 87
Mykerinos 16, 24, 125
Mykerinospyramide 16, 141
    Grabkammer 141
    Mystiker 11, 150
    Taltempel 156
Mythologie, ägyptische 90, 108
    Überlieferungen 93

Napoleon 13, 126f., *130*, 130, 132f.,
    135, 137
Naturgeschichte (Plinius d. Ältere) 114
Neferirkare-Kakai, König 97f.
Nekropole 21f., 24, 70, 88, 101
Nelson, Admiral 130
Neues Reich (1 550–1070 v. Chr.) 41, 92,
    94, 96, 110
Newton, Sir Isaac 125f., *126*, 164f.
Nil 18, 24, 33ff., *34*, 47, 50f., 62, 74,
    84f., 96, 99f., 126, 132
Nofret *45*
Norden, Frederik 127

Obeliscus Ægypicanus (Kircher) 122
Oedipus Ægyptiacus (Kircher) 122
Okkultisten 160
Operations Carried on at the Pyramid of
    Giseb in 1837 (Vyse) 142
Opfergaben 97
Ordnung, universelle 108
Our Inheritance in the Great Pyramid
    (Smyth) 150
Ouspensky, Peter Demianowitsch 171

Palerme, Jean 121
Parallelbiographien (Plutarch) 114
Pascha, Said 144, 166

Peret 34–36
Perring, John Shea 72f., 78, 140
Petrie, Sir William Flinders 15, 21, 51,
    72, 78, 80, 110, 113, 118, 142, 146,
    150, *152*, 150–156, 160, 179
Petrie Senior, William 150
Phylen 58
Picard, Jean 126
Plato 115, 120, 174
Plinius d. Ältere 8, *114*, 114
Plünderer 118, 134, 144, 146
Plutarch 111, *114*
Pococke, Richard 128
Priester 25, 28, 30, 35, 43, 45f., 80, 87,
    90, 94, 102, 128
Ptahhotep 42, 44
Ptolemäer, Herrschaft der 110
Ptolemäische Periode 121
Pyramiden von Giseh 12, 119, 122, 131,
    141, 157
Pyramidenhafen 101
Pyramidentexte 98, 100, 106ff., 108
Pyramidenzeitalter 15, 30, 33
Pyramidion (Abschlussstein) 69
Pyramidioten 155
Pyramidographia: Or, a Description of the
    Pyramids in Ægypt (Greaves) *125*,
    125
Pythagoras 28, 122

Rabbi ben Jonah, Benjamin 118
Radiokarbonmethode 156
Radziwill, Prinz 122
Rampen *55*, *66*, 66–70
Ramses II. 9, 89
Reisner, George Andrews 156
Religion
    ägyptische 92, 106, 108
    des alten Ägypten 123
    Unterwelt 20
    religiöse Opfergaben 58
    religiöse, ägyptischer Schriften 98
    religiöses Zentrum (Plateau) 110
Renaissance 120f.
Republik (Plato) 121
Researches on the Great Pyramid (Petrie)
    151
Residenz in Memphis, Königspalast 99f.
Rinaldi, Celeste 156
Rituale
    religiöse 80
    rituelle Handlungen/Praktiken 98

Robert, David *11*
Römer 123
    römische Eroberung 126
Rosette, Stein von 123, *138*, 138
Rote Pyramide 19, 22, *23*, 70, 74

Sabatier, Raymond 135
Sakkara 18f., 21, 24, 36, 40, 47, 64, 96,
    113, 145f.
Salt, Henry 135–137, *136*
Sarapis-Tempel 111
Sarkophag 20, 62, 65, 74, 96, 102f., 145
Satellitenpyramide 83–86
    Grabkammer 83
Saw 46
Schienensystem 55, 56
Schreiber 35, 45, 58, 63
Schwarze Athene (Bernal) 158
Seila 19
Serapeum von Memphis 145
Serdab 19, 20, 75
Seth 35
Sethos I, Grab von 136
Sezierung der Toten, rituell 94
Shelley, Percy Bysshe *9*, 10
    Ozymandias 9
Shemu 34
Sicard, Pater Claude 126
Sieben Weltwunder 8-10, 78
Sirius 34
Sitchin, Zecharia 177
Sklaven 32, 112
Smyth, Charles Piazzi 143, 150f., 154,
    166ff.
Snofru 15, 19–21, 23/4, 73, 87, 106
Soane, Sir John 136
Sonnenkult 90
Sonnensymbol 107
Spence, Kate 29
Sphinx Mystagoga (Kircher) 122
Sphinx von Giseh *89*, 89, 110, 122., 134,
    145
Spiritualisten 11
Stolen Legacy (James, G. G. M.) 158
Strabo 90, *112*, 113–116, 118, 145
Stufenpyramide 15, 19–22, *21*, 24, 68,
    76, 83

Tal der Könige 18, 136
Taltempel 88, 99
Taylor, John 163ff.
Thales von Milet 110

Theben 18, 47, 126, 136, 143
*The Manners and Customs of the Ancient
    Egyptians* (Wilkinson) 143
*The Pyramids and Temples of Gizeh, The
    Great Pyramid* (Petrie) 155
Theosophen 11
Theosophische Gesellschaft 170 ff.
Toten-
    Totenbarke 99
    Totenbuch 92, 105
    Totendienst 97, 103
    Totenkult 96, 98
    Totenpriester 104
    Totentempel 23, 82 f., 97, 101, 103,
        126
    Versorgung 97 f.

Tourismus 110, 113, 143, 146 ff., 152 f.,
    155
Tura 51
    Turakalkstein 28, 65, 82
Turris Babel (Kircher) 122 f.
Twain, Mark 148

Unsterblichkeit 33
Ursa Major 26
Uschebti 96
Usech 44

Verschlussstein (Pyramidion) 81
Verschwörungstheorien 11, 128
Voyage dans la Basse et la Haute Egypte
    (Denon) 133, *134*

Vyse, Colonel Richard William Howard
    73, 78, 80, *140*, 140 ff., 154, 163 f.

Wabet 101 f.
Watteau, François 129
Wein 40, 62
Werkzeuge 58, 63 f.
Wet s. Einbalsamierer
Wilkinson, Sir John Gardner *143*, 143

Young, Thomas 138
Yusuf, Hag Ahmed 83

BILDNACHWEIS

BBC Worldwide und die Egmont vgs verlagsgesellschaft danken den folgenden Fotografen und Archiven für die Abdruckgenehmigung der verwendeten Bilder. Wir haben uns bemüht, alle Copyright-Ansprüche zu berücksichtigen. Sollte uns dennoch ein Fehler unterlaufen sein, bitten wir dafür um Entschuldigung.

Seite 2–3 Giraudon/Bridgeman Art Library; 7 © Richard T. Howitz/CORBIS; 8 The Hulton Archive; 9 The National Portrait Gallery London/AKG London; 11 Mary Evans Picture Library; 14 The Egyptian Museum, Cairo/AKG London; 19 The Egyptian Museum, Cairo/Werner Forman Archive; 21 AKG London © Erich Lessing; 22 Ancient Art & Architecture Collection © J. Stevens; 23 NEMES/ Alan Fildes; 25 Ancient Art & Architecture Collection © Ronald Sheridan; 32 The Kobal Collection; 34 Science Photo Library; 35, 36 Werner Forman Archive; 37 Ancient Art & Architecture Collection © Mary Jelliffe; 38–39 SCALA; 40 Werner Forman Archive; 41 AKG London © Erich Lessing; 43, 44 _ Metropolitan Museum of Art, New York/Werner Forman Archive; 45 Jon Bodsworth, GIZA VIEW; 46 The Egyptian Museum, Cairo/Werner Forman Archive; 47 SCALA; 50 Jon Bodsworth, GIZA VIEW; 62 Brooklyn Museum/AKG London; 71 Private Collection/Bridgeman Art Library; 74 Stapleton _ Collection/Bridgeman Art Library; 75 Jon Bodsworth, GIZA VIEW; 76 Ancient Art & Architecture Collection © J. Stevens; 77 The Hulton Archive; 79 Jon Bodsworth, GIZA VIEW; 80 The Hulton Archive; 81 Jon Bodsworth, GIZA VIEW; 83 Cheops Barque Museum/Werner Forman Archive; 86 © Barnabas Bosshart/CORBIS; 89 AKG London; 91 The British Museum; 93 Staatliche Museen zu Berlin – Preussischer Kulturbesitz Ägyptisches Museum und Papyrussammlung Inv. 14396; 95 The Egyptian Museum, Cairo/Giraudon/Bridgeman Art Library; 96 *oben* Topham Picturepoint, *unten* Preussischer Kulturbesitz Ägyptisches Museum/AKG London © Erich Lessing; 97 Egyptian Museum, Cairo/SCALA; 102 Werner Forman Archive; 103 *oben* E. Strouhal, *unten* Ancient Art & Architecture Collection © J. Beecham; 106 Werner Forman Archive; 109 San Marco, Venice/SCALA; 111 Museo Nazionale, Naples/SCALA; 113 The Fotomas Index; 114 AKG London; 116 Jon Bodsworth, GIZA VIEW; 119 Mary Evans Picture Library; 122, 123 in Joscelyn Godwin *Athanasius Kircher: A Renaissance Man and the Quest for Knowledge*, Thames & Hudson 1979; 124 in Peter Tompkins *Secrets of the Great Pyramid*, Allen Lane 1973; 125 The Fotomas Index; 126 The National Portrait Gallery, London; 128 *oben* Charles Walker Photographic, *unten* © W. Cody/CORBIS; 129 Musée des Beaux Arts, Valenciennes/Giraudon/Bridgeman Art Library; 130 © Archivio Iconographico, S. A./CORBIS; 131, 132 in Peter Tompkins *Secrets of the Great Pyramid*, Allen Lane 1973; 133 Musée des Beaux Arts, Caen/Giraudon/Bridgeman Art Library; 135 Collège de France/AKG London; 135 Bibliothèque Nationale/Bridgeman Art Library; 136 *oben* The Fotomas Index, *unten* © Bettmann/CORBIS; 137 Stapleton Collection/Bridgeman Art Library; 138 Private Collection/Bridgeman Art Library; 139 Ancient Art & Architecture Collection © R. Sheridan; 140, 141 in Peter Tompkins *Secrets of the Great Pyramid*, Allen Lane 1973; 143 *oben* The National Portrait Gallery, *unten* AKG London; 144 Private Collection, Paris/AKG London; 148 AKG London; 149 The Petrie Museum of Egyptian Archaeology, University College London; 152 The Royal Geographical Society, London/Foto Miss H. M. Murdoch; 155 Courtesy *The Guardian*; 157 AKG London; 158 Index, Barcelona/Bridgeman Art Library; 159 Werner Forman Archive; 162 Science Photo Library; 164 in Peter Tompkins, *Secrets of the Great Pyramid*, Allen Lane 1973; 166 The Royal Society of Edinburgh; 168 Jon Bodsworth, GIZA VIEW; 170, 171, 173 Mary Evans Picture Library; 174 *oben* The Fortean Picture Library, *unten* Courtesy Souvenir Press; 175 Mary Evans Picture Library; 178 Science Photo Library/NASA; 180 Science Photo Library; 185 Private Collection/Bridgeman Art Library.

Computergrafiken auf den Seiten 17, 26, 28, 31, 48, 49, 51, 52–53, 55, 57, 59 (beide), 60–61, 65, 66–67, 69, 84–85, 99 und 104 © BBC; produced by Jordi Bares, Henrik Holmberg, John Mitchell, Chris Thomas, Kia Van Beers, Nick Webber und Adrian Wyer at MillTv (London). Stills von der BBC-Fernsehdokumentation *Pyramid* auf den Seiten 100 und 101 © BBC.